W0200609

edition BEROLINA

SONDERAUSGABE

Exklusiv für unsere Leser

Zum Autor

Dr. sc. Horst Steigleder, Jahrgang 1930, war von 1950 bis 1987 Angehöriger der Volksmarine, sein letzter Dienstgrad: Kapitän zur See. In den fünfziger Jahren studierte er an der Militärpolitischen Akademie in Moskau. Er war als Dozent für Marinegeschichte an der Militärakademie in Dresden tätig. Nach 1990 veröffentlichte Steigleder einige Bücher zur Marinegeschichte.

HORST STEIGLEDER

ADMIRALE UNTER HAMMER UND SICHEL

Sonderausgabe
Edition Berolina

1. Auflage dieser Sonderausgabe

Alexanderstraße 1
10178 Berlin
Tel. 01805/30 99 99
Fax 01805/35 35 42
(0,14 €/Min., Mobil max. 0,42 €/Min.)

Umschlaggestaltung: Oliver Lehmann, ACDM
Druck und Bindung: CPI Moravia Books GmbH

www.buchredaktion.de

Inhalt

Vorwort

Das Buch will einen interessierten Leserkreis mit den Lebensbildern von vierunddreißig Persönlichkeiten bekannt machen, die in der Geschichte der Sowjetischen Seekriegsflotte eine maßgebliche Rolle spielten. Alle wirkten für eine kürzere oder längere Zeit in einem Gesellschaftssystem, das sich in mancher Hinsicht in ein sozialistisches humanes Erscheinungsbild kleidete, jedoch in Wirklichkeit von einem skrupellosen Diktator, wie Stalin und willigen Helfershelfern beherrscht wurde. Die Schicksale der vorgestellten Persönlichkeiten waren ob ihrer exponierten Stellung im Staat und in den Streitkräften mit ihrem obersten Dienstherrn eng verbunden. Für einige von ihnen endete dies tragisch. Wir wissen heute, dass den sogenannten »Säuberungen« vorsichtigen

Angaben zufolge nicht weniger als 25 Millionen Menschen zum Opfer fielen und darin nicht die millionenfachen Verluste enthalten sind, die das Land am Ende der faschistischen Okkupation zu beklagen hatte. Neben der anfänglichen Beseitigung ehemaliger Mitkämpfer als »Parteifeinde« zum Anfang der dreißiger Jahre, die Stalin im Wege standen, waren es vor allem verantwortliche Persönlichkeiten der Streitkräfte, die als »Umstürzler« gefürchtet wurden. Aus gesicherten Unterlagen geht hervor, dass ab Mitte bis Ende der dreißiger Jahre drei von fünf Marschällen, fast die gesamte Führungsspitze der Sowjetflotte, sämtliche Befehlshaber der Militärbezirke, 13 von 15 Armeebefehlshabern, 50 von 57 Korpskommandeuren, 154 von 186 Divisionskommandeuren, sämtliche politischen Kommissare der Armeen, 25 von 28 Korps-Kommissaren, 58 von 64 Divisionskommissaren, sämtliche elf Stellvertreter des Volkskommissars für Verteidigung und 98 von 108 Mitgliedern des Obersten Militärrates der UdSSR entweder exekutiert wurden oder in Straflagern zugrunde gingen. Nur wenigen gelang es, den Häschern des NKWD zu entkommen, doch sie waren bis zum Ende ihres Lebens gekennzeichnet. Darüber hinaus wurden bis 1940 über 3.600 Offiziere der Land- und Luftstreitkräfte sowie 3.000 Marineoffiziere wegen »Unzuverlässigkeit« entweder gänzlich oder zeitweise aus den Streitkräften entfernt. Von Roy Medwedjew, einem Freund Michail Gorbatschows, stammt der Ausspruch »Keine Armee hat im Krieg je so viele höhere Offiziere verloren, wie die Rote Armee in dieser Periode des Friedens.« Die Beseitigung oder Kaltstellung einer solchen großen Anzahl erfahrener Führungskräfte faktisch im Vorfeld des deutschen Überfalls auf die UdSSR war ohne Zweifel eine der Ursachen für die anfänglichen überraschenden Erfolge der Wehrmacht. Erst im Verlauf des Krieges konnte der Mangel nach schmerzhaften Erfahrungen aufgehoben werden, als die von den »Alten« erzogene nachgerückte Generation jüngerer Offiziere die nötige Reife als Befehlshaber besaß. In den Seestreitkräften waren es jene Admirale, die aus der Jugendorganisation des »Komsomol« in den zwanziger Jahren zur Flotte kamen, in der Regel aber bis zu Anfang des Krieges noch auf der Ebene eines Schiffskommandanten standen. Nunmehr wurden die meisten von ihnen zu Befehlshabern von Flotten und Flottillen oder wirkten in gleichgestellten Stäben. Auch dieser Personenkreis war selbst in Kriegszeiten nicht frei von Stalinschen Restriktionen.

Die vorliegende Arbeit unterteilt sich in vier Abschnitte, die den unterschiedlichen Grad des unmittelbaren oder mittelbaren Zusammenhangs ihrer Schicksale mit dem Wirken Stalins haben. Ursprünglich war es die Absicht des Verfassers, dem Ganzen eine Art Kurzgeschichte der Sowjetflotte voranzustellen. Angesichts der Einbettung der Lebensgeschichten der Admirale in die geschichtlichen Abläufe wurde aber darauf verzichtet. Als Ergänzung wäre auf mein im Verlag edition ost verlegte Buch *Die Kriegsmarine und der Ostfeldzug* zu verweisen.

Mein Dank für das Zustandekommen der Arbeit gebührt Herrn Kapitän 2. Ranges J. K. Lugowoj aus dem Hauptstab der Russischen Flotte in Moskau für die Unterstützung mit Informationen und Bildmaterial und Herrn Fregattenkapitän a. D. H.-Eberhard Horn, ohne dessen uneigennützige technische Hilfe das Projekt nicht machbar gewesen wäre.

PROHN, DR. HORST STEIGLEDER

Aufstieg und Ende der Alten Garde

»Stalin führte den Begriff ›Volksfeind‹ ein. Dieser Terminus befreite umgehend von der Notwendigkeit, die ideologischen Fehler eines oder mehrerer Menschen, gegen die man polemisiert hatte, nachzuweisen; er erlaubte die Anwendung schrecklichster Repressionen, wider alle Normen der revolutionären Gesetzlichkeit, gegen jeden, der mit irgend etwas mit Stalin nicht übereinstimmte, der nur gegnerischer Absichten verdächtigt, der einfach verleumdet wurde … Als hauptsächlicher und im Grunde genommen einziger Schuldbeweis wurde, entgegen allen Normen der heutigen Rechtslehre das ›Geständnis‹ der Verurteilten betrachtet, wobei dieses ›Bekenntnis‹ – wie eine spätere Überprüfung ergab – durch physische Mittel der Beeinflussung des Angeklagten erreicht wurde.«

AUS DER GEHEIMREDE N.S.CHRUSCHTCHOWS
AUF DEM XX.PARTEITAG DER KPDSU 1956

Duschenow, Konstantin Iwanowitsch (1895–1940)

Das Kalenderblatt zeigte den 21. Mai 1938. Für den Befehlshaber der sowjetischen Nordflotte Duschenow sollte dieser Tag der Beginn einer schicksalhaften kurzen Wegstrecke sein, die seinem Leben ein frühes Ende setzte. In Murmansk hielt die kommunistische Parteiorganisation der Stadt ihren zweiten Konferenztag ab. Es war Abend und Duschenow, der gerade eine Rede hielt, schob man einen Zettel zu, der entweder ihn oder seinen neuen Stellvertreter für politische Arbeit Klipp an das Telefon rief. Ein Anruf des Volkskommissars für die Seekriegsflotte Smirnow aus Leningrad sei gekommen. Klipp, der Duschenow nicht unterbrechen wollte, nahm das Gespräch entgegen. Der Anrufer befahl ihm, zusammen mit Duschenow unverzüglich nach Leningrad zu reisen. Es seien wichtige Fragen zu klären und man würde sie nicht lange aufhalten. In den zwei Stunden bis zur Abfahrt des Schnellzuges, gingen beiden wieder und wieder die Vorgänge der letzten Tage durch den Kopf. Klipps Vorgänger, Kommissar Bajratschnij, war erst vor einer knappen Woche nach Moskau gerufen worden. Bisher waren die Gründe dafür nicht bekannt. Man wusste nur, dass er nicht wiederkommen würde, weil er eine andere Funktion übernommen habe. Duschenow und Klipp nahmen an, dass der Grund für die überhastete Reise nach Leningrad mit der Person Bajratschnijs zusammenhängen musste. Als der Schnellzug »Polarpfeil« in die Bahnstation Soroka (heute Bjelomorsk) einlief, erreichte sie ein Telegramm aus dem Volkskommissariat in Leningrad. Die beiden wurden aufgefordert, umgehend nach Murmansk zurückzukehren und dort die Ankunft des Volkskommissars der Sowjetflotte Smirnow abzuwarten. Kaum hatte der Adjutant Duschenows die Rückfahrkarten besorgt, kam die neue Order, sie sollten doch nach Leningrad reisen, da der Volkskommissar nicht selbst nach Murmansk kommen könne. Der Schnellzug war inzwischen abgefahren, wie nun nach Leningrad gelangen? Man stellte ihnen eine Draisine zur Verfügung und zunächst schöpften die beiden auch keinen Verdacht, als sich ein Mann in Eisenbahneruniform zu ihnen gesellte. Als Reisebegleiter sollte er unterwegs auftretende Schwierigkeiten aus dem Weg räumen. Auf den Zwischenstationen wechselten jedoch nicht nur die Draisinen, sondern auch die »Eisenbahner«. Als das unbequeme Schienengefährt die vor Leningrad gelegene Station Wolchowstroj erreicht hatte, forderte der dortige Militärkommandant die Reisenden auf, ihm in sein Dienstzimmer zu folgen. Duschenow wurde von einigen Leuten eskortiert, die offensichtlich bereits auf ihn gewartet hatten. Sein Stellvertreter Klipp wollte ihm folgen, wurde aber von Bewachern daran gehindert. Auf seine wütende Frage, was das alles zu bedeuten habe, kam von einem Mann in der Uniform des NKWD (damals Innenministerium und später KGB) die Antwort, dass auch er verhaftet sei.

Zusammen mit Klipp und dem ebenfalls arretierten Adjutanten transportierte man Duschenow in einem vergitterten Eisenbahnwaggon nach Leningrad. Dort brachte er seit dem 25. Mai 1938 einige Monate im sogenannten »inneren Gefängnis« zu und musste zahllose, meist nächtliche Verhöre über sich ergehen lassen. Erst im April 1939 sah Duschenow einige seiner Mitarbeiter wieder, als sie mit ihm zusammen auf dem Moskauer Bahnhof in Leningrad in eine gemeinsame Zelle des Gefängniswaggons gesteckt wurden, der sie zurück nach Murmansk brachte. Keiner der Inhaftierten verstand, warum sie dort sieben Tage in Einzelhaft verbringen mussten, um darauf wieder nach Leningrad gebracht zu werden. War das Zermürbungstaktik der NKWD-Leute? Inzwischen konnte Duschenow erfahren, dass seine Frau und Frauen anderer Mitgefangener ebenfalls verhaftet worden waren. Es stimmte aber nicht, dass diese bereits wieder auf freiem Fuß seien, denn Frau Duschenow und die Frau seines früheren Stellvertreters Bajratschnij ließ man erst etwa zehn Monate später wieder frei, als die verdächtigen Admirale bereits entweder exekutiert oder auf andere Weise aus dem Weg geräumt waren.

Erneut im Leningrader Gefängnis traf Duschenow völlig überrascht auf seinen gleichfalls verhafteten Chef des Stabes Smirnow (Nicht verwandt mit dem gleichnamigen Volkskommissar, der Duschenow nach Leningrad beordert hatte). Von ihm erfuhr er, dass in der Nordflotte die Nachricht verbreitet worden war, ihn und seine nächsten Mitarbeiter als Volksfeinde zu betrachten. Duschenow war erschüttert. Er wollte nicht glauben, dass selbst der Volkskommissar für die Seekriegsflotte Smirnow, den er schon aus dem Bürgerkrieg kannte, solche Lügen verbreitete.

Wahrscheinlich hatte er nur auf »höhere Anweisung« gehandelt. Admiral Duschenow irrte sich nicht, denn Smirnow wurde noch vor ihm ein Opfer der Repressalien.

Duschenow, der Ende 1939 in das Moskauer Gefängnis überstellt worden war, blieb während seiner Haft noch lange davon überzeugt, dass Stalin von all den Ungerechtigkeiten seiner NKWD-Leute nichts wusste oder man den Partei- und Staatschef wissentlich belog. Das schien dem Admiral umso glaubhafter, als selbst der Chef des NKWD Jeschow als »Staatsfeind« entlarvt und durch Stalins Vertrauten Berija abgelöst worden war. Duschenow musste aber bald die bittere Erfahrung machen, dass zwar die Personen wechselten, die willkürlichen Verleumdungen und Verhaftungen jedoch weitergingen. Auch an den unmenschlichen Haftbedingungen änderte sich nichts. Ein Moskauer Untersuchungsrichter ließ Duschenow und seine Mitgefangenen wissen, dass »man hier nicht schlechter zuschlagen könne als in Leningrad«. Die Haft in Moskau zeigte Duschenow, dass es falscher Optimismus war, an die Gerechtigkeit eines derartigen kommunistischen Systems zu glauben. Immerhin hatte er sein bisheriges Leben als Soldat diesem System gewidmet. Duschenow und sein Politkommissar begegneten sich während der Haft ein letztes Mal. Klipp wurde später freigelassen. Über die Hintergründe der Haftentlassung ist bisher nichts in der Öffentlichkeit bekannt geworden. Ob er sich in irgendeiner Weise freikaufte, ist bis heute nicht bewiesen. Duschenow starb am 3. Februar 1940 vierundvierzigjährig unter den Kugeln eines Exekutionskommandos.

Aus Dokumenten geht hervor, dass er vor dem Obersten Militärtribunal nur haltlose Verdächtigungen zu hören bekam, die bei objektiver Betrachtung ausnahmslos durch sein engagiertes Handeln für seine Heimat und in der Sowjetflotte zu widerlegen gewesen wären. Woher kam Duschenow, wie verlief sein so früh beendeter Lebensweg? Zeichnen wir die wichtigsten Stationen nach: Am 9. August 1895 wurde Konstantin Iwanowitsch im Dorf Iwanowskoje (heute Wolgograder Gebiet) in einer vielköpfigen Bauernfamilie geboren. Bereits mit zwölf Jahren musste er für einen Hungerlohn von monatlich 4 Rubel und 50 Kopeken als Apothekergehilfe sein Brot verdienen. Nach zwei Jahren hielt er es nicht mehr aus und versuchte fortan sein Glück in St. Petersburg. Dort bekam er als Lagerarbeiter 23 Rubel im Monat und fand bei einem Schmied Quartier. Durch seinen Zimmernachbarn, einen Fabrikarbeiter, kam der junge Mann mit bolschewistischen Ideen in Berührung, die ihm als politisches Leitbild zusagten. Noch aber schien Russland für eine Revolution nicht reif und der Kriegsanfang 1914 ließ vieles in den Hintergrund treten.

Duschenow diente 1915 als Matrose in der zaristischen Flotte auf dem Truppentransporter »Ruß«. Im Jahre 1916 wurde er auf den Kreuzer »Aurora« versetzt, dem späteren Symbol der Oktoberrevolution. In den Tagen der Februarrevolution 1917 schloss sich Duschenow aufständischen Matrosen und Arbeitern an, die für den Sturz des Zaren in den Straßen St. Petersburgs gegen die Polizei kämpften. Als überzeugter Revolutionär gehörte er der Abordnung an, die den Führer der Bolschewistischen Partei Lenin, aus der Emigration kommend, auf dem Finnländischen Bahnhof empfing. Er hörte in der Französisch-Russischen Fabrik die Rede Lenins, in der er zum Sturz der provisorischen Kerenski-Regierung aufrief und auf die Übernahme der Macht durch die Sowjets orientierte. Für Duschenow gab es daraufhin keine Bedenken, im Oktober 1917 am Sturm auf das Winterpalais, den Sitz der Provisorischen Regierung, und an der Verhaftung der Kerenski-Minister teilzunehmen. Nachdem er für kurze Zeit Wächter in der weltberühmten Eremitage war, begann für ihn die Laufbahn in der Roten Armee und Flotte, die sich während des Bürgerkrieges formierte. Bereits 1918 übertrug man ihm die

Verantwortung für die Versorgung der Fronten mit Waffen und Munition. Für ihn war das jedoch keine reine Schreibtischarbeit. Oft begab er sich unmittelbar an die Front. Zeitgenossen berichten über ihn, dass er dort nicht selten mit dem »Nagan« (7,62-mm-Revolver des belgischen Konstrukteurs L. Nagan, der bereits in der zaristischen Armee bevorzugt wurde) gegen Drückeberger und Feiglinge vorging. Als Verantwortlicher für den Hafen von Saratow an der Wolga nahm er häufig unmittelbar an Gefechten gegen die Truppen des weißgardistischen Admirals Koltschak teil. Hier traf er auch mit dem Kommandeur der Landungsabteilung der Wolga-Flottille Koschanow zusammen, den später unter Stalin das gleiche Schicksal wie Duschenow ereilte. 1919 wurde Duschenow Mitglied der Bolschewistischen Partei und zum Befehlshaber des Militärbezirks von Astrachan ernannt. Seine Aufgabe war die Versorgung der Kaspi-Flottille, die an der Vertreibung der britischen Interventionstruppen aus Südrussland und aus dem iranischen Küstengebiet beteiligt war. Nach der Befreiung Aserbaidschans übertrug man ihm den Befehl über den Kriegshafen Baku. Hier erfüllte er einen persönlichen Auftrag Lenins, Erdöl nach Astrachan zu verschiffen. Angesichts des maroden Schiffsparks, der verminten Küstengewässer des Kaspischen Meeres und der durch die Kriegsereignisse stark zerstörten Hafeneinrichtungen war das eine schwierige Aufgabe. 1920 wechselte Duschenow an das Schwarze Meer nach Sewastopol, wo er sich als Hafenkommandant mit dem Minenräumen der Fahrwasser und der Instandsetzung beschädigter Schiffe zu befassen hatte. Bald jedoch rief man ihn zurück nach Baku, um erneut die Erdöltransporte zu organisieren.

Als Deputierter des I. Allrussischen Sowjetkongresses erlebte er am 30. Dezember 1922 die Gründung der UdSSR. Für seine weitere militärische Laufbahn hätte aufgrund seiner großen Erfahrung eine Tätigkeit als Versorgungsfachmann nahe gelegen.

Der nunmehr Siebenundzwanzigjährige wollte jedoch Kommandeur von Kampfschiffen werden. Dafür musste er aber erst einmal auf die Schulbank. Einen Lehrgang an der Marineakademie in St. Petersburg schloss er 1923 mit Erfolg ab. An der Akademie ist man wohl neben seinen Kommandeurseigenschaften auch auf seine Fähigkeiten als Lehrer und Erzieher aufmerksam geworden, sodass man ihm für mehrere Jahre das Schulschiff »Komsomolez« als Kommandant anvertraute. Nebenbei fand er auch Zeit für theoretische und publizistische Arbeiten. Im April 1928 machte Duschenow durch einen Artikel über das Zusammenwirken von Land- und Seestreitkräften in der wissenschaftlichen Marinezeitschrift »Morskoj sbornik« auf sich aufmerksam. Das war sicher auch ein Grund dafür, dass er im November 1928 zum Chef des Stabes der Schlachtschiffbrigade der Baltischen Flotte ernannt wurde. Zusammen mit seinem Kommandeur Galler (später Admiral und Stellvertreter des Volkskommissars für die Sowjetflotte), bemühte er sich um die Modernisierung der veralteten Schlachtschiffe.

Da Galler Kenntnisse und Erfahrungen als Fregattenkapitän und Artillerieoffizier auf den Schlachtschiffen des Zaren mitbrachte, kümmerten sich die beiden vor allem um die Ausbildung der Besatzungen für die Artillerieunterstützung der Landstreitkräfte. Der Einsatz schwerer Schiffsartillerie sollte während des Krieges mit Hitlerdeutschland eine große Bedeutung erlangen, besonders bei der Verteidigung von Leningrad. Duschenows Ruf als Neuerer veranlasste die Flottenführung, ihn am 14. Januar 1930 zum Chef und Kommissar der Marineakademie in Leningrad zu berufen. Trotz seines kurzen Aufenthaltes von einem Jahr hinterließ er sichtbare Spuren. Es war bereits zur Gewohnheit geworden, die Parteiversammlungen während der Vorlesungszeit abzuhalten. Daher sorgte er, sehr zum Ärgernis der Parteifunktionäre dafür, dass diese Versammlungen mit ihren oft langatmigen, schwülstigen Reden auf die freien Abendstunden verlegt wurden. Admiral Pantelejew, damals Student an der Marineakademie erinnert sich, wie Duschenow sich dafür einsetzte, dass tagsüber intensiv gelehrt und gelernt wurde. Für das Selbststudium der Studenten und eine ungestörte Vorbereitung der Lehrkräfte führte Duschenow auch einen vorlesungsfreien Tag ein. Die Studenten nannten diesen Tag nach seinem Initiator »Duschenow-Tag«. Allerdings währte die Freude über diese Neuerung nur kurze Zeit. Den Kritikern genügte es, einen Studenten während des Studientages in einem Fleischerladen oder Kino gesehen zu haben, um bei höheren Stellen in Moskau zu erreichen, dass dieser Tag schnell wieder abgeschafft wurde. Achtzehn Jahre später, als Pantelejew selbst Chef der Marineakademie war, führte er in guter Erinnerung den »Duschenow-Tag« wieder ein. Ende 1930 erhielt Duschenow die Kommandierung als Chef des Stabes der Schwarzmeerflotte.

Dort traf er erneut auf Koschanow, der inzwischen diese Flotte befehligte und mit dem er während des Bürgerkrieges an der Wolga und am Kaspischen Meer zusammen gekämpft hatte. Duschenows Arbeit als Stabschef fand bald die Anerkennung seiner höchsten Vorgesetzten in Moskau. General Jakir (1937 zusammen mit Marschall Tuchatschewski exekutiert), Mitglied des Militärrates der UdSSR sprach ihm 1934 den Dank für seine Verdienste um die Entwicklung des Zusammenwirkens der Schwarzmeerflotte mit den im Süden des Landes stationierten Landstreitkräften aus. Duschenows höchste und letzte Station seiner Laufbahn war die des Befehlshabers der Nordflottille (später Nordflotte), die er im Frühjahr 1935 übernahm. Der Verband, im Hohen Norden an der Barentsee und am Weißen Meer stationiert, war zu dieser Zeit noch sehr jung. Erst 1933 geschaffen, war die Nordflottille von dem Altkommunisten Sakupnew befehligt worden, den man wegen Unfähigkeit abgelöst hatte. Es ging vor allem um die Beseitigung vom Schlampereien in der Dienstorganisation und Ausbildung an Bord der Schiffe sowie der Faulheit und Bequemlichkeit der Stabsoffiziere, die monatelang hinter ihren Schreibtischen hockten, statt den Schiffen Unterstützung zuteil werden zu lassen. Duschenow räumte schnell und entschieden auf und sorgte für Disziplin und Ordnung. Unmittelbarer Anlass für sein hartes Durchgreifen war im Sommer 1935 der Ausfall der Kesselanlage des Zerstörers »Rykow«. Durch die Unachtsamkeit und mangelhafte Ausbildung des Maschinenpersonals trieb das Schiff steuerlos in der Barentsee und musste eingeschleppt werden. Dem Kommandanten und dem Polit-Kommissar waren die Mängel im Maschinenabschnitt seit langem bekannt, sie unterließen es aber, über den Leitenden Ingenieur Abhilfe schaffen zu lassen. Auch der Stab der Flottille wusste von den Missständen und unternahm ebenfalls nichts. Die Verantwortlichen wurden auf Anordnung Duschenows abgelöst. Die Nordflottille entwickelte sich unter ihrem neuen Befehlshaber bald zu einem einsatzbereiten Verband. Admiral Fokin, damals Chef der Zerstörerabteilung erinnert sich: »Je wütender der Sturm, je dichter der Nebel, desto öfter schickte Duschenow die Schiffe in See, auch nachts und ohne Lichterführung«. Duschenows Maxime war: »Man muss bei schwieriger Lage auslaufen können. Jeder Törn muss sorgfältig vorbereitet sein. Nebel und Stürme müssen zu unseren Verbündeten werden«. Ausflüchte, dass man im Norden außergewöhnliche geographische und klimatische Bedingungen habe, ließ der Befehlshaber nicht gelten.

Er drängte auch darauf, den Flottenstützpunkt, der sich bislang in Murmansk befunden hatte, weiter an die offene See nach Polarnoje zu verlegen. Dort befanden sich bereits seit 1934 die Überwasserschiffe. Noch im Oktober 1935 folgten die U-Boote, der Stab der Flotte und die politische Abteilung. Die Zweifler an dieser Aktion verstummten, als es Duschenow gelang, den neuen Flottenstützpunkt (heute Hauptbasis der Nordflotte) mit Hilfe eigener Handwerker aus den Reihen der Marineangehörigen buchstäblich aus dem Boden zu stampfen. Die Anerkennung aus Moskau folgte prompt im Dezember 1935 durch die Verleihung des Ordens »Roter Stern« und 1936 durch die Beförderung zum Flaggmann 1. Ranges (entspricht dem Rang eines Vizeadmirals). Duschenow erwarb sich durch seine rastlose und energische Arbeit nicht nur die Achtung der Angehörigen seiner Flotte, sondern auch der Bevölkerung von Murmansk. Er war im Stadtparlament tätig. Wegen seiner ständigen Sorge um die sozialen Belange der Zivilbevölkerung wurde er als Delegierter zum VIII. Außerordentlichen Sowjetkongress gewählt, der im November 1936 in Moskau stattfand und auf dem eine neue Verfassung der UdSSR angenommen wurde.

Die Nordflottille war in den vier Jahren ihres Bestehens durch die Zuführung neuer Überwasserschiffe, U-Boote und Seefliegerkräfte derart angewachsen, dass sie am 11. Mai 1937 die Bezeichnung Nordflotte erhielt. Im Mai 1938, gerade als die Flotte den 5. Jahrestag ihrer Gründung begehen wollte, ereilte Duschenow allerdings das Schicksal vieler seiner Genossen aus den Streitkräften, die bereits wegen angeblichen Landesverrats und Verschwörung gegen die Partei und den Sowjetstaat von der Bildfläche verschwunden waren. Dazu gehörten u.a. der Marschall Tuchatschewski und das Mitglied des Obersten Militärrates der UdSSR Jakir sowie General Kork, die Duschenow persönlich kannte und deren tragisches Ende ihn tief berührte. Konnte Duschenow schon 1937 ahnen, als die Exekution dieser hohen Militärs bekannt wurde, dass es auch ihn einmal treffen würde? Anzeichen für die Verdächtigung seiner Person gab es bereits. In der Flotte kursierten Gerüchte, dass Duschenow diese »Verräter« gekannt und sich deren Freundschaft gerühmt habe. Aufmerksam musste Duschenow spätestens dann werden, als der

Chef des NKWD Jeschow auf einer Konferenz seiner Mitarbeiter am 25. Mai 1937 die Stimmung im Lande gegen »Volksverräter« und »Verschwörer« anheizte, die es seines Wissens auch in den Streitkräften gäbe. Das war das Signal für eine Welle zügelloser Beschuldigungen und Verleumdungen, die auch an Duschenow nicht vorbeigingen. Selbst in den Reihen seiner engsten Mitarbeiter wurde ihm mehr und mehr misstraut.

Vornehmlich galt das für die Politische Abteilung, die sich als Organ der Bolschewistischen Partei mit aller Verbissenheit für die »politische und moralische Sauberkeit« führender Kader verantwortlich fühlte. Plötzlich erinnerte man sich, dass der Bruder von Duschenows Ehefrau, ein Vermessungsingenieur, wegen angeblicher Spionage verhaftet worden war. Außerdem hatte sich der Befehlshaber für verdiente Offiziere seiner Flotte verwendet, denen man partei- und staatsgefährdende Einstellungen aus früheren Zeiten nachgewiesen haben wollte. Dabei genügte es schon, in der Verwandtschaft einen solchen »Verräter« zu haben. Ende 1937 sorgte eine breite »Säuberungsaktion« auch in den Seestreitkräften dafür, dass die verdächtigen Leute zum Teil verhaftet oder zumindest vom Dienst suspendiert wurden. Einer von ihnen, der Stabsoffizier Sider-Brok konnte aus der Haft fliehen. Dieser »Volksfeind« kämpfte im Krieg gegen Hitlerdeutschland 1941 bis 1945 als Konteradmiral gegen die Okkupanten. Was hatte das Oberste Militärtribunal Duschenow als Begründung für die Todesstrafe vorzuwerfen? Seit 1934 habe er aktiv an einer antisowjetischen Verschwörung teilgenommen und als Befehlshaber auf Weisung einer antisowjetischen Organisation schädigende Handlungen begangen, die zur Schwächung der Flotte und zu deren Niederlage in einem eventuellen Krieg führen sollten. Dabei habe er Einheiten auf einen bewaffneten Aufstand gegen die Sowjetmacht vorbereitet und befand sich angeblich auf dem Weg zu terroristischen Aktionen gegen die Regierung der UdSSR. Maßgeblich dafür sei auch seine enge Verbindung zu dem »Verräter« Koschanow, dem Befehlshaber der Schwarzmeerflotte, gewesen.

Am 29. April 1955 wurde Duschenow durch einen Erlass des Obersten Sowjets der UdSSR rehabilitiert.

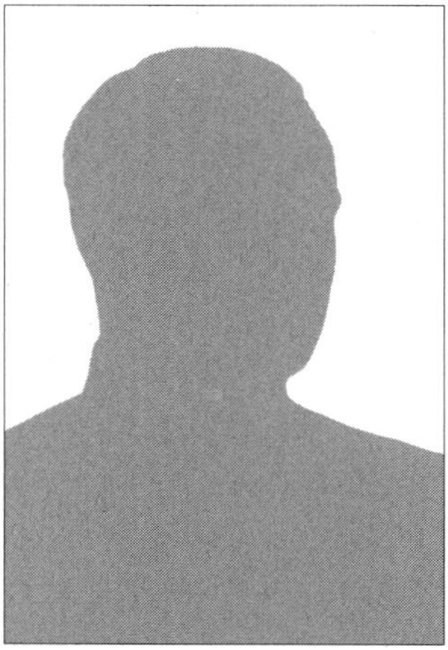

Jakimytschew, Alexander Michailowitsch
(1897 – 1938)
– keine historische Abbildung vorhanden –

Der Name dieser Persönlichkeit fand weder in der offiziellen sowjetischen noch heute in der russischen Marinegeschichtsschreibung Erwähnung. Er findet sich lediglich in einer Publikation über die Marineakademie in Leningrad (heute wieder St. Petersburg) und einem Sammelband zu Fragen der Strategie und operativen Kunst in den Werken sowjetischer Militärschriftsteller. Über den Lebensweg Jakimytschews weiß man bis heute wenig. Das liegt sicher daran, dass ein bedeutender Teil seiner Personalakten noch in Archiven außerhalb der Marine und deren Kompetenz deponiert ist.

Als Sohn eines Werftarbeiters am 5. März 1897 in Bolschije Luschki im Gebiet Wladimir (östlich von Moskau) geboren, lebte Alexander Michailowitsch bis zu seinem fünfzehnten Lebensjahr bei seinem Großvater auf dem Dorf. Er begann eine Lehre als Schiffbauer und nach deren Abschluss arbeitete er bis 1916 auf den Werften in Nikolajew an der Dnepr-Mündung und in St. Petersburg. Dort wurde er im selben Jahr zur Marine einberufen und auf die Maschinistenschule in Kronstadt geschickt.

Nach Beendigung seiner Ausbildung war er als Mechaniker an der Seefliegerschule in Oranienbaum, unweit von St. Petersburg, eingesetzt. Verständlich, dass er selbst fliegen wollte. Dem kam entgegen, dass im November 1918 eine Seefliegerschule in Petrograd eingerichtet wurde, um auch Flugzeugmechaniker, die mit der Technik gut vertraut waren, als Piloten auszubilden. Als Jakimytschew dort seine Ausbildung begann, taten das mit ihm weitere 50 Mechaniker, die wie er im Mai 1919 die Schule beendeten. Er selbst kam in eine Flugboot-Abteilung der Baltischen Flotte.

Seine Einheit kam im Frühjahr 1919 zum Einsatz, als im Zusammenhang mit der Frühjahrsoffensive des weißgardistischen Generals Judenitsch die Besatzungen der Seefestungen »Krasnaja Gorka« und »Seraja Loschadj« meuterten. Die Festung »Krasnaja Gorka« bildete mit ihren schweren weitreichenden Geschützen das ernsthafteste Hindernis für die angreifenden Truppen der Roten Armee und Schiffe der Baltischen Flotte.

Daher hatte sich der Militärrat der Baltischen Flotte entschlossen, zehn Flugboote zur Bombardierung der Festung heranzuziehen. Jakimytschew meldete sich für diesen Einsatz als Freiwilliger und erhielt damit seine Feuertaufe. Der Sommer 1919 sah Jakimytschew bereits im Süden bei Zarizyn an der Wolga. Hier stand zu dieser Zeit die Rote Armee in heftigen Kämpfen gegen die Truppen des Generals Denikin. Zur Wolga-Flottille gehörte eine Abteilung Flugboote, die mit Maschinen des russischen Konstrukteurs Dimitri Pawlowitsch Grigorowitsch »M-9« ausgerüstet war.

Jakimytschew und seine Kameraden kamen mit diesen Maschinen für alle möglichen Aufgaben zum Einsatz, wie zur Bombardierung von Truppenkonzentrationen, Eisenbahnzügen, Stationen und Flugplätzen. Auch die Aufklärung von Minen im Fahrwasser der Wolga gehörte dazu. Für die Flugboote, denen es an Jagdfliegerdeckung fehlte, waren die Einsätze besonders gefährlich, denn der Gegner verfügte über moderne Jagdflugzeuge aus England, die zum Teil sogar von englischen Piloten geflogen wurden.

Denen gegenüber hatten die langsamen und schwerfälligen Flugboote kaum Chancen. Oft mussten daher die Bombenangriffe in der Dunkelheit geflogen werden, wobei die fehlende technische Ausrüstung die Orientierung erschwerte. Am schlimmsten machte sich jedoch der Mangel an geeignetem Flugbenzin bemerkbar. Die Maschinen flogen mit einem selbst zusammengestellten Gemisch von Öl und reinem Sprit. Das führte dazu, dass die Motoren mit Ausgang des Sommers 1919 ebenfalls am Ende waren und ausfielen. Zudem waren auch die Öl- und Spritreserven aufgebraucht.

Nach dem Besuch eines Qualifizierungslehrganges an der Flugzeugführerschule wurde Jakimytschew 1920 Kommandeur der 5. Seefliegerabteilung der Seestreitkräfte des Schwarzen- und Asowschen Meeres. Seine Abteilung unterstützte die Schiffe und die Truppen an der Südfront im Kampf gegen die Armeen des weißgardistischen Generals Wrangel.

Auch hier fanden die Flugboote »M-9« vielseitige Verwendung, wie in der Aufklärung, zu Bombenangriffen auf feindliche Stellungen und Schiffe sowie zur Beseitigung von Minensperren durch Bombenabwurf aus geringen Höhen.

Überliefert ist, dass sich Jakimytschew von 1922 bis 1926 an der Marineakademie in Petrograd (ab 1924 Leningrad) aufhielt, wo er zu den Absolventen gehörte, die am 9. Juli 1926 verabschiedet wurden. Während des Studiums lief auch ein Sonderlehrgang für Seefliegeroffiziere, der vom 30. September 1925 bis Juli 1926 dauerte. Aus Unterlagen geht zwar nicht die Bestätigung hervor, dass Jakimytschew einen Vollkurs an der Akademie absolvierte, der mehrere Jahre dauerte und den er dann mit der Teilnahme am besagten Sonderlehrgang abschloss.

Ersteres kann aber angenommen werden, da er bereits seit 1922 an der Akademie gewesen sein soll. Nach Abschluss der Marineakademie wurde er in den Stab der Roten Armee als Gehilfe eines Abteilungsleiters versetzt. Bekannt ist, dass er in den zwanziger Jahren mehrmals zur Auszeichnung mit dem Rotbanner-Orden für seine Verdienste als Fliegerkommandeur im Bürgerkrieg vorgeschlagen wurde, man ihn aber aus bisher unbekannten Gründen nicht berücksichtigte. Nachdem er sich 1927 – ob durch einen Unfall oder durch eine andere Ursache zustande gekommen – einer Amputation am Bein unterziehen musste, war er nur bedingt dienstfähig. Dies war sicherlich auch ein Grund mit dafür, warum er 1928 zur Marineakademie nach Leningrad als Adjunkt (Aspirant) kam und im Lehrstuhl Marinegeschichte bis 1931 als Lehrer wirkte.

Während dieser Zeit waren an der Akademie immer noch die schon seit Jahren geführten Diskussionen über die Zukunft der sowjetischen Flotte, deren Profil und Einsatzmöglichkeiten im Gange. Jakimytschew beteiligte sich an den Auseinandersetzungen zwischen den Anhängern der sogenannten »Jungen Schule« und der »Alten Schule«.

Eine zentrale Figur der »Alten Schule« war Professor B. B. Scherwe, Lehrstuhlleiter für Strategie und Marinegeschichte an der Marineakademie und zeitweilig auch deren Chef.

In Vorlesungen und Artikeln in der Zeitschrift »Morskoj sbornik« vertrat dieser die Theorie des amerikanischen Admirals Mahan über die Seeherrschaft und die Generalsschlacht zwischen schweren Überwasserschiffen, die zur Entscheidung im Seekrieg führen sollte.

Jakimytschew hielt die Auffassungen der »Jungen Schule« dagegen, die er in zwei Artikeln der bereits erwähnten Zeitschrift veröffentlichte. Der eine erschien 1928 unter der Überschrift »Der Krieg mit einer ›kleinen (schwachen) Flotte‹ und der ›Kleinkrieg‹ in der Epoche der Dampfflotten.« Dort wies er nach, dass die Schlachtschifftheorie und Generalsschlacht zur Erringung der Seeherrschaft bereits der Vergangenheit angehörten und zudem angesichts der derzeitigen Situation in der eigenen Flottenrüstung völlig irreal sein mussten. Vielmehr kam es seiner Meinung nach darauf an, die bescheidenen wirtschaftlichen Möglichkeiten zum Bau leichter Überwasserkräfte, von U-Booten und Schnellbooten zu nutzen und eine Marineluftwaffe aufzubauen. Alle die Kräfte wären billiger zu beschaffen, in den Küstengewässern vorteilhafter einzusetzen und vor allem schwerer zu blockieren. Mit diesen Ansichten befand sich Jakimytschew in Übereinstimmung mit einigen anderen Vertretern der »Jungen Schule«, wie Ludri, Duschenow, Alexandrow und Isakow. In einem zweiten Artikel, der 1932 unter der Überschrift »Die Gefahr für die Flottenbasen nach der Erfahrung des Krieges 1914–1918« erschien, machte Jakimytschew darauf aufmerksam, dass bei künftigen Auseinandersetzungen vor allem Gefahr drohe, dass Flottenbasen von Land her genommen und damit ausgeschaltet würden. Während des Ersten Weltkrieges gab es dafür bereits Beispiele, wie die russische Flottenbasis Libau, die deutsche Flottenbasis Tsingtau in China und andere. Die Flottenbasen müssten künftig drei Verteidigungsdimensionen haben, wenn sie zuverlässig geschützt sein sollten: die seeseitige, die luftseitige und die landseitige. Hierzu brauchten die Basen Minensperren und Küstenbatterien genauso dringend wie Jagdfliegerkräfte und Flakbatterien. Außerdem wäre eine tiefgestaffelte, pioniermäßig ausgebaute, landseitige Verteidigung notwendig, die zudem über eigene Heerestruppen verfügt. Jakimytschew sprach in diesem Artikel all das an, was später, ob aus Zeitmangel aber auch wegen Unterschätzung der Gefahren, nicht zur Verwirklichung kam und sich in der Anfangsperiode des Krieges mit Hitlerdeutschland als empfindlicher Nachteil erwies.

Als er 1931 bis 1933 Stabschef der Marineakademie und Gehilfe des Chefs der Akademie für Ausbildung war, mühte er sich darum, dass die Ansichten der »Jungen Schule« in der Lehre Verbreitung fanden. Das ging nicht ohne Schwierigkeiten vor sich, denn immer noch waren Lehrer der »Alten Schule« in den Fakultäten tätig, die sich schwer von überholten Vorstellungen trennen konnten.

Im Januar 1934 kam die Order aus Moskau, Jakimytschew für eine neue, ihm bis dahin fremde Tätigkeit vorzubereiten: er wurde in den diplomatischen Dienst übernommen und am 1. März 1934 als Gehilfe des Militärattachés in die USA geschickt. Dort wirkte er einige Jahre. Es ist nicht bekannt, wann er in die UdSSR zurückkehrte, nur dass er, inzwischen zum Flaggmann 2. Ranges (Konteradmiral) befördert, bis 1938 als Chef der Abteilung Aufklärung im Stab der Roten Armee in Moskau tätig war.

Die letzte Kunde über Jakimytschew ist auf den 4. Mai 1938 datiert. Zu diesem Zeitpunkt wurde er aus der Liste der Marine gestrichen. Offensichtlich war er damit ein Opfer der Stalinschen Repressalien geworden.

Kirejew, Grigorij Petrowitsch
(1890–1938)

Die Kenntnisse über seinen Lebensweg sind sehr spärlich. Tag und Monat seiner Geburt sind nicht bekannt, nur das Geburtsjahr 1890 und der Geburtsort Ljudinowo im Gebiet Kaluga. Mit einundzwanzig Jahren kam er 1911 zur Marine und nahm auf Schiffen der Baltischen Flotte am Ersten Weltkrieg teil. Zur Zeit der Februarrevolution 1917 befand er sich in der Hauptbasis der Baltischen Flotte Helsingfors. Dort wählten ihn die Matrosen in den Sowjet der Stadt. In Helsingfors lagen die meisten Kampfschiffe der ehemaligen zaristischen Ostseeflotte und hier lagerten auch die meisten Vorräte an Waffen, Munition und anderer Güter, die für den Betrieb einer Flotte notwendig sind.

Die neue sowjetische Führung in Petrograd unter Lenin war über das Schicksal der Ostseeflotte sehr besorgt. Infolge der Oktoberrevolution war die ehemalige zaristische Ostseeflotte, in der revolutionäre Matrosen und loyale Offiziere die Führung übernommen hatten, zwar in die Hände der Sowjetrepublik übergegangen, es drohte jedoch die Gefahr, dass sich deutsche Interventen und finnische Weißgardisten der Schiffe bemächtige würden. Schon am 22. Februar 1918 waren fünf Kreuzer, einige U-Boote und der Eisbrecher »Jermak«, die bis dahin in Reval (Estland, heute Tallinn) gelegen hatten, vor dem deutschen Zugriff nach Helsingfors verlegt worden. Nunmehr musste auch dieses geräumt werden, um die Flotte zu retten. Der Rat der Kommissare als Führungsorgan der Baltischen Flotte bildete daher eine Sonderabteilung, die in Helsingfors die Überführung der Flotte nach Kronstadt und Petrograd über den zugefrorenen Finnischen Meerbusen zu organisieren hatte. Zum Leiter dieser Sonderabteilung wurde Kirejew ernannt.

Die Aktion begann am 12. März 1918, als deutsche und finnische konterrevolutionäre Truppen bereits nach dem Rückzug der Roten Garden die Stadt einzunehmen drohten. Trotzdem erfolgte die Evakuierung der Basis organisiert. Mit Hilfe von sieben Eisbrechern konnten insgesamt 211 Schiffe überführt werden, darunter 6 Schlachtschiffe, 5 Kreuzer, 54 Minensucher, 5 Minenleger, 12 U-Boote, 28 Schleppdampfer und 65 Hilfsschiffe. Auch die zahlreichen Lagervorräte der Basis wurden abtransportiert.

Im Sommer 1918 erkrankte Kirejew und musste seinen Dienst in der Flotte aufgeben. Er kehrte in seinen Heimatort Ljudinowo zurück. Seit 1918 Mitglied der Bolschewistischen Partei, berief ihn das Parteikommitee von Brjansk zum Vorsitzenden des Stadtsowjets (Bürgermeister). Später wurde er zweiter Sekretär des Parteikomitees für das gesamte Brjansker Gebiet. Von 1919 bis 1920 nahm er auch in seiner Sonderabteilung an der Bekämpfung von Banden in den Kreisen Brjansk, Sewsk und Dmitrowskij teil. Ab 1921 arbeitete er als Mitglied des Gebietskommitees der Partei von Krasnojarsk.

Als seine Gesundheit wieder hergestellt war, holte man ihn 1923 wieder zur Marine. Diesmal ging es an das Schwarze Meer als Mitglied des Militärrates der Seestreitkräfte des Schwarzen und Asowschen Meeres. Diese wurden zu dieser Zeit von A. K. Wekman befehligt. Unter dessen Leitung nahm Kirejew an der ersten Geschwaderfahrt teil, die mit dem gerade wiederhergestellten Kreuzer »Komintern«, zwei Zerstörern, drei Kanonenbooten, zwei U-Booten und 14 Minensuchern über eine Zwischenstation in Feodossja auf der Halbinsel Kertsch an der kaukasischen Küste entlang führte. Zwei Jahre später im Oktober/November 1925 unternahmen die beiden Zerstörer »Nesamoschnik« und »Petrowskij« eine Freundschaftsreise in die Türkei und nach Italien. Während des Aufenthaltes in Neapel statteten Besatzungsmitglieder dem namhaften russischen Schriftsteller Maxim Gorki einen Besuch ab, der sich zu dieser Zeit zu einer Kur in Sorrento aufhielt.

Im Jahre 1926 kehrte Kirejew an die Ostsee zurück und wurde Mitglied des Militärrates der Baltischen Flotte. Damit hatte er auch die Funktion des Chefs der Politischen Verwaltung inne. Bis 1931 arbeitete er fünf Jahre lang mit dem Befehlshaber der Baltischen Flotte M. W. Viktorow zusammen und erlebte hier nicht nur die Wiederherstellung des durch den Ersten Weltkrieg und den Bürgerkrieg arg in Mitleidenschaft gezogenen Schiffsbestandes, sondern auch den Beginn des Neubaus von U-Booten des Typs »Dekabrist«, die seit 1926 in Serie gingen. Auch das Schlachtschiff »Oktjabrskaja Revoluzia«, die Zerstörer »Wojkow«, »Karl Marx«, »Karl Liebknecht«, »Stalin«, »Kalinin«, »Uriskij« und »Wolodarskij« konnten während dieser Zeit wieder in Dienst gestellt werden und an den Übungen und Manövern teilnehmen.

Der Kreuzer »Profitern«, dessen Neubau nach der Revolution ruhte, konnte fertiggestellt und 1929 als »Krasnij Krim« zusammen mit dem Schlachtschiff »Parischskaja Kommuna« vom Chef des Geschwaders der Baltischen Flotte L. M. Galler zur Verstärkung in die Schwarzmeerflotte überführt werden.

Kirejew besuchte während der Amtszeit als Chef der Politischen Verwaltung der Baltischen Flotte 1927 einen Sonderlehrgang für höhere Offiziere und dann 1931 bis 1933 nochmals einen Lehrgang an der Marineakademie in Leningrad. Danach übernahm er bis 1935 das Kommando über die Kaspi-Flottille. Seine Versetzung in die Pazifikflotte erfolgte noch im selben Jahr. Hier traf er wieder mit Viktorow zusammen, der dort seit Januar 1932 das Kommando führte. Kirejew wurde sein Stellvertreter und bekam den Dienstgrad Flaggmann 1. Ranges (Vizeadmiral). Außerdem erhielt er im Dezember 1935 den Lenin-Orden, damals die höchste Auszeichnung.

Nach zwei Jahren gemeinsamer Arbeit mit Viktorow wurde letzterer im Juni 1937 nach Moskau gerufen und im August zum Volkskommissar der Sowjetflotte ernannt. Kirejew hatte erfahren, dass sein ehemaliger Befehlshaber dort bald verhaftet und dann aber wieder freigelassen worden war. Auch der Leiter der Politischen Abteilung der Pazifikflotte Okunjew, war abberufen und verhaftet worden. Von ihm hörte er gar nichts mehr. Schon im Juli 1937, nach der Abberufung Viktorows nach Moskau, hatte Kirejew die Pazifikflotte als Befehlshaber übernommen. Sein Stellvertreter wurde N. G. Kusnezow, der spätere Volkskommissar, der unlängst aus Spanien zurückgekehrt war. Kirejew verstand als Parteifunktionär der »alten Garde« nicht, was da um ihn herum in den Sommer- und Herbstmonaten 1937 vor sich ging. Viele ihm bekannte und bewährte Partei- und Militärkader waren verhaftet worden und spurlos verschwunden. Gerüchte mit den unterschiedlichsten Vermutungen waren im Umlauf, die ihn immer mehr in Unruhe versetzten. Im November 1937 ereilte auch Kirejew das Schicksal, ohne Angabe eines Grundes wurde er nach Moskau gerufen. Sein Stellvertreter Kusnezow begleitete ihn zum Bahnhof Wladiwostok. Kurz vor Abfahrt gab Kirejew Kusnezow noch einige Hinweise, wirkte aber sehr unkonzentriert und aufgeregt, sicherlich von einer bösen Ahnung gepackt. Kusnezow musste bald danach erfahren, dass man Kirejew in Moskau verhaftet und ihn am 29. Juli 1938, faktisch drei Tage vor seinem Vorgänger Viktorow, exekutiert hatte.

Koschanow, Iwan Kusmitsch
(1897 – 1938)

Dem kleinen Iwan, der am 24. Mai 1897 in Wosnesenskaja, einem kleinen Dorf im Kubangebiet, das Licht der Welt erblickte, wurde an der Wiege kein fröhliches Lied gesungen. Und schon gar nicht war zu ahnen, dass einmal etwas Großes aus ihm werden würde. Die arme Kosakenfamilie, die von der Hand in den Mund lebte, sah sich später auch nicht in der Lage, dem heranwachsenden aufgeweckten Burschen das nötige Geld für den Besuch der Realschule in Rostow am Don aufzubringen. Den Wunsch, dort zu lernen, erfüllte sich Iwan durch Gelegenheitsarbeiten. So konnte er die Lehranstalt 1915 erfolgreich abschließen. Wie viele seiner Zeitgenossen vom Lande, die es zu einer Bildung gebracht hatten, zog es ihn nach St. Petersburg, wo er sich 1916 nunmehr neunzehnjährig als Student am Bergbauinstitut einschreiben ließ. Zu dieser Zeit verbreiteten sich auch unter der studentischen Jugend die verschiedensten umstürzlerischen Ideen, die durch die sich anbahnende Katastrophe in Russland im dritten Weltkriegsjahr nur noch leidenschaftlicher wurden. Koschanow schloss sich hier in St. Petersburg Anfang 1917 zur Zeit der Februarrevolution der Bolschewistischen Partei an. Seiner Überzeugung nach hatte diese im Gegensatz zu den wirren Vorstellungen anderer politischer Gruppen noch das klarste Programm für die Beendigung des Krieges und den Sturz des verhassten Zarenregimes zu bieten.

Kaum ein Jahr blieb dem Bergbaustudenten für das Studium, denn noch Anfang 1917 rief man ihn zum Militärdienst. Als Hochschüler kam er in das Seekadettenkorps, um als Seeoffizier ausgebildet zu werden. Im Herbst 1917 reiste er mit der Kadettenkompanie nach Wladiwostok zur Sibirischen Kriegsflottille. Dort sollten die »Gardemarins« ein Flottenpraktikum absolvieren. Koschanow lernte das Bordleben auf dem Geschwaderpanzerschiff »Orel« und auf dem Zerstörer »Bodrij« kennen, und hier suchte er auch den Kontakt zu politisch Gleichgesinnten unter den Matrosen.

St. Petersburg als Zentrum der proletarischen Revolution war weit und die Nachrichten über den bewaffneten Aufstand gegen die provisorische Kerenski-Regierung, die seit der Februarrevolution das Ruder führte, flossen spärlich. Vom Sturm auf das Winterpalais, in dem sich Kerenski und seine Anhänger verschanzt hatten und von der Machtübernahme durch die Bolschewiki erfuhren Koschanow und seine Mitstreiter erst Ende November 1917 im japanischen Hafen Nakasaki, wohin die russischen Schiffe mit den Kadetten von Wladiwostok ausgelaufen waren. Sicher hatte das Aufsuchen eines neutralen Hafens in der Absicht der

Kerenski-treuen Marineführung gelegen, die Schiffe aus Furcht vor einem neuen Umsturz internieren zu lassen. Koschanow und zwei weitere Mitglieder der Bolschewistischen Partei setzten gegen den Willen der Schiffsführung und mit Zustimmung des Schiffskomitees ihre Rückkehr nach Russland durch. Dort beteiligten sie sich an der Vertreibung weißgardistischer Banden und Etablierung der Sowjetmacht im Fernen Osten.

Im Februar 1918 kehrte Koschanow nach Petrograd zurück. Hier schickte ihn das Revolutionäre Marinekollegium, das faktisch den Oberbefehl über die Baltische Flotte übernommen hatte, in eine Abteilung des mittlerweile gebildeten Volkskommissariats für Marineangelegenheiten (Marineministerium). Dort erhielt er den Auftrag, in dem allgemeinen Durcheinander und angesichts der Kriegsmüdigkeit unter den Matrosen Freiwillige für die zum Teil unterbesetzten oder verlassenen Schiffe und Küstenbefestigungen zu sammeln. Nach dem Umzug der Sowjetregierung von Petrograd nach Moskau führte Koschanow dort eine Matrosenabteilung, die der »Tscheka« (die neue Staatssicherheitspolizei unter Leitung von Feliks Dzierzynski) half, die Konterrevolution zu bekämpfen. Der November desselben Jahres sah Koschanow bereits an der Ostfront, wo sich die Rote Armee mit den Truppen des weißgardistischen Admirals und ehemaligen Befehlshaber der zaristischen Schwarzmeerflotte Koltschak herumschlug. Hier übertrug man dem jungen einundzwanzigjährigen Kommandeur den Befehl über eine Landungseinheit der Wolga-Flottille. Diese bestand aus einer Schützenkompanie, einer Maschinengewehrabteilung und einer Batterie mit vier Geschützen und hatte an verschiedenen, meist gefährlichsten Abschnitten, die längs der Wolga operierenden Teile der 2. Armee zu unterstützen. Nunmehr als Befehlshaber einer kleinen Fronttruppe musste Koschanow erst in seine neue Rolle hineinwachsen. Im Kriegsgetümmel blieb ihm dafür kaum Zeit. Ganz zu Anfang fehlte es ihm an den für einen Infanterieoffizier simpelsten Handhabungen im Umgang mit einer angreifenden Truppe. Später, schon als Befehlshaber der Schwarzmeerflotte, erzählte er dem Kommandanten des Kreuzers »Tscherwona Ukraina« und späteren Oberbefehlshaber der Sowjetischen Seestreitkräfte Kusnezow, er habe sich damals an der Wolga gewundert, warum seine Leute einfach liegen blieben, als er den Befehl zum Sturmangriff gab. Schnell aber begriff er, dass der Kommandeur zuerst aufzustehen und loszurennen hat, gefolgt von seinen Leuten. Koschanow fand sich bald in seiner Rolle zurecht. Auf Geheiß des Kriegsrates der Sowjetrepublik gelang es ihm, seine Landungstruppe innerhalb von zwei Monaten um das sechsfache zu vergrößern. Hierbei unterstützte ihn sein Kriegskommissar Filatow, der als Vertreter der Partei die Oberaufsicht zu führen hatte. Für seine Verdienste an der Wolga erhielt Koschanow im Mai 1919 den Rotbannerorden.

Nachdem die Koltschak-Truppen im Flussgebiet der Kama besiegt waren, erfolgte eine Vereinigung der Wolga-Flottille mit der Kaspi-Flottille. Koschanow versetzte man in die Nordabteilung dieses neugeschaffenen Verbandes und übertrug ihm die Führung der dortigen Landungsabteilung. Diese hatte den linken Flügel der 10. Roten Armee zu unterstützen, die an der Südfront die aus dem Kaukasus in Richtung Saratow vorstoßenden Truppen des weißgardistischen Generals Denikin aufhalten sollte. Die Koschanow-Leute, wie sie genannt wurden, verschafften sich im Kampf gegen Denekin einen derartigen Respekt, dass es nach späteren Berichten (ehemaliger Gegner) nicht selten genügte, von der Anwesenheit dieser gefürchteten Einheit zu wissen, um die Weißgardisten zum Laufen zu bringen. Im Oktober 1919 befehligte Koschanow bereits sämtliche Landungsabteilungen der Wolga-Kaspi-Flottille, die zu einem geschlossenen Landungsverband vereinigt worden waren. Damit stand

Koschanow zweiundzwanzigjährig dem ersten Spezialverband dieser Art in den sowjetischen Seestreitkräften vor. Heute würden wir Marineinfanterie dazu sagen. Dieser Verband, dem nicht nur Marineschützeneinheiten, sondern auch Artillerie angehörten, half im Frühjahr 1920 der 11. Roten Armee die Weißgardisten vom Nordufer des Kaspischen Meeres zu vertreiben. Diese flüchteten auf Schiffen der ehemaligen russischen Kaspi-Flottille in den persischen Hafen Enseli. Hier wähnten sie sich unter dem Schutz britischer Interventionstruppen sicher. Die Regierung in Moskau hatte daher angewiesen, eine Operation der Wolga-Kaspi-Flottille eigens zu dem Zweck durchzuführen, die von den Weißgardisten entführten Schiffe aus dem Hafen Enseli zurückzuholen und die dort verschanzten Weißgardisten und Interventen zu verjagen. Das war keine leichte Angelegenheit, denn zur Verteidigung des Hafens, den die Weißgardisten als Flottenbasis zu nutzen gedachten, standen allein etwa 2.000 Mann britischer Interventionstruppen bereit. Hinzu kamen einige Küstenbatterien und eine schwimmende Batterie.

Die Wolga-Kaspi-Flottille bot für die Operation alle verfügbaren Schiffe auf. Beteiligt waren insgesamt 16, darunter 3 Zerstörer, 3 Hilfskreuzer (mit Artillerie bestückte Dampfer), 2 Kanonenboote, ein Minensucher, mehrere Küstenschutzboote und vor allem Transportschiffe für die Marineinfanterie. Diese sollte in Stärke von etwa 2.000 Mann unter Führung von Koschanow 12 Kilometer östlich von Enseli anlanden.

Von dort aus war zum Hafen vorzustoßen und den britischen Interventionstruppen den Rückzugsweg abzuschneiden. Die Einnahme des Hafens und des anliegenden Raumes sollte durch eine vom Norden her längs der Küste anrückende Kavallerieeinheit unterstützt werden. Den Schiffen der Wolga-Kaspi-Flottille oblag die Artillerievorbereitung und -unterstützung der angreifenden Truppen.

Die Operation lief wie geplant am 17. Und 18. Mai 1920 erfolgreich ab. Mitentscheidend war, dass die Koschanow-Leute den Interventen den Rückzug abschnitten und diese damit zur Annahme eines Ultimatums zwangen, dass ihr Befehlshaber vorher abgelehnt hatte. Von nicht geringer Bedeutung jedoch war, dass 10 bewaffnete Dampfer, ein Schnellbootstender, 4 Schnellboote, ein Flugzeugmutterschiff, 4 Wasserflugzeuge und mehrere Transportschiffe, die der Gegner zur Flucht benutzt hatte, nunmehr eine willkommene Verstärkung für die Wolga-Kaspi-Flottille bildeten. Koschanow erreichte auch in den Verhandlungen mit den Engländern die Übergabe des Hafens und die Evakuierung der britischen und weißgardistischen Truppen. Das Gebiet um Enseli, das eigentlich persisches Gebiet war, blieb eine Zeit lang unter Kontrolle der Roten Armee.

Unter deren Einfluss kam es zur Bildung einer »Persischen Republik«, für deren militärische Angelegenheiten Koschanow als Bevollmächtigter des Kaukasischen Büros der Bolschewiki zuständig war. Diese Episode endete nach wenigen Wochen mit der Rückgabe des besetzten Territoriums an den Iran als rechtmäßigem Besitzer.

Im August 1920 traf Koschanow in Baku ein, um dort ein Expeditionskorps in Stärke einer Division aufzustellen. Kurze Zeit später schickte man ihn auf die Krim nach Mariupol.

Die Stadt war von den Truppen des weißgardistischen Generals Wrangel besetzt worden. Als Nachfolger des geschlagenen Generals Denekin hatte dieser die Absicht, von der Krim aus den Süden der Ukraine und Russlands zu erobern, um dann gegen Moskau vorzustoßen. Bei Mariupol hatten jedoch die Kräfte Wrangels sich erschöpft und auch die Rote Armee hatte hohe Verluste erlitten. Die von Koschanow befehligte 1. Marineinfanteriedivision nahm an dem erfolgreichen Gegenangriff teil. Mariupol konnte am 2. Oktober 1920 befreit werden. Die völlige Säuberung der Halbinsel Krim dauerte bis zum 17. November 1920.

Koschanow sollte bald an einem weiteren Ereignis unmittelbar beteiligt sein, dessen Ursachen in der sowjetischen Geschichtsschreibung recht einseitig beschrieben wurden.

Es handelte sich um den Kronstädter Aufstand im März 1921, wo sich einige Tausend Matrosen und Soldaten erhoben hatten, um ihrer Unzufriedenheit über die chaotischen Zustände Ausdruck zu verleihen und ihre Forderungen nach einer »Macht den Sowjets ohne Kommunisten« durchzusetzen. Zu einseitig also, wollte man behaupten, dieser Aufstand wäre allein auf die Einwirkung »ausländischer Mächte« zurückzuführen gewesen. Eine der Forderungen der Aufständischen war zum Beispiel ein freier Markt unter Kontrolle der Regierung anstelle des »Kriegskommunismus«, der eine strenge Rationierung von Versorgungsgütern und deren Verteilung bedeutete.

Koschanow, seit Februar 1921 wieder in Petrograd, nahm als Mitglied eines sogenannten »Dreierrates der Baltischen Flotte« und bald darauf als dessen Chef am 8. und 17. März an den beiden Sturmangriffen gegen die Meuterer teil. Zusammen mit dem späteren Marschall der Sowjetunion Tuchatschewski, der damals die 7. Armee befehligte und gemeinsam mit aus Moskau herbeigeeilten Delegierten des laufenden X. Parteitages der Bolschewiki konnte der Aufstand blutig niedergeschlagen werden. Die Aufständigen hatten über 1.000 Tote und über 2.000 Verwundete. Der Rest der Meuterer ergab sich oder floh nach Finnland. Während der kurzen Amtszeit als Befehlshaber der Baltischen Flotte vom 9. März bis Anfang Mai 1921 versuchte Koschanow dafür zu sorgen, beschädigte Schiffe zu reparieren, die Küstenartillerie zu verstärken, die nötige Munition heranzuschaffen, die hydrographischen Einrichtungen zu verbessern und die Fahrwasser von Minen räumen zu lassen.

Nach einem längeren Aufenthalt von Mai bis Dezember 1921 im Süden Russlands, wo er als Befehlshaber der Küstenverteidigung des Kaukasischen Militärbezirkes und Mitglied des Kriegsrates der Seestreitkräfte des Schwarzen Meeres und des Asowschen Meeres fungierte, versetzte man ihn als Kommissar und Chef der Pazifikflottille nach Wladiwostok. Der Zustand der dort erbärmlich. Die geflüchteten Weißgardisten und Interventen hatten zudem einen Teil der Schiffe entweder versenkt oder unbrauchbar gemacht.

Unter Koschanow konnten bald die drei Zerstörer »Twordij«, »Totschnij« und »Brawnij« sowie das Kanonenboot »Krasnij Oktjabr« wiederinstandgesetzt und in Dienst gestellt werden. Auch auf dem Amur-Fluss waren bald drei Monitore, zwei Kanonenboote, ein Minenleger und einige Panzerboote wieder einsatzbereit. Ein Teil dieser Kräfte wirkte bis in das Jahr 1923 hinein an Einsätzen gegen Reste der Weißgardisten am Nordufer des Ochotskischen Meeres und an der Küste von Kamtschatka mit.

Nachdem die kriegerischen Auseinandersetzungen in Sowjetrussland zur Festigung der Sowjetmacht abgeebbt waren, drückte ein sehr großer Teil der jungen Frontkommandeure zunächst einmal die Schulbank. Praktische Erfahrungen besaßen sie genug, nun war es an der Zeit, sich durch eine solide theoretische Bildung für die kommenden Aufgaben beim Ausbau der Flotte zu rüsten. So auch Koschanow, der 1924 bis 1927 an der Seekriegsakademie in Petrograd (nach dem Tode Lenins in Leningrad umbenannt) studierte. In seiner Diplomarbeit befasste er sich mit Fragen einer neuen Vorschrift für Seestreitkräfte. Hier suchte er neue Gedanken und Vorstellungen einzubringen.

An der Seekriegsakademie gingen zu dieser Zeit heftige Diskussionen über das künftige Profil der Seestreitkräfte vor sich und Koschanow wurde zum entschiedenen

Anhänger jener jüngeren Wortführer, die angesichts der schwierigen Wirtschaftslage Sowjetrusslands und der besonderen Gegebenheiten der angrenzenden Seeschauplätze eine Schlachtflotte schwerer Überwasserschiffe negierten. Vielmehr votierten sie für die Schaffung kombinierter Verbände, die sich aus leichten Überwasserkräften, U-Booten und Seefliegerkräften zusammensetzen sollten.

Noch kurz bevor Koschanow das Studium an der Akademie beenden konnte, beorderte ihn Moskau überraschend als Marineattache nach Tokio. Dort blieb er drei Jahre lang bis Anfang 1930. Als ihn Freunde fragten, wie er zu dieser außergewöhnlichen Kommandierung gekommen sei, meinte er scherzhaft, daran müssten wohl seine etwas schlitzigen Augen Schuld gewesen sein. Koschanow hatte bis zur Beendigung seines Japanaufenthaltes noch keine eigentliche Bordausbildung erhalten. Diese sollte ursprünglich als letzte Etappe der akademischen Studien erfolgen. Das holte er nun im Anschluss an seine Rückkehr aus Japan nach. Obwohl er in der Vergangenheit bereits hohe Kommandoposten innehatte, absolvierte er seine Bordpraxis am März 1930 zuerst als 1. Wachoffizier (WO) auf dem Zerstörer »Uritzkij«, sozusagen von der Pike auf und später als dessen Kommandant.

Als 1931 über sein weiteres Fortkommen entschieden werden sollte, bat er nicht um eine Kommandeurslaufbahn, sondern ließ sich als Chef des Stabes der Baltischen Flotte einsetzen, die zu dieser Zeit von Viktorow befehligt wurde. Trotz erheblicher Stabsarbeit an Land hielt sich Koschanow viel an Bord und in See auf. Als Stabschef der Ostseeflotte fungierte er allerdings nur ein halbes Jahr, denn als Admiral Orlow das Kommando über die Schwarzmeerflotte und die Asow-Flottille im Sommer 1931 abgab und zum Oberbefehlshaber der gesamten Roten Flotte avancierte, nahm Koschanow dessen Stelle ein.

Die Schwarzmeerflotte bot im Sommer 1931 schon ein auffallend anderes Bild als es Koschanow zur Zeit des Bürgerkrieges aus den zwanziger Jahren im Gedächtnis hatte. Hier waren inzwischen Schiffe der ehemaligen zaristischen Flotte wieder instandgesetzt worden, vor allem Zerstörer. Von der Ostsee hatten sich das Schlachtschiff »Parischskaja Kommuna« und der Kreuzer »Profintern« dazu gesellt, die zusammen mit den bereits vorhandenen Kreuzern »Tscherwona Ukraina« und »Krasnij Kawkas« ein Geschwader bildeten. Auch U-Boote vaterländischer Fertigung und Marineflieger waren hinzugekommen, und so fand der neue Befehlshaber ein reiches Betätigungsfeld.

Hier blieb er auch erstmalig für längere Zeit, immerhin für sechs Jahre und das war für damalige Verhältnisse außergewöhnlich. Die Zeit war ausgefüllt mit einem Wust an organisatorischen Aufgaben, Strukturproblemen, Gefechtsausbildung der Schiffe und Boote und vor allem mit der Zusammenfügung des Offizierskorps. Oft war Koschanow mit in See und führte das Geschwader der schweren Überwassereinheiten selbst. Zeitzeugen schildern ihren damaligen Chef als einen oft peinlich genauen Kommandeur, der nichts durchgehen ließ, aber viel Verständnis für seine Leute aufbrachte.

Beim Fahren der Schiffe im Verband legte er Wert auf das selbständige Reagieren des Einzelschiffes bei Veränderungen der Formationen, ohne auf Signale zu warten. Als Vorbild hierfür nannte er die präzisen Schiffsmanöver der kaiserlichen deutschen Hochseeflotte in der Skagerrak-Schlacht. Aufgeschlossen zeigte er sich gegenüber Neuerungen, deren Vorteil für den Gefechtseinsatz er schnell erkannte. So sorgte er 1934 dafür, dass ein Verfahren für das beschleunigte Seeklarmachen der Schiffsturbinen eingeführt wurde, das von einem Leitenden Ingenieur eines Kreuzers entwickelt worden war. Das Verfahren ermöglichte das Klarmachen zum Auslaufen innerhalb von 15–20 Minuten gegenüber vier Stunden, die man vorher dazu brauchte. Besondere Vorliebe hegte Koschanow gegenüber den Torpedoschnellbooten, deren Zahl schnell anwuchs und die mit den U-

Booten und Seefliegerkräften in die Vorstellungen des Anhängers der »Jungen Schule« Koschanow paßten. Die Erfahrungen, die er in der Ausbildung seiner Streitkräfte machte, fanden auch Berücksichtigung in einigen Vorschriften, zum Teil auch in Schiffbauplänen.

Sein engagiertes Wirken lohnte ihm die Moskauer Führung im Dezember 1935 mit der Beförderung zum Flottenflaggmann 2. Ranges (entsprach dem Volladmiral) und der Verleihung des Ordens »Roter Stern«. Was konnte der Karriere des an den Fronten des Bürgerkrieges bewährten Kommandeurs und erfolgreichen Befehlshabers einer Flotte noch im Wege stehen, einem bolschewistischen Funktionär, der seiner Partei treu ergeben war? Objektiv gesehen nichts. So schien es wenigstens 1937. Zwar hatten Koschanow und seine engsten Mitarbeiter schon seit dem Frühjahr mit unruhigen Gefühlen wahrnehmen müssen, dass viele ihnen bekannte Leute aus dem Parteiapparat, aus staatlichen Dienststellen und aus den Streitkräften auf unerklärliche Weise plötzlich von der Bildfläche verschwanden. Es hieß, man habe sie als Feinde entlarvt, und keiner wagte daran offen zu zweifeln. Am 17. August 1937 traf es Koschanow selbst. Man löste ihn von seinem Posten ab und ließ ihn ein Jahr in Haft, um ihn am 22. August 1938 zu exekutieren. Nie ist, wie bei den meisten Opfern des unseligen Stalinschen Personenkultes, bekannt geworden, was man Koschanow konkret vorzuwerfen hatte. Offensichtlich genügte es den Henkersknechten um den Drahtzieher Berija, dass Koschanow für kurze Zeit als Militärattache in Japan war, um ihn des Vaterlandsverrates und als »Agent ausländischer Mächte« zu bezichtigen.

Anfang der fünfziger Jahre wurde auch er rehabilitiert.

Ludri, Iwan Martinowitsch
(1895–1937)

Der Tag und Monat seiner Geburt sind bis heute unbekannt geblieben, bekannt ist nur das Geburtsjahr 1895. Er war der Sohn eines armen estnischen Bauern aus dem Dorf Erma. Über seine Knabenjahre gibt es nur wenige ungenaue Angaben. Etwa 1909 oder 1910, als er die Grundschule beendet hatte, wurde Ludri in die Schule für Schiffsjungen in Kronstadt aufgenommen. Diese Einrichtung diente der frühzeitigen Heranbildung des Nachwuchses von Matrosenspezialisten und war bereits von Peter I. zu Anfang des 18. Jahrhunderts geschaffen worden. Als Eintrittsalter galten das fünfzehnte und sechzehnte Lebensjahr.

So verhielt es sich auch zur Zeit, als Ludri dort aufgenommen wurde. Seine Ausbildung erfolgte vor allem als Schiffsartillerist, sodass er bei Kriegsausbruch 1914 bereits als Richtkanonier auf einem Schiff der zaristischen Ostseeflotte eingesetzt werden konnte. Während des Krieges diente er auf dem Schlachtschiff »Poltawa«. Zur Zeit der Februarrevolution 1917 war er Unteroffizier und Kommandant eines Geschützturmes. Schon frühzeitig hatte sich Ludri der revolutionären Matrosenbewegung angeschlossen. Seine Autorität als Fachmann, eine gute Allgemeinbildung, die er sich durch den externen Abschluss des Gymnasiums erworben hatte, wie nicht zuletzt seine Parteinahme für die Bolschewiki, waren Gründe für seine Wahl in das Schiffskomitee des Schlachtschiffes. Hier erlebte er auch die Oktoberrevolution. Nach Petrograd kam Ludri aber erst im Frühjahr 1918, nachdem auch die »Poltawa« zusammen mit dem Gros der Baltischen Flotte von Helsingfors (Helsinki) durch das Eis des Finnischen Meerbusens nach Kronstadt überführt worden war. Noch 1918 trat er in die Partei der Bolschewiki ein. Das Zentralkomitee der Baltischen Flotte ernannte ihn daraufhin zum Kommissar der Kronstädter Marinebasis. Als es im Juni 1919 zu einem Aufstand in der Festung »Krasnaja Gorka« kam, führte Ludri als Hauptkommissar eine Matrosenabteilung, die von Land her gegen die Aufrührer vorging.

Im September 1919 erhielt er seine Kommandierung als Kommissar in die Onega-Flottille. Hier entstand eine enge Freundschaft zu E. S. Panzerschanskij, der die Flottille seit November 1918 als Chef übernommen hatte. Die Wege der beiden trennten sich zum ersten Mal, als Panzerschanskij im Frühjahr 1920 nach Murmansk versetzt wurde.

Ludri blieb in der Flottille bis zum November 1920. Im Anschluss daran bestallte man ihn als Kommissar der Seestreitkräfte des Schwarzen Meeres und des Asowschen Meeres.

Damit wurde er wieder Stellvertreter bei Panzerschanskij, denn dieser hatte ab Dezember 1920 dort den Oberbefehl übernommen. Beide ergänzten sich vorzüglich: Panzerschanskij, der parteilose, aber erfahrene Kommandeur und Ludri, der eifrige und energische Parteiarbeiter, der durch seine Umgänglichkeit und Fürsorge für die einfachen Matrosen bald überall Achtung und Vertrauen genoss.

Die Zusammenarbeit mit Panzerschanskij sollte hier aber nur kurze Zeit dauern, denn ab Juni 1921 bis September 1923 übernahm Ludri als Kommandeur und gleichzeitiger Kommissar die Seestreitkräfte des Kaspischen Meeres. Mit ihm war der bisherige Kommandant des Hafens von Sewastopol K. I. Duschenow in Baku angereist, um im Auftrag der Moskauer Führung die Erdöltransporte zur Wolgamündung, nach Astrachan zu organisieren. In Baku selbst gab es für Ludri bei der Wiederherstellung von Schiffen, in der Ausbildung und anderen Obliegenheiten genug zu tun. Trotzdem fand er immer Zeit, sich um die sozialen Belange der Matrosen zu kümmern. Unter anderem fehlte es an ordentlicher Dienst- und Arbeitsbekleidung. Die blauen Dienstblusen der Matrosen waren völlig verschlissen. Auf den Kleiderkammern gab es keine Vorräte. Unter dem Beutegut, das die englischen Interventen zurückgelassen hatten, fanden sich jedoch größere Mengen weißer Stoffballen, die sich für die Anfertigung von Blusen eigneten. Dunkelblaue Farbe fand sich ebenfalls. Die Schneidereien der Stadt Baku arbeiteten auf Hochtouren und in kurzer Zeit konnten die Matrosen der Kaspi-Flottille neu eingekleidet werden. Da genug Vorräte vorhanden waren, gab man auch an andere Flotten ab.

Während seiner Tätigkeit in Baku kam Ludri mit den unterschiedlichsten Leuten aus intellektuellen Kreisen zusammen. Nicht selten war der nicht allzu große, untersetzte und breitschultrige Mann mit Glatze, den meist zusammen gekniffenen

Augen und dem unverkennbar estnischen Akzent seines Russisch unter Schriftstellern, Wissenschaftlern und Künstlern anzutreffen. Bei solchen Zusammenkünften zeigte er sich trotz seiner äußerlich ruhig, fast schüchtern wirkenden Erscheinung durchaus nicht zurückhaltend.

Beeindruckend für die Gesprächspartner waren sein vielseitiges Wissen und die Exaktheit seiner Überlegungen. Als Kommandeur und gleichzeitig Kommissar lag ihm auch die Weiterbildung seiner Unterstellten, vor allem der Matrosen am Herzen. Auf seine Initiative hin wurde in Baku eine »Matrosen-Universität« eingerichtet. Er selbst hielt dort Vorträge zu verschiedenen Fragen der Politik, Kultur und des Militärwesens.

Wie die Befehlshaber der anderen Flotten, bewegte ihn seit seinem Amtsantritt in der Kaspi-Flottille das viel zu geringe und desolate Schiffsmaterial, das man als Erbe übernommen hatte. Daher war er sich mit den Befehlshabern der Schwarzmeerflotte und der Ostseeflotte darüber einig, die obersten Zentralen der Partei- und Staatsführung auf eine baldige Wiederherstellung der Flotten zu drängen. Als Mitglied einer Delegation reiste er im Spätherbst 1921 nach Moskau. Die Vertreter der Flotten wurden von Lenin empfangen, und nach entsprechenden Verhandlungen mit dem Obersten Militärrat der Republik konnte ein Programm verabschiedet werden, das die beschleunigte Wiederherstellung der Flotten vorsah. Bald war auch auf dem Kaspischen Meer ein, wenn auch zunächst bescheidener, Zuwachs an einsatzbereiten Schiffen und Booten spürbar. Ludri konnte die Wiederherstellungsarbeiten bis zum Sommer 1923 leiten.

Ein neuer Abschnitt seiner Laufbahn begann im Herbst 1923 mit der Aufnahme eines Studiums an der Marineakademie in Petrograd. Mit ihm kamen auch die späteren Admirale Duschenow und Koschanow, die er aus gemeinsamer Tätigkeit kannte. Der Beginn eines neuen Studienkurses erfolgte zu einem Zeitpunkt, als die Marineakademie umstrukturiert wurde. Neben den traditionellen Fächern maritimer Art kamen nunmehr politische Wissenschaften hinzu, die von neuen Dozenten, ausschließlich wissenschaftlichen Kadern der Bolschewistischen Partei, gelehrt wurden. Der Bekannteste unter ihnen war der Freund und Kampfgefährte Lenins E. E. Essen. Solche Fächer aber, wie Strategie, Taktik, Bewaffnung, Schiffbau usw. oblagen nach wie vor jenen Professoren, die schon zur Zarenzeit hinter dem Katheder gestanden hatten. Das waren zwar ausgezeichnete Fachleute, die aber zum Teil überalterte Ansichten über die Aufgaben und die Einsatzprinzipien der Seestreitkräfte vertraten. In der Hauptsache waren es die Professoren Scherwe, Petrow, Gontscharow und Pell, deren Gruppe unter der Bezeichnung »Alte Schule« bekannt wurde. Ihre Ansichten lehnten sich an frühere Vorstellungen von der Seemacht, der Seeherrschaft und der Generalschlacht schwerer Artillerieträger an. Auch der Ressortgeist der Marine gegenüber der Armee, den es auch in den meisten ausländischen Flotten gab, spielte eine Rolle.

Angesichts der zu dieser Zeit trostlosen Lage der Wirtschaft, der geographischen Lage, wie auch die Erfahrungen des Weltkrieges und des Bürgerkrieges waren die Auffassungen der »Alten Schule« irreal. Zudem beabsichtigte die Sowjetrepublik nicht, in die Fußstapfen des Zarenreiches zu treten und etwa expansionistische Ziele zu verfolgen. Hier ging es ausschließlich um die Verteidigung der ausgedehnten Seegrenzen.

Wozu dann Seeherrschaft und Schlachtflotten? Das fragten sich auch die neuen Kursteilnehmer, als sie an der Akademie von den »Alten« solche Töne vernahmen. Kein Wunder also, dass es zu heftigen Auseinandersetzungen über das künftige Profil und die Einsatzprinzipien der Seestreitkräfte kam, die für die Sowjetrepublik aufzubauen waren.

Der »Alten Schule« trat eine Gruppe gegenüber, die sich »Junge Schule« nannte. Ludri war einer ihrer Wortführer. Schon in Baku hatte er von den Ansichten der »Alten« gehört und in Diskussionen dagegen polemisiert. Nunmehr an der Marineakademie konnte er sich unmittelbar mit ihnen auseinandersetzen. Unterstützt wurde er von den späteren Admiralen Jakymitschew, Duschenow und Alexandrow. Die »Jungen« hielten die Schaffung einer kleinen, ausgewogenen Flotte, einer »Moskito-Flotte« für den Einsatz im Küstenvorfeld als am besten geeignet, die ihr vom Sowjetstaat zugedachten Aufgaben zu lösen. Eine solche Flotte war relativ schnell zu schaffen und für die Industrie des Landes verkraftbar. Möglicherweise sollte diese bewegliche Flotte im Rahmen einer Minen-Artillerieposition wirken, die sich in den meist engen Zugängen zu den sowjetischen Küstenzentren anbot. Ludri und seine Freunde lehnten damit keineswegs die Existenz von schweren Überwasserschiffen, wie Schlachtschiffen und Kreuzern ab, die sie aber als Rückhalt der Minen-Artillerieposition betrachteten. Eine bedeutende Rolle maßen sie den U-Booten und den Seefliegerkräften zu, die mit den anderen Kräften zusammenwirken sollten. Als Hauptprinzip im Einsatz der Seestreitkräfte aber galt das enge Zusammenwirken mit der Armee. Ludri war sogar der Meinung, dass deshalb ein gemeinsamer Generalstab für alle Teilstreitkräfte geschaffen werden müsste.

Die Auseinandersetzungen zwischen den »Jungen« und den »Alten« erfolgten nicht nur in den Mauern der Marineakademie, sondern auch auf Konferenzen der Militärwissenschaftlichen Gesellschaft und in der Fachzeitschrift »Morskoj sbornik«. Ludri machte hier sowohl als Redner wie auch als Autor für die Zeitschrift auf sich aufmerksam. So 1927 durch einen Artikel »Die Rote Flotte als Bestandteil der Streitkräfte der Republik« und in einem weiteren 1928 (als er das Studium schon abgeschlossen hatte) »Über die Taktik einer kleinen Flotte«. Die von Ludri vertretenen Ansichten wurden von Panzerschanskij, der den Vorsitz in der Militärwissenschaftlichen Gesellschaft der Flotte führte, aufgegriffen und von ihm später zum Teil in eine neue Gefechtsvorschrift der Seestreitkräfte eingebracht, die von einer Kommission erarbeitet wurde, deren Leiter er war.

Nach Beendigung der Marineakademie und eines anschließenden Bordpraktikums wurde Ludri als Chef der Küstenverteidigung in die Schwarzmeerflotte versetzt. Hier diente er unter dem damaligen Flottenchef W.M. Orlow. Im Herbst 1929 avancierte er zu dessen Stabschef und hatte diese Funktion bis Ende 1930 inne. Ob in seiner Amtszeit als Chef der Küstenverteidigung oder als Chef des Stabes galt Ludris besondere Aufmerksamkeit dem Aufbau und der zuverlässigen Funktion der landseitigen Verteidigung der Hauptflottenbasis Sawastopol und anderer Häfen des Schwarzen Meeres. Nicht wenige höhere Vorgesetzte, aber auch einige örtliche Kommandeure der Küstenverteidigung, hielten einen seewärtigen Schutz der Basen für völlig ausreichend, einen landseitigen aber für weniger wichtig. Ludris Hinweise auf die Geschichte, wie beispielsweise auf den Krimkrieg und das Jahr 1855, als Sewastopol durch ein anglo-französisches Expeditionskorps von Land her genommen wurde, wies man mit der Bemerkung zurück, dass man heute andere Zeiten und andere Möglichkeiten habe. Außerdem sei eine landseitige Verteidigung Sache der Armee. Welcher Feind sollte auch von Land her angreifen?

Da diese Leute nicht durch Diskussionen zu überzeugen waren, hatte Ludri einige sehr originelle Einfälle. Er wusste von der Routine der Küstenbatterien, sich ausschließlich auf die Seeseite zu orientieren. Eines Sonntages besetzte Ludri mit einer Handvoll Leuten überraschend von Land her eine Küstenbatterie, deren Bedienungen gerade Landgang hatten. Außer einem Posten, der die Seeseite im Auge hatte, waren keinerlei Sicherungen getroffen worden. Seit diesem Handstreich wurden einige Kommandeure nachdenklich. Es ging Ludri aber nicht nur um eine Küstenbatterie, sondern um eine allseitige Landbefestigung der Flottenbasen mit betonierten Unterständen, Feuernestern, Laufgräben, Panzergräben, Luftabwehrpunkten u.a., kurzum alles, was für eine längerfristige Verteidigung von Wichtigkeit schien. Hinzu kam seine Forderung, die Flotte im Zusammenwirken mit der Armee bei der Abwehr von gegnerischen Landungstruppen und auf dem Landweg angreifende Verbände zu trainieren. Er drang darauf, die Angehörigen der Flotte, auch die Schiffsbesatzungen im Umgang mit Infanteriewaffen zu üben, um sich überraschender Überfälle zu erwehren. Auch hier statuierte er ein Exempel zum Nachdenken. Eines Tages ließ er den Stab einer Abteilung der Sewastopoler Festung durch Marinepioniere überfallen, nachdem er vorher dem Kommandeur des Überfallobjektes angekündigt hatte, dass ein Signal für Gefechtsalarm gegeben wird. Als dies kam, ließ der Mann die Leute des Stabes zwar unter Waffen auf dem Hof des Stabes antreten und sich Meldung erstatten, weiter tat sich nichts, da man nicht wusste, was man tun sollte. Für die »Angreifer« war es ein leichtes, die verdutzte Truppe zu entwaffnen. Solche und ähnliche Beispiele wiederholten sich künftig nicht mehr, denn die Rundumverteidigung wurde nunmehr fleißig trainiert.

Offenbar war die Notwendigkeit eines festungsmäßigen Ausbaus der landseitigen Verteidigung der Flottenbasen im Süden auch von den obersten Führungsstellen in Moskau erkannt worden, denn 1930 schickte der Oberste Militärrat der Republik eine Kommission, die sämtliche Flottenbasen und Flugplätze am Schwarzen Meer und Asowschen Meer bezüglich ihrer landseitigen Verteidigungsmöglichkeiten zu untersuchen und Vorschläge zu machen hatte. Das Ergebnis ihrer zweimonatlichen

Rundreise waren Empfehlungen für die Einrichtung von Verteidigungsanlagen in Noworossisk-Tuapse und Poti-Batumi an der Kaukasus-Küste, in der Straße von Kertsch (der natürlichen Verbindung zwischen dem Schwarzen und Asowschen Meer) und für Odessa. Was die Hauptbasis der Schwarzmeerflotte Sewastopol anging, wurde sogar verlangt, die veranschlagten Finanzmittel zum Bau von schweren Überwasserschiffen besser für den Ausbau einer tiefgestaffelten landseitigen Verteidigung einzusetzen. Der Leiter der Kommission A.W. Nemitz warnte, wenn es nicht gelänge, die notwendigen Befestigungsarbeiten um Sewastopol vorzunehmen, man mit einer Wiederholung des Jahres 1855 rechnen müsse und es daher klüger wäre, die Hauptbasis der Schwarzmeerflotte in das Asowsche Meer zu verlegen und Sewastopol lediglich als mobile Basis zu nutzen.

Ludri und nur wenige von der Führung der Schwarzmeerflotte stellten sich auf die Seite der Kommission und waren der Meinung, unverzüglich mit der Arbeit zu beginnen. Nicht so der Befehlshaber der Flotte Orlow, der Chef der Luftstreitkräfte der Schwarzmeerflotte W.K. Larow und auch der Chef der Seestreitkräfte der Republik R.A. Muklewitsch. Diese meinten, eine landseitige Verteidigung ja, aber ohne Eile. Außerdem würden bei Notwendigkeit Feldbefestigungen genügen, die von mobilen Kräften genutzt werden. Ludri und ihm Gleichgesinnte wurden überstimmt. Der Kampf um Sewastopol 1941/42 zeigte, wie recht Ludri hatte. Die Nachteile durch die Versäumnisse konnten auch nicht durch die standhafte Verteidigung der Sewastopoler ausgeglichen werden.

Ende 1930 übertrug man Ludri die Leitung der Verwaltung Gefechtsausbildung der Seestreitkräfte der Republik. Diese Einrichtung hatte damals gleichzeitig so etwas wie die Funktion eines Hauptstabes der Sowjetflotte. Die Aufgaben des neuen Chefs reichten von Schiffbauprogrammen bis zur Ausbildung.

Gerade was letztere anbetraf, konnte Ludri nunmehr sein Hauptanliegen im Gesamtmaßstab der Seestreitkräfte verwirklichen: Die Organisation und Übung eines engen Zusammenwirkens der Seestreitkräfte mit der Roten Armee. Auch kümmerte er sich besonders um die Heranbildung von Spezialisten verschiedener Bereiche. Zu diesem Zweck ließ er außer an den Lehreinrichtungen der Flotte entsprechende Kader an zivilen Hochschulen ausbilden.

Im März 1932 ernannte man Ludri zum Stellvertreter des Chefs der Seestreitkräfte der Sowjetrepublik. Im Dezember 1935 erhielt er den Dienstgrad Flaggmann 1. Ranges (Vizeadmiral), nachdem er bereits vorher für seine Verdienste mit dem Orden »Roter Stern« ausgezeichnet worden war. Ende Januar 1937 musste er allerdings seinen hohen Posten verlassen und übernahm als Chef und Kommissar die Marineakademie in Leningrad.

Dort wurde er im Sommer desselben Jahres verhaftet und am 26. November 1937 hingerichtet.

Muklewitsch, Romuald Adamowitsch (1890 – 1938)

Freunde und Kenner seines Lebenspfades nannten ihn den »Admiral des Schiffbaus«. Tatsächlich war Muklewitsch lange Jahre, zunächst als Chef der Seestreitkräfte und danach direkt als Verantwortlicher für den Kriegsschiffbau innerhalb der Regierung der UdSSR mit der Planung, Projektierung und dem Bau der Seekriegsflotte befasst.

Bis dahin führte jedoch kein gerader Weg. Muklewitsch war wie einige andere hohe Funktionäre des sowjetischen Partei- und Staatsapparates polnischer Herkunft. Er wurde am 25. November 1890 im Dorf Suprasl, damals zu Polen-Litauen und heute zu Weißrussland gehörend, als Sohn des Textilarbeiters Adam Muklewitsch geboren.

Schon frühzeitig, 1906 begann der gerade sechzehnjährige Romuald Adamowitsch seine politische Laufbahn mit dem Eintritt in die Sozialdemokratische Partei Litauens, die enge Beziehungen zum linken Flügel der russischen Sozialdemokratie unterhielt und sich im selben Jahr dieser Partei bei Wahrung ihrer organisatorischen Selbständigkeit anschloss. Von 1907 bis 1909 leitete der junge Revolutionär und Bolschewik Muklewitsch das Parteikomitee in Bialistok (heute Polen) und arbeitete 1911 als Sekretär des Parteikomitees in Lodz. Seine Einberufung in die russische Flotte erfolgte 1912. Zuerst diente er in der Grenzflottille im Schwarzen Meer, die auch die russisch-rumänische Grenze auf der Donau zu sichern hatte. Als überzeugter Anhänger Lenins betrieb er während seiner Stationierung im Donauhafen Ismail eine intensive Agitationsarbeit unter den Matrosen und setzte diese während seiner Stationierung im Hafen von Otschakow (westlich von Odessa) fort. Das mag für seine Vorgesetzten ein Grund gewesen sein, ihn 1914 in die Baltische Flotte nach St. Petersburg zur Ausbildung als Maschinist auf die Technische Marineschule zu schicken. Als er 1915 den Lehrgang mit Erfolg abgeschlossen hatte, blieb er als Unteroffizier dort Ausbilder, betrieb aber konspirativ seine politische Arbeit unter den Angehörigen der Schule weiter.

Während der Februarrevolution 1917 beteiligte er sich an den Kämpfen zum Sturz des Zaren. Sein entschlossenes Auftreten für die Belange der Matrosen brachten ihm deren Achtung und Sympathie ein. Im August 1917 wählten sie ihn zum Mitglied des Petrograder Sowjets der Arbeiter und Soldaten. Am Abend des 25. Oktober 1917 stand Muklewitsch an der Spitze einer Matrosenabteilung der Technischen Marineschule, die am Sturm auf das Winterpalais teilnahm. Danach half er mit seinen Leuten, einige

Offiziersschulen auszuräumen, in denen sich regierungstreue Offiziersanwärter verschanzt hatten. Als im Februar 1918 deutsche Interventionstruppen auf ihrem Vormarsch in Richtung Petrograd bei Narwa und Pskow von rotgardistischen Truppen zur Umkehr gezwungen wurden, stand Muklewitsch als Freiwilliger in einer Partisanenabteilung des litauischen Bolschewiken Jan Fabrizius, die im Rücken der Deutschen operierte.

Während des Bürgerkriegs und der ausländischen Intervention übertrug man Muklewitsch verschiedene Kommandoposten und Einsätze als politischer Kommissar an der Westfront. Im April 1921 erhielt er als Mitglied des Kriegsrates dieser Front als Auszeichnung der Regierung eine goldene Uhr.

Seine Erfahrungen in der politischen Arbeit unter den Truppen bewog die Führung in Moskau, ihn 1922 als politischen Kommissar und Stellvertreter des Chefs der Marineakademie in Petrograd einzusetzen. Dort wirkte er bis 1925. Sonderbar für die damalige Zeit war es nicht, Führungskräfte der Streitkräfte faktisch über Nacht dorthin zu schicken, wo man glaubte, sie dort zu brauchen, ohne in erster Linie deren fachliche Kompetenz vorauszusetzen. Vielmehr galten die Linientreue und das Organisationsvermögen. So erging es auch Muklewitsch, der von 1925 bis 1926 als Gehilfe des Chefs der Luftstreitkräfte der UdSSR, verantwortlich für die politische Arbeit zu agieren hatte. Gleichzeitig hatte er die Funktion eines Stellvertreters des Vorsitzenden des Rates für die Zivilluftfahrt wahrzunehmen. Nach dieser kurzen Visite bei einer »anderen Firma« kehrte er im August 1926 zur Flotte zurück, diesmal aber als Chef der Hauptverwaltung der Seestreitkräfte, die etwa dem Status eines Ministeriums entsprach.

Für diese Versetzung gerade zu einer Zeit, als sich auch in den Streitkräften der UdSSR auf der Basis einer Militärreform entscheidende Wandlungen vollzogen, waren offensichtlich die außerordentlichen Fähigkeiten Muklewitschs als Organisator und seine Erfahrungen in der politischen Menschenführung maßgebend. Zwar hatte er bisher in höchsten Kommandostellen gearbeitet, nicht aber eine Flotte mit all ihren Gliederungen und mannigfaltigen Einrichtungen befehligt. Kein Wunder, dass ihm seine nunmehrigen Mitarbeiter in der Verwaltung zunächst mit Skepsis begegneten! Bald jedoch konnten diese feststellen, dass Muklewitsch gar nicht die Absicht hatte, den Alleswisser und Seehelden zu spielen. Vielmehr wandte er sich in allen spezifischen Fragen an die zuständigen Spezialisten, die er in seine Entscheidungen einbezog. Auf diese Weise, durch seine kooperative Art, Aufgeschlossenheit und Gespür für Neuerungen, vor allem aber durch seine Abneigung gegenüber jeglichem Bürokratismus, errang er recht schnell die Achtung und Zuneigung seiner Mitarbeiter. Muklewitsch soll damals auf die Frage, was er unter Bürokratie verstehe, geantwortet haben, Bürokratie sei, wenn die Leute rennen, das Papier geht, die Sache aber auf der Stelle tritt. In seiner Arbeit als Mitglied des Obersten Militärrates der UdSSR bescheinigte man ihm seinen Realismus bei der Beurteilung der zu dieser Zeit wahrlich misslichen Lage im Lande und seinen staatsmännischen Weitblick hinsichtlich der Entwicklungsperspektiven der Seestreitkräfte im Rahmen der Landesverteidigung.

Nach der Beendigung des Bürgerkrieges und der Intervention, etwa 1922 bis 1928, ging es im Sowjetstaat vor allem um die Wiederherstellung der durch Kriegseinwirkungen arg in Mitleidenschaft gezogenen Volkswirtschaft. Diese Wiederherstellungsphase traf ebenfalls für die Flotte zu. Es waren lediglich Teile der ehemaligen Ostseeflotte verblieben, die zwar mit 7 Linienschiffen, 5 Kreuzern, 7 Zerstörern, einigen U-Booten und Hilfsschiffen einen Kampfkern hätte bilden können. Diese Kräfte aber waren in ihrem Wert durch den Verschleiß im Ersten Weltkrieg derart beeinträchtigt und mussten erst wieder durch umfangreiche Reparaturen einsatzbereit gemacht werden.

Als Muklewitsch 1926 die Führung der Seestreitkräfte übernahm, waren ein Jahr später in der Baltischen Flotte bereits wieder 3 Linienschiffe, 2 Kreuzer, 10 Zerstörer, 9 U-Boote, 5 Minensucher und mehrere Spezialschiffe in Dienst. Auch im Schwarzen Meer, dessen Flotte seit 1921 wieder im Aufbau begriffen war, standen 1927 bereits wieder 2 Kreuzer, 4 Zerstörer, 4 Küstenschutzschiffe, 5 U-Boote, 4 Kanonenboote, 6 Schnellboote und mehrere Hilfsschiffe. An Neubauten war in der Anfangszeit angesichts der geringen Werftkapazität und der knappen finanziellen Mittel kaum zu denken.

Daher konzentrierte sich Muklewitsch zunächst parallel mit der Wiederherstellung der Schiffe auf deren Modernisierung. So erhielt beispielsweise der in Sewastopol stehende Kreuzer »Tscherwona Ukraina« eine verstärkte Flakbewaffnung und ein Katapult für die Aufnahme eines Bordflugzeuges. Nebenher lief der bescheidene Neubau von U-Booten vaterländischer Konstruktion, von denen 1927 drei des Typs »Dekabrist« in Dienst gestellt werden konnten. Hier war es Muklewitsch gelungen, die anfangs unter dem Vorsitz des Mitglieds des Obersten Militärrates der UdSSR J. S. Unschlicht gebildete Marinekommission von der Notwendigkeit des U-Bootbaus zu überzeugen.

Es gelang auch, weitere Zugeständnisse für den Neubau kleinerer Schiffe, wie von Küstenschutzschiffen und Schnellbooten zu erreichen. Das Ergebnis war, dass Ende 1926 ein erstes Schiffbauprogramm angenommen wurde, dass neben der Modernisierung vorhandener Schiffe bis Ende 1932 den Bau von 12 U-Booten, 18 Küstenschutzschiffen und 36 Torpedoschnellbooten vorsah. Allerdings musste man dieses Programm bis 1929, nicht nur wegen der wirtschaftlichen Engpässe, sondern vor allem wegen der sich schwertuenden bürokratischen Regierungsstellen, nicht weniger als fünfzehnmal korrigieren.

Auch die Nutzung ausländischer Erfahrungen im Schiffbau bis hin zu Bauaufträgen im Ausland standen zur Debatte. Muklewitsch war sich darin mit dem damaligen Vorsitzenden des Obersten Militärrates und Befehlshaber sämtlicher Streitkräfte der UdSSR M. W. Frunse einig, dass man diesbezüglichen Kontakt vor allem mit Italien und Deutschland aufnehmen müsse. Auf dem Heeressektor gab es in dieser Zeit bereits eine Zusammenarbeit mit der deutschen Reichswehrführung! Mit der deutschen Marineführung wurde das allerdings schwieriger. Kam man in der Folgezeit zunächst einmal mit Italien in Bezug auf Schiffskonstruktionen besser zurecht, so führten Bemühungen mit deutschen Marinedienststellen zu dieser Zeit zu keinem Erfolg. Eine von Frunse bereits vor dem Amtsantritt von Muklewitsch entsandte Expertendelegation hatte am 25. März 1926 in Berlin dem Vertreter der deutschen Marineleitung Konteradmiral Spindler den Vorschlag gemacht, im U-Bootbau zusammenzuarbeiten und auch U-Bootbesatzungen in der UdSSR zu schulen. Am 8. April ließen die Deutschen auch mal einen sowjetischen Vertreter in die Baupläne für ein U-Boot Einsicht nehmen.

Aber dabei blieb es. Konteradmiral Spindler stattete mit einer dreiköpfigen Delegation einen Gegenbesuch im Juni 1926 in Kronstadt und Leningrad ab, wobei die sowjetische Seite wiederum ihr Interesse für das deutsche U-Bootprojekt B III zeigte. Zu einer Einigung kam es jedoch nicht. Der damalige Chef der deutschen Marineleitung Admiral Zenker und dessen späterer Nachfolger Admiral Raeder bogen jegliche Zusammenarbeit ab und das aus gutem Grund. Deutschland war laut Versailler Vertrag der Bau von U-Booten verboten und was da bereits in der deutschen Marinerüstung im Gange war, geschah heimlich, um die gesamte Weltöffentlichkeit nicht zu brüskieren. Was also die Angelegenheiten mit dem U-Bootbau mittels ausländischer Hilfe anging, fand Muklewitsch diese Situation bei seinem Amtsantritt im August 1926 vor. Daher kümmerte er sich parallel um die Wiederherstellung der Kampfschiffe und deren Modernisierung, vor allem um die Heranbildung des Personals, wobei sein Augenmerk besonders der Marineakademie und den Offiziersschulen galt. Dorthin kamen neben den alten Bürgerkriegskämpfern junge Leute aus der Jugendorganisation des Komsomol, der die Patenschaft über die Flotte übernommen hatte. Muklewitsch holte zur Verstärkung des Lehrkörpers erprobte Flottenpraktiker an die Lehreinrichtungen, wie den Kommandanten des Schlachtschiffes »Marat«, den späteren Admiral J. F. Rall, den er zum Chef der Seeoffiziersschule »N. W. Frunse« in Leningrad machte. An die Marineakademie kamen als Lehrer ehemalige Kommandanten von Schiffen und Chefs von Verbänden.

War die Zeit der Wiederherstellung der Flotte für Muklewitsch eine Strecke zermürbenden und trotzdem erfolgreichen Wirkens, das noch 1928 mit der Verleihung des Rotbannerordens honoriert wurde, so begann für ihn und seine Verwaltung 1929 ein neuer Abschnitt, in dem umfangreiche Aufgaben zu bewältigen waren. Die mit Hochdruck einsetzende Industrialisierung, vor allem der Aufbau einer Schwerindustrie im Rahmen des ersten Fünfjahrplanes bedeutete auch für den Schiffbau bessere Möglichkeiten. Außerdem ließ das Finanzbudget größere Abzweigungen für die Vergrößerung und Modernisierung der Seestreitkräfte zu. Schon am 2. Februar 1929 konnte daher ein erweitertes Schiffbauprogramm bestätigt werden, das von Muklewitsch und seinen Spezialisten aus der Verwaltung der Seestreitkräfte erarbeitet worden war. In der Hauptsache stützte sich Muklewitsch auf den Chef der Technischen Verwaltung, den Ingenieur N. I. Wlasew und den Leiter des wissenschaftlich-technischen Komitees Ignatjew. Von nicht geringer Bedeutung wie der Neubau von Schiffen war deren sorgfältige Erprobung und Abnahme. Hierfür holte sich Muklewitsch als Verantwortlicher für die am 12. Mai 1927 geschaffene staatliche Abnahmekommission Alexander Karlowitsch Wekman, der von 1924 bis 1926 die Baltische Flotte und danach bis 1927 die Seestreitkräfte des Kaspischen Meeres befehligt hatte. Die Vergrößerung der Flotte und die klarer werdenden Vorstellungen über Ausbildungs- und Einsatzrichtungen verlangten nach neuen Vorschriften. Bis 1929 war es tatsächlich so, dass die Seestreitkräfte noch keine eigene Gefechtsvorschrift besaßen, sondern eine gemeinsame, die für alle Streitkräfte der UdSSR Gültigkeit hatte. Das war zum Teil noch durch die Erfahrungen aus dem Bürgerkrieg bedingt, wo die Flotte kaum selbständige Aufgaben zu lösen hatte und oft sogar den Armeekommandeuren unterstellt war. Zum anderen gab es noch Ende der zwanziger Jahre nicht wenige Stimmen unter den Befehlshabern der Landstreitkräfte, die eine seegehende Flotte nicht für notwendig ansahen, darunter auch der spätere Marschall Tuchatschewskij. Dieser war dafür, die Mittel für die Flotte besser für die direkte Küstenverteidigung und für schwere Bombenflugzeuge auszugeben.

Muklewitsch ließ zur Erarbeitung einer selbständigen Gefechtsvorschrift für die Seestreitkräfte und die Umarbeitung der alten Bordvorschrift eine Kommission bilden, in die er erfahrene Leute holte. Den Vorsitz übernahm Eduard Samuilowitsch Panzerschanskij, der für längere Zeit die Schwarzmeerflotte befehligt hatte und zu dieser Zeit als Offizier für besondere Verwendung beim Vorsitzenden des Obersten Militärrates seinen Dienst tat. Panzerschanskij verfügte über umfangreiche Erfahrungen auch als Schiffskommandant und war daher für diese neue Arbeit besonders geeignet. Unter seiner Leitung entstanden die Gefechtsvorschrift, die am 27. Februar 1930 (BUMS-30) eingeführt wurde und die überarbeitete Vorschrift über den Dienst an Bord (DaB), die erst 1932 Gültigkeit besaß. Sachkundige Mitarbeiter an diesen Dokumenten waren der Inhaber des Lehrstuhls »Allgemeine Taktik« an der Marineakademie in Leningrad Professor Petrow und K. I. Somailow, ehemals Kommandant des Schlachtschiffes »Parischskaja Kommuna« und zu dieser Zeit Inhaber des Lehrstuhls »Gefechtsausbildung«.

Die neuen Vorschriften waren das Ergebnis jahrelanger, oft hitziger Kontroversen der jüngeren Offiziere mit Vertretern althergebrachter Ansichten, meist ehrwürdigen Professoren an der Marineakademie. Hier standen sich die sogenannte »Junge Schule« und die Verteidiger der »Alten Schule« in der Frage nach dem künftigen Profil der Flotte und ihren Einsatzgrundsätzen gegenüber. Die »Alten« plädierten für eine Schlachtflotte, die mittels einer Generalsschlacht die Seeherrschaft zu erringen hatte. Die »Jungen« verlangten eine »Moskito-Flotte«, die ausgewogen in ihren Schiffsklassen, vor allem mit kleineren, schnellen Schiffen ihre Hauptaufgabe in der Verteidigung des Küstenvorfeldes im engen Zusammenwirken mit den Landstreitkräften zu sehen hatte. Maßgeblich für die Neigung der »Jungen« zu kleineren Schiffseinheiten, war natürlich nicht nur die Beachtung der geographischen Gegebenheiten der Seeschauplätze und der Sinn für Novitäten in der Seekriegskunst schlechthin, sondern auch die Einsicht in die realen Möglichkeiten, über die damals die Wirtschaft verfügte, wie auch die Tatsache, dass kleinere Einheiten schneller und billiger zu bauen waren. Sollte man aber gegen Schlachtschiffe antreten müssen, so müsse man diesen nicht unbedingt genügend eigene gegenüberstellen, sondern eine größere Anzahl von U-Booten würde auch genügen, diese beim Eindringen in die eigenen Gewässer zu vernichten. Letztere Auffassung erwies sich allerdings später in der Anfangsperiode des Krieges mit Hitlerdeutschland als falsch.

Muklewitsch war von Anfang an ein Verfechter der »jungen Schule« und sorgte in seiner Eigenschaft als Amtschef der Seekriegsflotte dafür, dass ein Großteil ihrer Ansichten Eingang in die neuen Vorschriften fand. »Wir können die Lösung unserer Aufgaben im Kampf mit dem Gegner nicht auf dem offenen Meer suchen«, schrieb er 1927, »eine Flotte ist notwendig, aber was für eine? Jedem ist klar, dass für uns der Bau von Schlachtschiffen und Kreuzern gemäß dem Washingtoner Abkommen nicht vonnöten ist. Wir befassen uns nicht mit der Neuaufteilung der Welt und für solche Schiffe braucht man auch unmäßig viel Geld«. Wie seine Gesinnungsfreunde kritisierte er daher die althergebrachte Taktik im Einsatz der Flotte als völlig überholt. »In unseren Ideen verfahren wir häufig nach dem Schema F. Wir vergleichen uns mit den klassischen Seemächten und bemühen uns, so wie sie zu handeln. Die Skagerrak-Schlacht ist das Muster, an dem wir lernen und das zu kopieren wir uns bemühen. All das auf unsere Bedingungen zu übertragen ist falsch. Wir haben andere Kräfte, andere Mittel und handeln unter anderen Verhältnissen.«

Angesichts der tiefen Spuren, die Muklewitsch während seiner Amtszeit als Chef der Seestreitkräfte hinterlassen hatte, war es keinesfalls die Unzufriedenheit der obersten Führung in Moskau, als diese ihn 1931 von seinem Posten abberief. Eigentlich war Muklewitsch bis dahin mehr mit dem materiellen Aufbau der Flotte und der soliden Ausbildung ihrer Führungskräfte beschäftigt. Hier lagen seine Verdienste. Eine fortwährend größer werdende Flotte verlangte aber nicht nur einen Organisator für den Schiffbau und das Personal schlechthin, sondern einen Befehlshaber, der genügend Praxis in der Führung verschiedenartiger Waffengattungen der Seestreitkräfte besaß, um diese in eventuellen Auseinandersetzungen mit künftigen Gegnern erfolgreich einzusetzen.

Hierzu sah sich Muklewitsch selbst nicht in der Lage. Er wurde daher durch den bisherigen Befehlshaber der Schwarzmeerflotte, Wladimir Mitrofanitsch Orlow abgelöst.

Muklewitsch übernahm ab 1931 bis 1934 die Funktion eines Inspekteurs der Marine. Als jedoch im selben Jahr die Hauptverwaltung Kriegsschiffbau ins Leben gerufen wurde, gab es keinen anderen, der als Chef in Frage kam. Schon ein Jahr vorher hatte ihn der damalige Minister für Schwerindustrie Ordschonikidse vorgeschlagen. Nunmehr konnte sich Muklewitsch ausschließlich dem Schiffbau widmen, der vorher schon einen breiten Raum in seiner Tätigkeit eingenommen hatte. Während seiner Amtszeit in dieser Funktion, die bis 1937 währte, erhielten die Seestreitkräfte Zuwachs durch eine ganze Reihe von Neubauten, die schon unter seiner Regie 1930 begonnen worden waren. So die schnellen Zerstörer des Typs »Gnewnij«, die Großzerstörer (Flottillenführer) des Typs »Leningrad« und auch die Kreuzer »Kirow« und »Maxim Gorki« kamen hinzu. Außerdem konnten die seit 1933 inzwischen auf vier Flotten (Ostsee, Schwarzes Meer, Nordmeer und Pazifik) angewachsenen Seestreitkräfte im Jahre 1935 bereits über insgesamt 106 U-Boote und 190 Torpedoschnellboote verfügen. Letztere waren mit Motoren des Flugzeugkonstrukteurs Tupolew ausgerüstet. Der auffällige Zuwachs der Seestreitkräfte wurde Muklewitsch nicht zuletzt dadurch ermöglicht, dass er als Chef der Verwaltung Kriegsschiffbau gleichzeitig Stellvertreter des Ministers für die gesamte Rüstungsindustrie war, von der nicht nur das Grobmaterial für die Werften kam, sondern auch die vielen Tausenden Ausrüstungen und Einrichtungen zahlloser Zulieferbetriebe. Hatte nun der seit 1937 mächtiger werdende Zuwachs der Stärke der sowjetischen Streitkräfte bei Stalin und seinen engsten Mitarbeitern zu überhobenen Zukunftsplänen auch für die Flotte geführt, die sich von der Realität entfernten? Das bestätigte sich 1938, als Muklewitsch schon nicht mehr lebte, mit einem neuen Flottenaufbauprogramm, das den Bau von Superschlachtschiffen und Flugzeugträgern vorsah. Im Vorfeld konnte ein solches Vorhaben

Muklewitsch natürlich nicht verborgen bleiben, obwohl Stalin dafür bekannt war, dass er in vieles nicht hineinschauen ließ und allein plötzliche Entscheidungen traf. Es ist nicht überliefert, ob sich Muklewitsch über eine solche Ausuferung kritisch geäußert hat. Wenn dem so war, musste er praktisch in das Blickfeld des NKWD geraten. Muklewitsch hatte bereits miterleben müssen, wie Anfang 1937 die Massenrepressalien gegen bewährte Partei- und Staatsfunktionäre einsetzten und auch immer mehr hohe Militärs verhaftet wurden. Wie sich seine Tochter erinnert, kam Anfang 1937 der Vater, der eigentlich ein sehr lebensfroher und tatkräftiger Mensch war, oft sehr niedergeschlagen nach Hause und erzählte, dass man wieder einige Leute verhaftet habe. Darunter befanden sich erstklassige Fachleute aus Industrie und Wirtschaft und er befürchtete, dass das sich unbedingt auf das Tempo des Schiffbaues auswirken würde.

Am 27. Mai 1937 befand sich Muklewitsch auf einer Dienstreise nach Leningrad. Zwei Tage später verhaftete man seine Ehefrau Anna, die zu dieser Zeit in der Staatlichen Plankommission arbeitete und die wie er als Mitglied der Bolschewistischen Partei im Bürgerkrieg gekämpft hatte. Als Muklewitsch am 28. Mai 1937 nach Moskau zurückkehrte, sagte er noch auf dem Bahnhof zu seiner Tochter, wenn ihm etwas passieren sollte, dann müsse sie wissen, dass ihre Eltern immer ehrliche Leute gewesen seien und sich keinerlei Schuld bewusst sind. Am Abend desselben Tages wurde Muklewitsch verhaftet. In den Verhören in einem Moskauer Gefängnis warfen ihm die Untersuchungsrichter des NKWD vor, er habe bereits seit 1920 einer polnischen Terror- und Spionageorganisation mit der Bezeichnung »POW« angehört und für diese Spionage betrieben, die auf die Schädigung der Kampfkraft der Sowjetflotte zielten.

Außerdem habe er seit 1935 im Auftrag derselben Organisation Verbindungen zum italienischen Geheimdienst unterhalten, dem er angeblich Geheimdokumente über den Zustand der sowjetischen Schiffsbauindustrie zukommen ließ.

Nach einem dreiviertel Jahr zermürbender Haft und ohne Aussicht auf die Anerkennung seiner Unschuld wurde Muklewitsch siebenundvierzigjährig am 9. Februar 1938 exekutiert.

Erst im Mai 1956 erfolgte die Rehabilitation, auch die seiner Ehefrau durch einen Beschluss des Militärkollegiums des Obersten Gerichts der UdSSR.

Orlow, Wladimir Mitrofanitsch
(1895–1938)

Von allen Marineoffizieren, die Stalin zum Opfer fielen, hatte er als erster den zur damaligen Zeit höchsten Dienstgrad erreicht, der in der Flotte vergeben wurde: Flottenflaggmann 1. Ranges, der dem späteren Flottenadmiral gleichkam. In der Tat gehörte Orlow zu jenen bolschewistischen Kadern, die sich auf allen Stufen ihrer Karriere besonders bei der Aufklärung und politischen Erziehung der Angehörigen der Streitkräfte verdient machten. Und trotz alledem in Ungnade gefallen? Der Lebensweg Orlows, so weit er aus den Überlieferungen hervorgeht, bot jedenfalls hierfür keine Veranlassung. Am 3. Juli 1895 in St. Petersburg als Sohn eines Wirklichen Staatsrates geboren, eröffnete ihm allein seine Herkunft

Türen, die der Masse seiner Altersgenossen in Russland verschlossen blieben. Wie in besseren Familien üblich, wurde großer Wert auf eine allseitige Bildung, vor allem Literatur, Kunst und Musik gelegt. Das Klavierspiel gehörte zum guten Ton in diesen Kreisen. Orlow lernte es. Nach Beendigung des Gymnasiums begann Wladimir Mitrofanitsch ein Studium an der Juristischen Fakultät der Petersburger Universität, beendete es aber nicht, denn man schrieb das Jahr 1916 und Russland stand seit zwei Jahren im Krieg gegen die Mittelmächte. So meldete sich Orlow wie viele seiner patriotisch gesinnten Kommilitonen freiwillig zur Ausbildung als Seeoffizier, die er am 12. September 1916 als Seekadett begann. Es war üblich, nach wenigen Wochen Grundausbildung zur Bordpraxis kommandiert zu werden. So auch Orlow. In der Ostsee, unmittelbar vor der Haustür, war es zu dieser Zeit für eine ungestörte Ausbildung zu gefährlich, denn ein Schulschiff konnte leicht zur Beute deutscher U-Boote werden. Daher reisten die Seekadetten mit ihren Lehrern in den Fernen Osten nach Wladiwostok. Von dort ging es auf dem Kreuzer »Orel« nach Indien und erst im Frühjahr 1917 machte man wieder im Heimathafen fest.

Die Kunde von der Revolution im Frühjahr 1917 und dem Sturz des Zaren erreichte den Kreuzer noch auf der Rückreise nach Wladiwostok. Der größte Teil der Seekadetten, vor allem aber die Matrosen des Schiffes, begrüßten den Fall des Zarenreiches und leisteten daher bereitwillig den Treueid auf die neue Regierung unter Kerenski, von der sie sich bessere Zeiten für Russland erhofften. Auch ein Schiffskomitee wurde gebildet und Orlow, der durch seine offene und umgängliche Art das Vertrauen der Besatzung genoß, zum Stellvertreter des Vorsitzenden des Komitees gewählt. Diese Funktion führte Orlow weiter, als die Kadetten im Juni 1917 nach St. Petersburg zurückkehrten und an der Schule ein Komitee vorfanden. Der sich nun anschließende Fähnrichlehrgang verlief keineswegs ruhig.

In der Stadt an der Newa herrschte den ganzen Sommer über eine hektische Betriebsamkeit bunt durcheinander gewürfelter politischer Parteien und Gruppierungen, die mit den unterschiedlichsten Losungen um die Gunst der Massen warben. Viele dieser Organisationen gaben sich mit den Ergebnissen der Februarrevolution zufrieden und unterstützten die Absicht der Kerenski-Regierung, den Krieg mit Deutschland weiterzuführen, dessen Truppen bereits Teile Russlands und der Ukraine an sich gerissen hatten. Offensichtlich waren es die Forderungen der Bolschewiki nach der Weiterführung der Revolution zum Sturz der Provisorischen Regierung und die schnelle Herbeiführung des Friedens für das vom Krieg gebeutelte Land, die bei den Massen der Soldaten und Arbeiter Petrograds den meisten Anklang fanden, so auch bei Orlow. Als dieser im Oktober 1917 den Fähnrichlehrgang abgeschlossen hatte und zunächst als Wachoffizier, darauf als Kommandant auf dem Kreuzer »Bogatir« in Reval (heute Tallinn) Dienst tat, machte er aus seiner Sympathie gegenüber den bolschewistischen Ideen kein Hehl. Daraufhin wählte ihn die Besatzung seines Schiffes in das Bordkomitee. Orlow erlebte den bewaffneten Aufstand in Petrograd am 25. Oktober 1917 als Beginn der Oktoberrevolution aus der Ferne. Als jedoch im Februar 1918 deutsche Truppen im Baltikum vorstießen und damit Gefahr drohte, die Masse der in Reval liegenden ehemaligen zaristischen Ostseeflotte dem Angreifer auszuliefern, gehörte der Kreuzer »Bogatir« zu dem Flottenverband, der auf Geheiß Lenins den Marsch über den stark vereisten Finnischen Meerbusen zuerst nach Helsingfors (Helsinki) und von dort aus nach Kronstadt und Petrograd antrat. Die letzten Schiffe trafen im Mai 1918 ein. Einige von ihnen, darunter auch die »Bogatir« wurden in eine Spezialabteilung eingereiht, die den seeseitigen Schutz Petrograds zu gewährleisten hatte. In dieser Zeit wurde Orlow Mitglied der Bolschewistischen Partei. Seine umfassenden Allgemeinkenntnisse, seine politische Bildung und seine rhetorischen wie organisatorischen Fähigkeiten brachten ihm den Auftrag ein, die politische Aufklärungsarbeit und kulturelle Betätigung in der Baltischen Flotte zu organisieren. So gab er bald den Gedanken auf, sein juristisches Studium zu beenden und wandte sich dieser neuen Aufgabe zu, die für lange Zeit zum Hauptinhalt seiner Tätigkeit als bolschewistischer Funktionär und Offizier der Roten Flotte werden sollte.

Zuerst arbeitete Orlow im Rat für politische Aufklärung der baltischen Flotte und als im Februar 1919 die Bildung einer politischen Abteilung erfolgte, wurde Orlow deren Leiter. Zu seinen Aufgaben gehörte die Überprüfung aller zu dieser Zeit in der Baltischen Flotte tätigen 125 politischen Kommissare auf deren Zuverlässigkeit und Eignung als Funktionär der Bolschewistischen Partei. Die Politische Abteilung Orlows erwies sich in der Folgezeit als ein »Mädchen für alles«. Sämtliche Bereiche des Lebens in der Flotte wurden erfasst. Dementsprechend gliederte sich die politische Abteilung in vier Bereiche: 1. Organisation und Information, 2. Agitation und Propaganda, 3. Kultur und Bildung und 4. Redaktion. Letztere gab die Zeitung »Krasnij Baltijskij flot« (»Rote Baltische Flotte«) heraus und Orlow selbst agierte eine zeitlang als Redakteur. Das Jahr 1919 war für Orlow und seine politische Abteilung eine harte Zeit. Die vom Krieg und den Revolutionskämpfen ermüdeten Massen der Matrosen mussten davon überzeugt werden, dass noch lange kein Ende der Auseinandersetzungen mit der inneren Konterrevolution und der ausländischen Intervention abzusehen war. Im Frühjahr 1919 gelang es Orlow und seinen Leuten, von den Schiffen und aus der Petrograder Marinegarnision 1400 Mann auf die Beine zu bringen und diese zusammen mit noch weiteren 400 Schülern der Marineakademie der sogenannten Baltischen Division als Verstärkung zuzuführen. Diese Division hatte keinen geringen

Anteil daran, die Offensive des weißgardistischen Generals Judenitsch, die von englischen Schiffen unterstützt wurde, zum Stehen zu bringen. Orlow sorgte persönlich dafür, dass die während der Judenitsch-Offensive meuternden Besatzungen der Seefestungen »Krasnaja Gorka« und »Seraja Loschadj« auf die Seite der Roten Armee übergingen. Auch während der zweiten, wiederum von englischen Schiffen unterstützten Judenitsch-Offensive am 13. Oktober 1919 und an der folgenden Gegenoffensive der Roten Armee am 22. Oktober war Orlow mit seinen politischen Mitarbeitern an allen Frontabschnitten tätig. Hier ging es nicht nur um die Hebung der Moral der Rotarmisten und Matrosen, sondern auch um die militärische Organisation von Verteidigung und Angriff. Orlow hielt sich während dieser Zeit mit einigen seiner Leute auch in der Festung »Krasnaja Gorka« (nunmehr umbenannt in »Krasnoflotskij«) auf und organisierte die Bekämpfung englischer Schiffe, die das Fort mit Artilleriefeuer belegten. General Judenitsch musste sich im Dezember 1919 nach Estland zurückziehen, wo sich seine angeschlagene Streitmacht bald auflöste.

Im Februar 1920, als der Bürgerkrieg und die Intervention vor allem im Süden Russlands noch voll im Gange waren, holte das Zentralkomitee der Bolschewistischen Partei Orlow zur Hilfe, um den Seetransport, der entweder völlig zusammengebrochen oder desorganisiert war, wieder zu aktivieren und damit lebenswichtige Versorgungsaufgaben zu lösen. Orlow übernahm die eigens zu diesem Zweck im April 1920 geschaffene Politische Abteilung. Seine Arbeit führte ihn oft kurzfristig an die verschiedenen Brennpunkte der See- und Flussschifffahrt, ob an das Schwarze Meer oder Asowsche Meer oder an den Don oder Kuban, wo es gegen Unorganisiertheit, Disziplinlosigkeit in den Transportflotten, aber auch gegen Bandenwesen, gegen Schieber und Spekulanten vorzugehen galt. Sein Hauptquartier schlug Orlow in Rostow am

Don auf und leitete von dort aus die Politabteilungen, die in allen wichtigen Häfen gebildet worden waren. Große Schwierigkeiten gab es im Umgang mit den Angehörigen der See- und Flussschifffahrt, die den politischen Kommissaren, die oft nicht zimperlich vorgingen, mit Skepsis, in einigen Fällen auch mit Abneigung begegneten. Orlows Erfahrungen bei der Wiederherstellung der See- und Flusstransporte im Süden bewogen die Moskauer Führung, ihn ein Jahr lang, von Ende 1920 bis Dezember 1921, als Kommissar für die Baltische Transportflotte einzusetzen. Dann aber seit Ende 1921, als eine Marineabteilung in der Politischen Verwaltung des Obersten Militärrates der Sowjetrepublik geschaffen wurde, übernahm diese Orlow als Leiter. Das geschah zu einer Zeit, als nach der Beendigung des Bürgerkrieges und der Intervention an den Fronten Ruhe einkehrte und das Personal der Streitkräfte zu einem beträchtlichen Teil reduziert werden konnte.

Viele Angehörige auch der Flotte hatten seit Beginn des Ersten Weltkrieges 1914, über die Revolution und den Bürgerkrieg die Waffen nicht aus der Hand legen können und sehnten sich nun nach einer friedlichen Arbeit, nach ihrer Familie und einem zivilen Leben. So kam es, dass sich die Flotte von 1921 bis 1924 personell von 87.000 Mann auf 41.000 verkleinerte. Das hatte auch den Grund, dass nach der Meuterei eines Teils der Kronstädter Marinegarnision, der sich gegen die Führung der Kommunisten in den Sowjets aufgelehnt hatte, eine Überprüfungskampagne lief, in deren Folge »unzuverlässige Elemente« aus der Flotte entfernt wurden. Auch damals gab es einige Leute unter den Kommunisten, die eine Flotte überhaupt für überflüssig hielten und das damit begründeten, dass Russland eine Kontinentalmacht war und die Erfahrung des Bürgerkrieges gezeigt habe, dass die Flotte nur ein Anhängsel der Armee gewesen sei. Orlow trat bei jeder Gelegenheit gegen solche Auffassungen auf. Diese Diskussionen wurden zu einer Zeit geführt, in der die Mittel so oder so nicht gereicht hätten, um eine neue Flotte aufzubauen. Es galt vielmehr, den verbliebenen Rest der zaristischen Flotte wieder einsatzfähig zu machen und das notwendige Personal zu sichern. Letztere Aufgabe übertrug man Orlow ab März 1923.

Als Chef und gleichzeitig Kommissar der neu organisierten Verwaltung Lehreinrichtungen und des Komitees für Ausbildung war er für die Erarbeitung und Umsetzung der Lehr- und Ausbildungspläne verantwortlich. In Sonderheit kümmerte er sich um die Bordpraxis. Als 1924 die erste Ausbildungsfahrt ins Ausland möglich wurde, führte Orlow persönlich das Kommando über die beiden Schulschiffe »Aurora« und »Komsomolez«. Die Reise ging von Kronstadt aus über den schwedischen Hafen Göteborg nach Murmansk und Archangelsk und auf der Rückreise über den norwegischen Hafen Bergen. Ein Teilnehmer erinnerte sich an eine komische Begebenheit während des Aufenthaltes in Göteborg. Dort hatte der Chef der Garnison die Kommandanten der Schiffe zum Empfang geladen, natürlich nicht wissend, dass in der Roten Flotte eine bestimmte Rangordnung herrschte, die den politischen Kommissar als Stellvertreter eines Kommandeurs eigentlich über diesen stellte. Jedenfalls wurden die Kommissare nicht eingeladen. Orlow klärte den erstaunten Schweden über das Versäumnis auf und dieser korrigierte sich dann höflich.

Im Herbst 1925 hielt die Baltische Flotte erstmalig ein größeres Manöver ab. Orlow war hierbei für die Organisation der politischen Arbeit verantwortlich. Danach besuchte er bis zum Herbst 1926 einen Jahreslehrgang für höhere Offiziere an der Marineakademie in Leningrad. Während des Studiums wirkten die Teilnehmer als Praktikanten an einem Manöver der Baltischen Flotte mit und Orlow durfte die Kräfte der Gegenseite befehligen, wobei er diese zu einem durchschlagenden Erfolg über die Kräfte führte, die vom damaligen Befehlshaber der Baltischen Flotte Michail Wladimirowitsch Viktorow kommandiert wurden. Offensichtlich war dies ein Grund mit dafür, dass die Führung in Moskau Orlow nach Beendigung seines Studiums zum Befehlshaber der Schwarzmeerflotte ernannte. Diesen Posten bekleidete er von Ende 1926 bis 1931. Zu Beginn seiner Amtszeit war die Schwarzmeerflotte noch ein Torso. In Sewastopol stand nur ein Kreuzer, die »Komintern«, der man zum besseren Aussehen einen dritten falschen Schornstein aufgesetzt hatte. Dazu kamen zwei U-Boote, einige Minensucher und veraltete Kanonenboote, über deren Schnelligkeit witzige Beobachter fragten, ob sie tatsächlich in Fahrt sind oder gerade auf stopp gehen. Erst 1927 konnte diese »Streitmacht« durch den Kreuzer »Tscherwona Ukraina«, drei U-Boote und vier Zerstörer verstärkt werden. Von 1929 bis 1930 kamen aus der Ostsee das Schlachtschiff »Parischskaja Kommuna« (später in »Sewastopol« umbenannt), der Kreuzer »Krasnij Krim« (ex »Profintern«) sowie weitere U-Boote und Schnellboote hinzu. Als Unterkunft für den Flottenstab diente in der ersten Zeit der Raddampfer »Morjak« (zu deutsch »Seemann«). Noch bevor die Flotte auf diese Stärke gebracht worden war, fanden bereits seit 1927 unter der Leitung des Flottenchefs Orlow Manöver statt, unter anderem im Raum von Otschakow, wobei auch das Zusammenwirken mit der Armee geübt wurde. Seine Verdienste um den Aufbau der Schwarzmeerflotte würdigte Moskau 1928 mit dem Rotbannerorden.

Im Juni 1931 holte man Orlow an die Spitze der Sowjetflotte. Er löste damit den bisherigen Befehlshaber Muklewitsch ab, der zum Inspekteur der Seestreitkräfte bestallt wurde. Für Orlow brach mit der Übernahme dieses hohen Amtes eine Zeit angestrengter und nervenzerreibender Arbeit an, saß er doch nicht mehr im fernen Sewastopol sondern in unmittelbarer Nähe der obersten Staats- und Parteiführung, in der Stalin das letzte Wort zu sagen hatte. Der seit 1929 laufende erste Fünfjahrplan brachte für die Sowjetflotte bereits einen größeren Zuwachs an Neubauten. Das für die damalige Zeit rasante Tempo der Industrialisierung in der Sowjetrepublik ermöglichte schon 1933 vorfristig mit dem zweiten Fünfjahrplan zu beginnen, der auch für die Seestreitkräfte ein neues und größeres Schiffbauprogramm vorsah. Danach sollten bis 1928 137 U-Boote, 5 Kreuzer, 4 Großzerstörer, 49 Zerstörer, 6 Küstenschutzschiffe, 27 Minensucher und 9 Flusskanonenboote hinzukommen. In Orlows Amtszeit fiel auch der Aufbau der Nordflottille (später Nordflotte) in Murmansk und Polarnoje, wie der Pazifikflotte, mit ihren Basen in Wladiwostok und Petropawlowsk auf Kamtschatka. Wie die Nordflottille so wurde auch die Pazifikflotte zunächst durch Schiffe der Baltischen Flotte aufgestockt. So verlegte man beispielsweise die Zerstörer »Bojkow« und »Stalin« von Kronstadt über das Nördliche Eismeer nach Wladiwostok. Für seine Verdienste um den Aufbau der Flotten erhielt Orlow 1935 den Orden »Roter Stern«. Und als am 22. September 1935 erstmalig militärische Dienstgrade eingeführt wurden (bis dahin bezeichnete man die Dienstränge nach den Dienststellungen, wie Brigadekommandeur, Schiffskommandant usw.), erhielt Orlow den Dienstgrad Flottenflaggmann 1. Ranges, den höchsten, den es für die Flotte gab und der dem späteren Dienstgrad eines Flottenadmirals entsprach.

Und seine Ernennung als Chef der Seestreitkräfte zum gleichzeitigen Stellvertreter des Volkskommissars für Verteidigung der UdSSR am 27. Januar 1937 bedeutete den Gipfelpunkt seiner Karriere. Bedurfte es eigentlich noch eines anderen Beweises für die Gunst der Partei- und Staatsführung in Moskau? Und trotzdem hatten sich bei Orlow in der letzten Zeit angesichts verschiedener Vorgänge im Lande Zweifel geregt, über die er sich im engsten Freundeskreis äußerte. So während eines Treffens bei ihm zu Hause im Dezember 1936, als man auf die repressiven Praktiken der Stalinschen Führung zu sprechen kam. Einer der damals Anwesenden erinnerte sich, wie Orlow auf den Bericht seines

Freundes Kusmin regierte, der als Staatsanwalt beim NKWD tätig war und sich enttäuscht und besorgt über die zunehmenden Repressalien zeigte, die seiner Meinung nach gegen die erst in der neuen Verfassung der UdSSR fixierten demokratischen Regeln verstoßen würden. »Vor wem fürchten wir uns eigentlich, gegen wen kämpfen wir, wo doch die Frage nach dem wer-wen im Lande entschieden ist?« Zu den Äußerungen Kusmins soll Orlow zunächst nur schweigend genickt haben. Dann aber sagte er leise vor sich hin: »Alles hängt jetzt nicht normal und nicht richtig von einem einzigen Mann ab.« Danach wurde seine Stimme lauter und er zitierte ein Gedicht von Puschkin über den Zaren Peter I., in dem der Dichter diesem zwar bescheinigte, er habe Russland zur Größe geführt, aber auf dem Weg dahin auch mit »eiserner Faust« das russische Volk zum »Aufbäumen« gebracht. Die Anwesenden verstanden die tiefsinnige Parallele, korrigierten aber Orlow damit, dass Puschkin nicht von einer »eisernen Faust« gesprochen habe sondern von einem »eisernen Zaun«, worauf Orlow entgegnet haben soll, dass dies umso schlimmer für Russland sei.

Im April 1937 gab Orlow, der sich kurze Zeit im Kreml-Krankenhaus aufhielt, einem Freund gegenüber zu erkennen, dass er eigentlich gar nicht krank, sondern es für ihn nur immer schwerer geworden sei, weil er Misstrauen ihm gegenüber spüre und selbst keinem mehr traue. So dürfe es auf keinen Fall weitergehen und seine Frau Valentina habe recht, wenn sie ihm geraten hätte, zu gehen und sich mit leichteren Dingen zu beschäftigen. Orlow schien von all den für ihn unfassbaren Vorgängen im Lande schwer gezeichnet und voller Enttäuschung über die brutale Missachtung kommunistischer Ideale, für die er sein Leben lang eingetreten war. Wussten die Häscher des NKWD zu dieser Zeit noch nichts über den Zustand Orlows oder ließen sie ihn eine Weile ungeschoren in der Gewissheit, dass er ihnen nicht entlaufen würde? Jedenfalls durfte Orlow noch am 20. Mai 1937 als Leiter der sowjetischen Delegation auf dem Schlachtschiff »Marat« an den Krönungsfeierlichkeiten für König George V. in Portsmouth teilnehmen. Doch es blieb ihm wenig Zeit.

Am 12. Juni kursierte in den Streitkräften der UdSSR der Befehl Nr. 96 des damaligen Volkskommissars für Verteidigung Woroschilow, den man unter sich den »ersten Marschall« und »eisernen Volkskommissar« nannte. In dem Befehl wurde mitgeteilt, dass das NKWD in den Streitkräften eine »konterrevolutionäre, faschistische Organisation« aufgedeckt habe, die seit langem in der Roten Armee existiere und Spionage betreibe. Dem folgte eine Aufzählung von angeblichen Mitgliedern dieser Organisation, die man überführt und bereits exekutiert habe, wie Tuchatschewski (der zusammen mit Woroschilow 1935 zum Marschall der Sowjetunion ernannt worden war), Kork, Jakir, Uborewitsch, Eideman, Feldman, Primakow und Punta, die meisten davon Mitglieder des Obersten Militärrates der UdSSR. Der Befehl Woroschilows bildete den Auftakt für eine breite »Entlarvungskampagne« in den Streitkräften.

Eines der ersten Opfer war Orlow. Am 10. Juli 1937 wurde er verhaftet und ein Jahr lang eingesperrt. Nach den damals geltenden Regeln des Strafrechtes der UdSSR (sie wurden dem Autor noch 1956 in Moskau gelehrt) war es nicht notwendig, dem Verdächtigten die Schuld nachzuweisen. Es genügte, wenn dieser seine Schuld eingestand, um ihn zu verurteilen. Heute weiß man, mit welchen drastischen Methoden »Geständnisse« zustande kamen. Nur so könnte es auch bei Orlow zu einem Schuldbekenntnis gekommen sein, in dessen Folge ihn das Militärkollegium des Obersten Gerichtes der UdSSR am 28. Juli 1938, etwa drei Wochen nach seinem dreiundvierzigsten Geburtstag, zum Tode durch Erschießen verurteilte. Unmittelbar danach wurde das Urteil vollstreckt. Am 23. Juni 1956 verfügte die gleiche Instanz die Rehabilitation Orlows wegen Fehlens jeglicher Schuldbeweise.

Panzerschanskij, Eduard Samuilowitsch
(1887 – 1937)

Zeitgenossen erinnern sich an sein ausdrucksvolles Gesicht, sein unaufdringliches Selbstbewusstsein und seine Menschlichkeit, an seine umfassende Bildung und die Überzeugungskraft seiner Rede, unterstützt durch lebhafte Gesten. Bei aller Ernsthaftigkeit seines militärischen Berufes bewahrte er sich selbst in kritischen Situationen den Sinn für Humor. Die meisten, die ein Stück des Weges mit ihm als seine Unterstellten gingen, empfanden eine Zusammenarbeit mit ihm als fruchtbringend und angenehm. Es war, als vereinige er in sich die erforderliche Nüchternheit und strenge Organisiertheit eines Soldaten mit menschlicher Wärme und Kooperationsbereitschaft, die ihm die bereitwillige Gefolgschaft der ihm anvertrauten Menschen sicherten. Der bekannte sowjetrussische Parteifunktionär und Militär M.W. Frunse, eine Zeitlang höchster Vorgesetzter Panzerschanskijs, vermerkte über ihn in einer Attestation vom 21. Oktober 1921 lakonisch: »Ein Mann von großer Energie. Autorität bei den Unterstellten. Politisch loyal. Völlig richtig am Platz.« Man merke sich »politisch loyal«, denn Panzerschanskij war Patriot, nicht Mitglied der Bolschewistischen Partei. Trotzdem bewunderte und lobte ihn Lenin, unter Stalin jedoch fiel er in Ungnade.

Woher kam Panzerschanskij, wie verlief sein Lebensweg? Am 30. September 1887 in Libau (Lettland) in einer verarmten Adelsfamilie geboren, beendete er 1906 das Gymnasium. Mit dem folgenden Eintritt in die Ingenieurklasse des Polytechnischen Instituts in Riga hatte der junge Mann bereits das Ziel vor Augen, nach Beendigung des Studiums in die zaristische Marine zu gehen. Einige seiner Kommilitonen, so auch Panzerschanskij, trafen sich in einem marxistischen Studentenklub. Dort führte er als Sekretär die Kasse für gegenseitige Hilfe. Das war für lange Zeit die einzige nachweisbare politische Arbeit, wenn man von einer solchen überhaupt sprechen konnte. Das bedeutete hingegen nicht, dass er politischen und gesellschaftlichen Vorgängen gegenüber die Augen verschloss, im Gegenteil, er besaß eine gesunde Urteilskraft für anstehende Entscheidungen. Aus welchen Gründen genau er 1909 das Studium am Rigaer Institut beendete und sich als Fahnenjunker (Offiziersanwärter) bei der Marine bewarb, ist nicht bekannt. Offensichtlich dauerte ihm das Studium zu lange.

Seeoffizier wollte er werden und es konnte ihm mit dem 22. Lebensjahr an der Zeit sein, diesen Schritt zu tun. Im Sommer 1909 durchlief Panzerschanzkij bereits eine Ausbildung auf dem Schulschiff »Okean« (später »Komsomolez«) und im Winter 1909/10 bestand er alle Aufnahmeprüfungen für die Offiziersschule. Das Jahr 1910 fand ihn als Fähnrichschüler auf dem

Schlachtschiff »Slawa«. Anschließend machte er als Fähnrich eine Auslandsreise auf dem Kreuzer »Rjurik« mit. Dem folgte sein Einsatz als Offizier auf dem Kanonenboot »Kars«, das nach einem Umbau über die Wolga in das Kaspische Meer verlegt wurde. Vom Süden aber versetzte man ihn, wie er in einem Lebenslauf schrieb, »ohne eigenes Zutun« an die Ostsee, auf den Zerstörer »Letutschij«. Auf diesem erlebte er den Ausbruch des Ersten Weltkriegs 1914. Von dieser Zeit an gibt es erst wieder 1916 Auskunft über ihn, dass er eine Qualifizierung als Sperroffizier (Spezialist für Minenlegen-Minenräumen) abschloss. Dem folgte die Versetzung auf das Schulschiff »Asija«, das zur Minenleg- und Räumabteilung der Baltischen Flotte gehörte. Im August 1917 ließ er sich, nunmehr schon unter der Kerenski-Regierung, an die »Front« versetzen und diente als Erster Offizier auf dem Zerstörer »Sibirskij strelok«. Im Oktober 1917 nahm er auf dem Zerstörer »Grom« an Gefechten mit deutschen Zerstörerabteilungen an den Moonsund-Inseln teil. Hierbei wurde er verwundet. Nach dem Verlust seines Zerstörers versetzte man ihn als Flaggoffizier in die Schärenabteilung der Baltischen Flotte, die auf das Minenlegen und -räumen spezialisiert war. In der Zeit vom 2. bis zum 7. Oktober 1917 leitete Panzerschanskij die letzte Minenlegaktion der Baltischen Flotte während des Ersten Weltkrieges.

Bereits in der Übergangszeit bis zur Oktoberrevolution war es nach dem Willen der Schiffsbesatzungen üblich, ihre Kommandeure selbst zu wählen. Das betraf natürlich nur wenige ehemalige Offiziere der zaristischen Marine. Die meisten von ihnen waren den Matrosen wegen ihrer arroganten Distanz und Schikane verhasst. Nicht aber Panzerschanskij, der im Februar 1918 von den Schiffskomitees seiner Schärenabteilung zum Kommandeur gewählt wurde. Die Wahl bestätigte das Zentralkomitee der Baltischen Flotte, das sich aus bolschewistischen Parteifunktionären aller Flottenteile zusammensetzte.

Im Auftrag dieses Zentralkomitees, das zu dieser Zeit seinen Sitz in Helsingfors (Helsinki) hatte, versorgte die Schärenabteilung Panzerschanskijs die finnische Rote Garde mit Waffen und Munition. Ein Befehl vom 19. November 1918 berief ihn als Chef der Onega-Flottille, die sich zum Teil aus bewaffneten Dampfern und kleineren Kampfbooten zusammensetzte. Als »Flaggschiff« diente ein aus einem Schlepper umfunktioniertes Kanonenboot, das mit seiner Geschwindigkeit von 7,5 Knoten als das »schnellste« Schiff galt. Hier hatte sich der neue Chef mit seinem Stabschef G. A. Stepanow eingerichtet.

Die Onega-Flottille machte trotz ihres buntgewürfelten und provisorischen Schiffsbestandes bald von sich reden. Während sich der weißgardistische General Judenitsch mit Unterstützung der britischen Flotte längs der baltischen Küste in zwei Offensiven im Frühjahr und Herbst 1919 an der Eroberung Petrograds versuchte und scheiterte, wollten finnische und russische Weißgardisten ebenfalls mit Unterstützung englischer Interventen durch einen Vorstoß zwischen dem Ladoga-See und dem Onega-See Petrograd in die Zange nehmen. Damit war Panzerschanskij mit seiner Flottille in die Kämpfe einbezogen. Der Unterstützung der Roten Armee durch die Onega-Flottille kam an diesem Abschnitt oft entscheidende Bedeutung zu. Sie half nicht nur mit ihrer Artillerie, sondern transportierte ebenfalls Truppen und Technik. Auch mehrere Landungen wurden an Stellen durchgeführt, wo sich meist die Stützpunkte der Weißgardisten befanden. In der Hauptsache galt es auch, den Versuch der Weißen und Interventen zu verhindern, die Eisenbahnverbindungen zwischen Petrograd und Murmansk zu unterbrechen. Eine solche Gefahr war im Juni 1919 entstanden, als weißgardistische Truppenteile die wichtigen Städte und Knotenpunkte Widliza und Olonez am Ostufer des Ladoga-Sees besetzt hatten. Die Führung der Roten Armee ließ daher in der Zeit vom 27. Juni bis 8. Juli 1919 eine Angriffsoperation zur Beseitigung der Gefahr durchführen. Die Onega-Flottille, in den Ladoga-See verlegt, hatte daran wesentlichen Anteil. Die sogenannte »Widlizer Operation« fand als Muster des Zusammenwirkens von Armee und Flotte ihren Platz in der militärgeschichtlichen Literatur der UdSSR. Vorgesehen war ein gemeinsamer Angriff von Verbänden der Roten Armee und der Onega-Flottille auf die von etwa 2.000 Weißfinnen besetzte Stadt Widliza. Zu diesem Zweck war die Onega-Flottille durch zwei Zerstörer »Ussurijez« und »Amurez« verstärkt worden. Damit standen Panzerschanskij insgesamt 13 Kampfschiffe und Boote zur Verfügung. Denen fiel die Aufgabe zu, in der Mündung des Flusses Widliza 500 Rotarmisten anzulanden und weitere 200 nördlich des Flusses Tuloksa. Es gelang, Widliza überraschend einzunehmen. Der Gegner, der hier auch eine größere Menge an Kampftechnik verlor, unternahm seit dieser Zeit keinen Versuch mehr, von der karelischen Seite her anzugreifen. Der Führer der Sowjetrepublik Lenin soll sich, als er von dem durchschlagenden Erfolg und den daran maßgeblich beteiligten Kommandeuren hörte, lobend über Panzerschanskij geäußert haben, der die Landungsabteilung geführt hatte. An einer weiteren Operation beteiligte sich die Onega-Flottille in der Zeit vom 8. Oktober bis zum 6. November 1919.

Hier ging es um die Vertreibung der Weißgardisten vom nördlichen Ufer des Onega-Sees. Wiederum hatte die Onega-Flottille Landungstruppen an einen Knotenpunkt des Gegners abzusetzen. Die Aktion brachte allerdings keinen Erfolg. Auf der Überfahrt erlitt die Flottille empfindliche Verluste, als sie zu dicht unter Land marschierte und bei stürmischem Schneeregen und schlechter Sicht überraschend in das Feuer einer Küstenbatterie geriet. Der Schiffsverband kam durcheinander, es gab Tode und Verwundete, das Führerschiff – ein Kanonenboot – wurde versenkt und Panzerschanskij, selbst leicht verwundet, musste mit seinem Stab auf einen Minenleger umsteigen. Die inzwischen einsetzende Vereisung der Gewässer ließ das Unternehmen völlig abbrechen. Der Gegner räumte aber später das Gebiet selbst, als an den anderen Fronten der allgemeine Rückzug der weißgardistischen Armeen und Interventen begonnen hatte. Panzerschanskij wurde fünf Jahre später, im Mai 1925, für seine damaligen Verdienste in der Onega-Flottille mit dem Rotbanner-Orden geehrt. Es war dies die einzige Auszeichnung, die er während seiner Laufbahn erhielt.

Im Frühjahr 1920 ernannte man ihn zum Chef der Verteidigungskräfte der Kola-Bucht. Gleichzeitig galt Panzerschanskij als Bevollmächtigter des Volkskommissars für Armee und Flotte, verantwortlich für den gesamten Verteidigungsraum am Nördlichen Eismeer. Im Norden blieb er aber nur wenige Monate. Bereits im Juli 1920 übernahm er das Kommando über die Kaspi-Flottille, hielt sich jedoch nur kurze Zeit in Baku auf, denn im Dezember setzte ihn Moskau als Chef der Seestreitkräfte des Schwarzen Meeres und des Asowschen Meeres ein. Ab April 1921 wurde er damit gleichzeitig Stellvertreter des Armeebefehlshabers in der Ukraine und auf der Krim. Letzterer war zu dieser Zeit kein geringerer als der spätere Volkskommissar für die Streitkräfte der UdSSR Michail Wasilewitsch Frunse.

Als Panzerschanskij die Schwarzmeerflotte übernahm, war deren Zustand mehr als kläglich. Lenin hatte 1918 befohlen, die ehemalige zaristische Schwarzmeerflotte zu versenken, um sie nicht in die Hände der Weißgardisten und Interventen fallen zu lassen. Was damals nicht unter Wasser gebracht werden konnte, nahmen die Leute des weißgardistischen Generals Wrangel bei ihrer Flucht ins Ausland mit. Die Hälfte der Sewastopoler Südbucht war mit versenkten Schiffen aller Klassen und Typen vollgestopft, darunter sogar die originellen diskusförmigen Panzerschiffe, sogenannte »Popowzij«, die in den siebziger Jahren des vergangenen Jahrhunderts gebaut und nach ihrem Konstrukteur Admiral Popow benannt worden waren. Es lagen lediglich noch ein Kanonenboot und einige umgebaute Dampfschuten an der Pier. Wenn es Panzerschanskij auch gelang, kurzfristig einige U-Boote des Typs »GA« instand setzen zu lassen, die während des Weltkrieges von den USA gekauft worden waren, so konnte doch von einer Kampfkraft dieses Häufleins keine Rede sein. Der neue Flottenchef brauchte seine ganze Energie, um die Wiederherstellungsarbeiten voran zubringen. Was von den Schiffen noch taugte, wurde gehoben, repariert und instandgesetzt, um wenigstens Bedingungen für die Ausbildung zu schaffen. Bis zum Sommer 1921 gelang es, einige Einheiten zusammenzubringen, die kaum eine Kampfkraft darstellten.

Zu dieser Zeit gab es natürlich außer auf dem Schwarzen Meer, wo es am trostlosesten bestellt war, auch auf anderen Meeren, wie an der Ostsee und in der Nachbarschaft am Asowschen Meer große Probleme beim Wiederaufbau der Flotten. Das alles war mit örtlichen Mitteln nicht zu bewältigen. Die Lösung musste auf höchster Ebene gefunden werden. Daher wandten sich die Chefs der Flotten im Herbst 1921 in einem Brief an den Vorsitzenden des Rates der Volkskommissare Lenin mit der dringenden Bitte um Abhilfe. Gleichzeitig ging ein Bittgesuch an den Obersten Militärrat der Republik. Beide Dokumente waren unter unmittelbarer Mitwirkung Panzerschanskijs entstanden und so war es nicht verwunderlich, dass gerade er nach Moskau beordert wurde, wo ihn Lenin persönlich empfing. Der Führer der Bolschewistischen Partei und Regierungschef schlug nach der Zusage von Unterstützung Panzerschanskij vor, die Führung der gesamten Seestreitkräfte zu übernehmen. Das geschah dann auch, nachdem der Oberste Militärrat noch im November einen Beschluss über die beschleunigte Wiederherstellung der Flotten gefasst hatte.

Die Einsetzung Panzerschanskijs als Befehlshaber der Seestreitkräfte der Sowjetrepublik erfolgte durch den Befehl Nr. 317 des Obersten Militärrates vom 22. November 1921. Ein weiterer Befehl vom Januar 1922 ernannte ihn gleichzeitig zum Stellvertreter des Oberbefehlshabers der Streitkräfte der Republik für Marineangelegenheiten. Ab April 1924 wurde der gesamte zentrale Militärapparat im Rahmen einer von Frunse eingeleiteten Militärreform umorganisiert und Panzerschanskij nannte sich nunmehr Chef der Seestreitkräfte der UdSSR. Jedoch waren seine Stunden in diesem hohen Amt bereits gezählt. Bis dahin aber, in den Jahren 1922 bis 1924, konnte die Wiederherstellung der Flotten unter seiner tatkräftigen Leitung vorangebracht werden. Das Bau- und Reparaturprogramm beinhaltete den Fertigbau von zwei Kreuzern, von vier Zerstörern des Typs »Nowik« und eines U-Bootes sowie die Instandsetzung von zwei Schlachtschiffen, zwei Kreuzern, 15 Zerstörern, 14 U-Booten, einer Reihe kleinerer Einheiten und einiger Hilfsschiffe. Auf diese Weise konnten in den Flotten an der Ostsee und im Schwarzen Meer die ersten, wenn auch bescheidenen Manöver abgehalten werden.

Die Schwarzmeerflotte war auch die erste, die im Herbst 1923 ein Nachtmanöver durchführte. Zu diesem Zweck war Panzerschanskij angereist. Er beobachtete nicht nur, sondern leistete sich auch eine originelle Einlage, die durchaus nicht als Spaß aufzufassen war. Natürlich mit Wissen des Flottenstabes war er tagsüber auf einem schnellen Wachboot aus Sewastopol ausgelaufen. Mit der Dunkelheit kehrte er zurück und lief mit voller Fahrt durch die für einen einlaufenden Schlepper geöffnete Hafensperre in die Bucht. Erst als Panzerschanskij mit Hilfe von Leuchtmunition die Laufbahn eines Torpedos imitieren ließ, bemerkten die verdutzten Bewacher des Hafens worum es ging, und dass es für eine Abwehr zu spät war.

Die 1924 begonnene Militärreform hatte für Panzerschanskij nicht nur die Umbenennung seiner Dienststellung als Chef der Seestreitkräfte der UdSSR zur Folge, sondern war für seinen weiteren Lebensabschnitt von entscheidender Bedeutung. Unter den vielen Veränderungen, die in den Streitkräften vorgenommen wurden, wie Umbau der Struktur, der Organisation, des Rekrutierungssystems, der territorialen Gliederung der Streitkräfte und vieles andere mehr, wurde das bis dahin gültige System der Politischen Kommissare, die als Vertreter der Partei über die politische Lauterkeit der Kommandeure zu wachen hatten und ohne deren Zustimmung keine militärischen Entscheidungen getroffen werden konnten, schrittweise abgebaut. Politische Kommissare als faktische »zweite Kommandeure« gab es allerdings bis dahin auch nicht überall, vor allem dort nicht, wo die Kommandeure aus den Reihen der Parteifunktionäre gekommen waren und daher auch die Funktion des Kommissars ausübten. Auch in der Flotte hatte es so etwas gegeben, nicht so bei Panzerschanskij, der nicht Mitglied der Bolschewistischen Partei war und daher von Anfang an einen politischen Kommissar als Stellvertreter an der Seite hatte. Seit 1921, als er Chef der Seestreitkräfte wurde, war das der aus Rowno stammende Bolschewik Wjatscheslaw Iwanowitsch Sof, der bis 1920 als Mitglied des Militärrates der Baltischen Flotte gewirkt hatte. Während man nun mit der Auflösung der Institution der politischen Kommissare den meisten Kommandeuren die alleinige Verantwortung – bekannt unter dem Begriff »Einzelleitung« – übertrug, stand dies bei einem parteilosen Militär wie Panzerschanskij in Frage. Also Ablösung von seinem Amt. Frunse, zu dieser Zeit Volkskommissar für die Streitkräfte der UdSSR, schlug daher seinem Stellvertreter für Marineangelegenheiten, mit dem er im Süden eine Zeitlang zusammengearbeitet hatte, vor, in eine Flotte seiner Wahl zu gehen und dort das Kommando zu übernehmen. Panzerschanskij entschied sich für die Schwarzmeerflotte, die er am besten kannte. Er übernahm diese im Dezember 1924, sein Nachfolger aber als Chef der Seestreitkräfte der UdSSR wurde sein bisheriger Kommissar Sof.

In der Schwarzmeerflotte wirkte Panzerschanskij bis zum Oktober 1926, dann rief man ihn als Offizier für besondere Verwendung in den Zentralapparat der Flotte zurück. Dort blieb er bis 1937 und erfüllte die verschiedensten Aufgaben, die einen erfahrenen Marineoffizier erforderten. Seine Sachkenntnis wurde beispielsweise bei der Planung und beim Bau des Ostsee-Weißmeerkanals gefragt. Er beschäftigte sich mit Planungen im Schiffbau und mit der Gefechtsausbildung in den Flotten. Ende der zwanziger Jahre nahm ihn die Leitung einer Kommission für die Ausarbeitung einer neuen Gefechtsvorschrift für die Seestreitkräfte voll in Anspruch. Diese Vorschrift, bekannt unter der Bezeichnung »BUMS-30« wurde 1930 eingeführt. Sie vereinigte in sich alle neuen Anforderungen, wie gleichermaßen die Erfahrungen des Ersten Weltkrieges und des Bürgerkrieges. Im April 1932 übertrug man ihm die neugeschaffene Verwaltung Ausbildung, die bald darauf in eine Abteilung Gefechtsausbildung des Volkskommissariats der Seestreitkräfte umbenannt wurde. Während seiner Amtszeit bis zum Frühjahr 1937 war Panzerschanskij auch mit der Unterstützung beim Aufbau der Nordflotte und der Pazifikflotte befasst. Seine Verdienste wurden 1935 mit der Ernennung zum Flaggmann 1. Ranges (Vizeadmiral) gewürdigt. Im März 1937 beauftragt man ihn mit der Einrichtung einer Marinesektion an der Generalstabsakademie, an der Befehlshaber großer Verbände der Armee und Flotte ausgebildet wurden.

Das war seine letzte Tätigkeit, denn am 13. Juni desselben Jahres wurde er verhaftet und am 26. September 1937, vier Tage vor seinem 45. Geburtstag, als »Volksfeind und Verschwörer« erschossen.

Wie bei anderen Opfern stalinistischer Repressalien erfolgte seine Rehabilitierung Mitte der fünfziger Jahre.

Raskolnikow, (Iljin) Fedor Fedorowitsch
(1892 – 1939)

Weder Flaggmann noch Admiral waren seine Dienstgrade, und doch wirkte er auf einer solchen Kommandohöhe in den ersten Jahren des Bürgerkrieges und der Intervention als politischer Kommissar und Befehlshaber neu entstandener Einheiten der Roten Flotte, an deren Aufbau er eine zeitlang beteiligt war. Seine Laufbahn in der Marine war im Vergleich zu seinen Schicksals genossen die kürzeste und sein Leben endete auch nicht durch ein Exekutionskommando des NKWD, sondern verbannt im französischen Exil. Freunde und Zeitgenossen erinnern sich an seine gutaussehende, sympathische Erscheinung, an Klugheit und kultiviertes Auftreten, an einen glänzenden Redner und befähigten Führer der ihm anvertrauten Menschen. Seit früher Jugend für sozialistische Ideale begeistert, diente sein Leben der Verwirklichung dieses Zieles. Er freute sich über die ersten Erfolge auf dem Wege dorthin, hatte er doch einen persönlichen Anteil daran. Und was für eine Tragik und unbegreiflich für Außenstehende: Auch für ihn, wie für viele seiner Mitstreiter führten die Entartung und Vergewaltigung der sozialistischen Ideen durch machthungrige und skrupellose bolschewistische Führer, wie Stalin und seine Gefolgsleute, zur Enttäuschung und in den Tod. Zeichnen wir die wichtigsten Stationen des Lebens von Raskolnikow nach.

Im Jahre 1892 in St. Petersburg wurde er als ältester Sohn eines unbegüterten Geistlichen geboren. Die Mutter hatte nach dem frühen Verlust des Vaters allein für die beiden Brüder Fedor und Alexander zu sorgen, was mit einer schmalen Witwenrente nicht leicht war. Trotzdem ließ sie den beiden Söhnen eine gute Schulbildung angedeihen. Fedor Fedorowitsch besuchte die Schule namens »Prinz von Oldenburg« und begann nach deren Abschluss ein Studium an der wirtschaftswissenschaftlichen Fakultät des Polytechnischen Instituts St. Petersburg. Dort erließ ihm der Senat der Professoren wegen seiner guten Leistungen und finanziellen Mittellosigkeit zeitweise das Studiengeld.

Nach eigener Angabe interessierte sich Raskolnikow nach der gescheiterten bürgerlichdemokratischen Revolution von 1905 zusehends für die Politik und trat 1910 in die Sozialdemokratische Arbeiterpartei Russlands (SDAPR) ein. Von Anfang an entschied er sich für deren linken Flügel, die Bolschewiki und deren Führer Lenin. Als im selben Jahr die bolschewistischen Zeitung »Swesda« (»Stern«) herauskam, arbeitete er als Vertreter der Studenten in der Redaktion mit. Anfang 1912 erschien sein erster eigener Artikel. Die Bolschewiki hatten sich auf ihrer Prager Konferenz 1912 innerhalb der SDAPR auch organisatorisch selbständig gemacht und gaben seit April eine eigene Zeitung, die »Prawda« (»Wahrheit«) heraus. Raskolnikow, der inzwischen zum Berufsrevolutionär geworden war und unter dem Decknamen »Iljin« in der Illegalität lebte, wurde einer ihrer Redakteure. Diese Arbeit nahm nur einen Teil seiner Tätigkeit als Parteifunktionär in Anspruch. Meist war er als Organisator von Versammlungen unterwegs, auf denen er selbst als Redner auftrat und für die proletarische Revolution warb. So organisierte er u.a. eine Konferenz von Studentenvertretern aller mittleren Lehreinrichtungen in St. Petersburg, trat aber diesmal wegen der Konspiration nicht selbst in Erscheinung. Sein Bruder Alexander (später ein führender Funktionär der Bolschewistischen Partei) wurde zusammen mit anderen Studenten verhaftet und in die Schweiz ausgewiesen. Fedor Fedorowitsch fiel kurze Zeit später selbst in die Hände der Polizei. Zuerst sollte er für drei Jahre in die Verbannung geschickt werden, dann aber wurde das Urteil in die Ausweisung außer Landes umgewandelt. Durch eine Amnestie anlässlich des dreihundertjährigen Jubiläums der Romanow-Dynastie kam er auf freien Fuß. Er arbeitete illegal weiter an der »Prawda« mit, schrieb Artikel für die Zeitung »Proswestschenija« (»Aufklärung«) und erfüllte verschiedene Aufträge des Zentralkomitees der Bolschewiki.

Seit dem Kriegsausbruch 1914 lag ein Schwerpunkt der politischer Arbeit der Partei in der Gewinnung von Anhängern in der Armee und Flotte, denn ohne bewaffnete Massen und ohne militärische Organisation war ein Sturz des Zarenregimes kaum denkbar. Mit Sicherheit kann angenommen werden, dass Raskolnikow, als er 1917 in die Fähnrichschule der Baltischen Flotte eintrat, um sich als Offizier ausbilden zu lassen, dies nicht ohne den Auftrag seiner Partei tat. Zur Zeit der Februarrevolution 1917 befand er sich noch an der Schule, an der er konspirative Arbeit unter ständiger Verbindung mit der Parteizentrale in Petrograd betrieben hatte. Er strebte danach, unbedingt Fähnrich zu werden, um dadurch bessere Möglichkeiten für die politische Arbeit unter den Schiffsbesatzungen und Marineangehörigen in den Landdienststellen zu haben.

Am 17. März 1917, als der Zar bereits gestürzt und eine provisorische Regierung an das Ruder gekommen war, arbeitet Raskolnikow, nunmehr schon unter legalen Bedingungen, als Redakteur für die Zeitung »Golos Prawdy« (»Stimme der Wahrheit«). Am 3. April 1917 war er – noch in Fähnrichsuniform – dabei, als Lenin auf dem Finnländischen Bahnhof zu Petrograd bei seiner Rückkehr aus dem Exil empfangen wurde. Am selben Tag hatte der Führer der Bolschewistischen Partei eine Beratung mit Funktionären. Die für den persönlichen Schutz Lenins verantwortliche Matrosenabteilung wurde von Raskolnikow befehligt. Als leidenschaftlicher Bolschewik vertrat er auf Versammlungen die »Aprilthesen« des Parteiführers, die auf die Übernahme der Macht durch die seit der Februarrevolution entstandenen Sowjets der Arbeiter- und Soldatendeputierten auf friedlichem Weg orientierten. Erreicht werden sollte das durch die Gewinnung der Mehrheit der Massen, vor allem durch die feste Absicht der Bolschewiki, Russland aus dem Krieg gegen Deutschland und Österreich herauszuführen. Mit dem Auftrag der Partei, diese Absicht ihrer Führung zu verbreiten, bereiste Raskolnikow mit einer Gruppe von Funktionären mehrere Flottenbasen und Landgarnisionen der Marine, aber auch die Hoffnungen auf die Verwirklichung der in den »Aprilthesen« verkündeten friedlichen Machtübernahme zerschlugen sich seit den Julitagen 1917.

Als die provisorische Regierung durch die Planung einer Sommeroffensive im Süden ihre Neigung zur Weiterführung des Krieges gezeigt hatte, organisierten linksgerichtete Hitzköpfe der Bolschewistischen Partei, ohne Abstimmung mit dem Zentralkomitee, zusammen mit Radikalen aus anderen Parteien eine

Massendemonstration in Petrograd, mit der Absicht, die provisorische Regierung mittels bewaffneter Gewalt zu stürzen. Da der gewaltige Aufmarsch von etwa 500.000 Menschen, darunter Truppen der Garnison, nicht mehr aufzuhalten war, nahm die bolschewistische Führung unter Lenin an der Demonstration teil, um zu versuchen, dieser einen friedlichen Charakter zu geben. Dafür sollten vor allem aus Kronstadt herangerufene Matrosen sorgen, für deren Transport Raskolnikow verantwortlich war. Es gelang, die Demonstranten vom Waffengebrauch abzuhalten. Die Regierung jedoch, die seit langem eine Gelegenheit gesucht hatte, die von den Bolschewisten beherrschten Sowjets zu vernichten und damit die bisherige Doppelherrschaft zu beenden, ließ die Demonstration durch das Feuer regierungstreuer Truppen auseinander treiben. Raskolnikow erreichte, dass die Matrosen aus Kronstadt der Aufforderung der Regierung zur Niederlegung ihrer Waffen nicht nachkamen, sondern sich vor dem Zugriff der Regierungstruppen rechtzeitig zurückgezogen.

Die Juli-Ereignisse 1917 waren der Ausgangspunkt für einen zügellosen Terror der konterrevolutionären Kräfte. Die Sowjets wurden aufgelöst und damit die Doppelherrschaft beendet. Die bolschewistischen Funktionäre mussten in die Illegalität gehen. In der Zeit als Lenin und die Bolschewiki konspirativ nunmehr den bewaffneten Aufstand vorbereiteten, wurde Raskolnikow verhaftet und konnte erst am 11. Oktober 1917 gegen eine Kaution von 3.000 Rubeln freikommen. Wieder suchte er im Auftrag der Partei Schiffe und Kasernen auf, diesmal aber, um den Aufstand gegen die provisorische Regierung mit vorzubereiten. Als der Sturm auf das Winterpalais in Petrograd begann, der die Oktoberrevolution einleitete, befand sich Raskolnikow außerhalb der Stadt. Lenin beriet sich aber mit ihm bei einem Treffen am 27. Oktober über die Möglichkeiten des Einsatzes der Schiffsartillerie bei der Verteidigung der Stadt vor Angriffen konterrevolutionärer Truppen. Mit Hilfe von Kronstädter Marineeinheiten gelang es dann auch, die Angreifer zurückzuschlagen. Auf Weisung des Zentralkomitees machte sich Raskolnikow mit einer Gruppe, der auch sein Bruder Alexander angehörte, auf den Weg nach Moskau, um dort den Kampf gegen die Konterrevolution zu unterstützen. Auf der halben Strecke dorthin stellte sich jedoch heraus, dass die Hilfe nicht mehr benötigt wurde.

Im November 1917 wurde Raskolnikow zum Kommissar des Generalstabes der Flotte ernannt und am 30. Januar 1918 zum Stellvertreter des Volkskommissars der Streitkräfte für Marineangelegenheiten. In dieser Funktion war er auf Lenins Anordnung hin an das Schwarze Meer geschickt worden, um mit dafür zu sorgen, dass die Schiffe der Schwarzmeerflotte den Weißgardisten und deutschen Interventen nicht in die Hände fielen. Ein Großteil der Flotte hatte bereits Sewastopol verlassen und sich vor Noworossisk in der Zemesskij-Bucht versammelt. Hier konnten die Schiffe durch ein eigenes Torpedoboot versenkt werden.

Seit Juli 1918 befand sich Raskolnikow als Mitglied des Kriegsrates an der Ostfront, die von I. I. Wazetis, einem ehemaligen Oberst der Zarenarmee (später Professor an einer Militärakademie und 1938 exekutiert) befehligt wurde. Typisch für die Kampfhandlungen während des Bürgerkrieges und der Intervention war, dass diese meist längs der Flüsse mit ihren zahlreichen Nebenarmen und -flüssen geführt wurden. Meist gab es keine befestigten Straßen und die Wasserwege bildeten neben dem schwach entwickelten Eisenbahnnetz die günstigsten Verkehrsmöglichkeiten. Daher kam den Fluss- und Seeflottillen als Unterstützungskräfte für die Armee oft entscheidende Bedeutung zu. Raskolnikow bat sofort nach seinem Eintreffen im Wolgagebiet den Obersten Militärrat in Moskau und Lenin persönlich um Unterstützung beim Aufbau der Wolga-Flottille. Diese war zwar bereits im Juni 1918 gebildet worden, war aber noch recht schwach und den Aufgaben nicht gewachsen. Das war auch ein Grund mit dafür, warum die Wolgastadt Kasan von der Roten Armee am 6. August 1918 aufgegeben werden musste. Die wenigen Schiffe der Flottille konnten sich nach Nischnij Nowgorod (heute Gorki) zurückziehen. Dort setzte Raskolnikow alle Hebel in Bewegung, um mit den örtlichen Einrichtungen und Mitteln Schlepper, Schuten und andere Wasserfahrzeuge in Kanonenboote oder Artilleriefähren umrüsten zu lassen. Moskau schickte Raskolnikow den Matrosen und bolschewistischen Funktionär Markin als Kommissar. Da sich der bisherige Kommandeur der Flottille R. M. Bernhardt als unfähig erwies und daher auch keine Autorität besaß, wurde Raskolnikow am 23. August 1918 das Kommando über die Flottille übertragen. Nachdem noch am 27. August drei Zerstörer aus der Ostsee zur Wolga-Flottille gestoßen waren, konnte mit Hilfe dieser Streitmacht Kasan wieder befreit werden. Raskolnikow, mittlerweile Mitglied des Obersten Militärrates der Republik, aber noch Kommandeur der Flottille, ließ diese teilen. Die größere Abteilung führte er selbst. Sie unterstützte die 2. Armee weiter nördlich längs des Flusses Kama. Die südliche Abteilung operierte im Raum von Simbirsk (Uljanowsk) auf der Wolga. Als Stabschef holte sich Raskolnikow den ehemaligen Offizier der zaristischen Marine W. N. Warwazi von der Ostsee, einen ausgezeichneten Fachmann, für den er im Dezember 1918 beim Eintritt in die Partei bürgte.

Am 1. Oktober 1918 erlitt die Abteilung Raskolnikows, der selbst zu Anfang nicht anwesend war, eine ernste Schlappe. Sein Kommissar Markin wollte mit einem Schiff eine bewaffnete Aufklärung auf der Kama durchführen und war hierbei in das Feuer einer gedeckten Batterie der Weißen geraten. Raskolnikow, der sofort nach seiner Rückkehr vom Stab der Front mit einem Zerstörer und zwei bewaffneten Dampfern zur Hilfe eilte, kam zu spät. Kommissar Markins Schiff war mit ihm und dreißig

Mann gesunken. Auch die beiden Dampfer, die mit Raskolnikow gekommen waren, wurden bei ihren Rettungsversuchen beschädigt. Die Weißen hielten auf der Kama einige Schiffe, die gefährlich werden konnten. Es gelang aber, diese am 10. Oktober 1918 in den Nebenfluss Bjelaja zu drängen und dort durch die Sperrung der Flussmündung mit Minen und Blockschiffen zu isolieren. Am 17. Oktober gelang Raskolnikow ein Husarenstreich. Ihm war bekanntgeworden, dass auf der oberen Kama, bei der Stadt Sarapul ein Gefängnisschiff liegt, auf dem sich auch von den Weißen gefangengehaltene Bolschewiki befanden. Raskolnikow rückte dort mit drei Zerstörern an, die von den Weißen für die ihrigen gehalten wurden und ließ die Gefängnisschute vor den Augen des verdutzten Gegners abschleppen. Für diesen Einsatz erhielt er am 16. Januar 1920 nachträglich den Rotbannerorden.

Am 10. November 1918 konnte Raskolnikow nach Moskau an Lenin melden, dass die Wolga und Kama von Weißgardisten gesäubert waren. Am selben Tag rief man ihn in die Hauptstadt und schickte ihn als Mitglied des Militärrates in die Baltische Flotte. Dort kam er bei einem Vorstoß auf Reval (Tallinn) in englische Gefangenschaft und wurde nach England gebracht. Ein Versuch, ihn in Reval aus der Gefangenschaft zu befreien, musste daher aufgegeben werden. Erst 1919 kehrte Raskolnikow aus England zurück und übernahm im Juli 1919 als Befehlshaber die Astrachan-Kaspi-Flottille, die bald darauf in Wolga-Kaspi-Flottille umbenannt wurde. Das Einsatzgebiet dieser Flottille hatte eine riesige Ausdehnung und reichte von Saratow an der Wolga bis zur Südküste des Kaspischen Meeres. Bemerkenswerte Ereignisse, an denen die Flottille Raskolnikows sich beteiligte, waren die unter Mitwirkung der Flottille kampflose Übergabe der weißgardistischen Festung Alexandrowskij am 4. April 1920, wobei der kommandierende General, 77 Offiziere und über tausend Kosaken gefangen genommen wurden und die erfolgreiche

Aktion am 17. Und 18. Mai 1920 gegen den iranischen Hafen Enseli, wo sich Weißgardisten und englische Interventionstruppen auf ihrem Rückzug festgesetzt hatten. Hier wurde entgegen dem Vorschlag des Kommandeurs der Marineinfanterie Koschanow, auf dem Landweg längs der Küste vorzugehen, die Landung über See nach der von Raskolnikow bevorzugten Variante gewählt. Der Hafen konnte nach der Anlandung der Marineinfanterie kampflos genommen werden, nachdem ein Ultimatum dem Gegner freien Abzug gewährt hatte. Zahlreiche Schiffe, Artillerie und verschiedene andere Kampfmittel, darunter 4 Wasserflugzeuge, wurden nach Baku zurückgebracht und dienten als willkommene Verstärkung.

Im Juli 1920 berief man Raskolnikow nach Petrograd. Dort übernahm er für kurze Zeit bis zum März 1921 die Baltische Flotte. Es war sein letztes Kommando in den Seestreitkräften. Danach wechselte er das Betätigungsfeld und wurde Botschafter in Afghanistan. Unterstützung fand er hier durch seine erste Frau Larisa Rajsner, eine Parteifunktionärin und Schriftstellerin, die ihn seit Jahren an die verschiedenen Stätten seines Wirkens begleitet hatte. Eine längere Unterbrechung seiner gerade begonnenen diplomatischen Laufbahn währte von Dezember 1923 bis 1930. In dieser Zeit war Raskolnikow als Chefredakteur der Zeitschrift »Molodaja Gwardija« (»Junge Garde«) bis 1928 und dann bis 1930 Leiter der Verwaltung Kunst und Mitglied des Kollegiums des Ministeriums für Volksbildung tätig. Erst ab 1930 bis 1938 arbeitete er wieder im diplomatischen Dienst und wirkte als Botschafter in Estland, Dänemark und Bulgarien.

Schon Mitte der dreißiger Jahre hatte er die sowjetische Führung vor der auch für die UdSSR heraufziehende Gefahr durch den deutschen Faschismus gewarnt. Im Ausland blieb ihm aber auch nicht der zunehmende Despotismus Stalins verborgen. Erschüttert war er über die seit 1937 einsetzende Welle der Repressalien, die tausende bewährte Funktionäre aus allen Bereichen des Sowjetstaates, darunter auch die Führungskader der Armee trafen. Als er 1938 selbst zum Volksfeind erklärt und in Abwesenheit verurteilt wurde tat er gut daran, nach Frankreich zu emigrieren. Raskolnikow verstand die Welt nicht mehr. Wie konnte man ihm sein Leben für die Partei und die Heimat auf diese Weise lohnen? Verbittert und schwer krank wollte er nicht aufgeben, in der Hoffnung, dass sich eines Tages Kräfte finden würden, die der Wahrheit in seinem Land zum Durchbruch verhelfen würden. Am 22. Juli 1939 ließ er eine Erklärung unter der Überschrift »Wie man mich zum Volksfeind machte« veröffentlichen und am 17. August 1939 beendete er einen »Offenen Brief an Stalin«. Darin beschuldigte er den Diktator, für die Vernichtung der besten Kader aus der Armee und Flotte verantwortlich zu sein. Raskolnikow gab seiner Befürchtung Ausdruck, dass Hitlerdeutschland eines Tages die UdSSR überfallen würde und sich dann die Liquidierung der Militärkader bitter rächt. Vom sowjetischen Volk aber erhoffte er, dass es Stalin und seine Gesinnungsfreunde zur Rechenschaft zieht, wenn es die Wahrheit erfährt.

Die Arbeit an seinen Memoiren konnte Raskolnikow nicht mehr beenden, er starb noch 1939 in Paris. Er hinterließ seine zweite Frau Musa Wasiljewna und eine Tochter. Beide kamen 1964 auf Einladung des Schriftstellerverbandes nach Moskau und übergaben den literarischen Nachlass dieser bemerkenswerten Persönlichkeit aus den Gründerjahren des Sowjetstaates.

Sof, Wjatscheslaw Iwanowitsch (1889–1937)

Der Tag seiner Geburt im Dezember 1889 ist nicht bekannt. Sein Geburtsort Dubno gehört zum Gebiet um die weißrussische Stadt Rowno. Überhaupt sind Angaben über seinen Lebenslauf, vor allem über seine Herkunft und Jugendjahre sehr spärlich. Man weiß nur, dass er seit 1910, also mit bereits 21 Jahren politisch revolutionär tätig war und seit 1913 Mitglied der Bolschewistischen Partei. Während des Ersten Weltkrieges arbeitete er als Schlosser in einer Waffenfabrik in Sestrorezk, in der Nähe von Kronstadt und leitete hier bereits eine illegale bolschewistische Organisation. Nach der Februarrevolution 1917 hatte er die

Leitung der nunmehr legalen Parteiorganisationen der Bolschewiki von ganz Sestrorezk und wurde Mitglied des Petrograder Sowjets. Im Juli 1917, als sich der Führer der Revolution Lenin der Verfolgung durch die Kerenski-Regierung entziehen musste, organisierte Sof unweit von Petrograd dessen Unterschlupf an einem abgelegenen Ort an der Nordküste des Finnbusens. Von hier aus fungierte er als Verbindungsmann Lenins zum Zentralkomitee der Bolschewiki, das in Petrograd verblieben war. Nach der Oktoberrevolution und der endgültigen Machtübernahme der Sowjets wirkte Sof von 1918 bis 1919 als Kommissar einer Brigade der 29. Schützendivision und gleichzeitig als Chef der Versorgung für die 3. Armee, die an der Ostfront gegen die konterrevolutionären Truppen des zaristischen Admirals Koltschak kämpften. Ab März 1919 war Sof Mitglied des Kriegsrates der Baltischen Flotte und Mitglied des Petrograder Verteidigungskomitees, das die Verteidigung der Stadt gegen die Truppen des vom Baltikum her angreifenden weißgardistischen Generals Judenitsch zu organisieren hatte.

Seine Erfahrungen wie bisherige Bewährung als politischer Arbeiter waren der Grund, warum Sof von 1921 bis 1924 dem parteilosen Befehlshaber der Sowjetflotte Panzerschanskij als Kommissar beigegeben wurde. Als sein Chef im Dezember 1924 die Schwarzmeerflotte zu übernehmen hatte, rückte der Kommissar Sof nunmehr an dessen Stelle als Oberbefehlshaber der Seestreitkräfte der Republik. Auf diesem Posten verblieb er bis zum 23. August 1926. Noch im Juni 1926 war wie schon so oft in der Vergangenheit eine Umbenennung auch seiner Dienststellung erfolgt. Nunmehr nannte er sich »Chef der Verwaltung der Seekriegsflotte der Roten Arbeiter- und Bauernarmee und Oberbefehlshaber der Seestreitkräfte.« Anderenorts fehlte es auch nicht an weiteren schwülstigen Bezeichnungen für Posten und Institutionen.

Bis in die heutige Zeit ist in Russland im offiziellen wie im umgänglichen Sprachgebrauch eine Unmasse an Abkürzungen durch Buchstaben üblich. Während seiner Amtszeit als Chef der Seestreitkräfte leistete Sof zusammen mit seinem Chef des Stabes Blinow und unter Mitarbeit des späteren Admirals Stepanow die Vorarbeiten für ein Schiffbauprogramm, das am 26. November 1926 vom Rat für Arbeit und Verteidigung bestätigt wurde.

Als Sof im August 1926 sein Amt an seinen Nachfolger Muklewitsch übergab, leitete er bis 1929 die Verwaltung der Handelsflotte (SOWTORGFLOTA), von 1930 bis 1931 war er Stellvertreter des Volkskommissars (Ministers) für Verkehr und anschließend Stellvertreter des Volkskommissars für Militärische Transporte. Was die Oberen in Moskau dem verdienstvollen Parteiarbeiter und Staatsfunktionär alter bolschewistischer Schule vorzuwerfen hatten, geht aus keinen bisher zugänglichen Quellen hervor, sicherlich ähnliches wie seinen vielen anderen Leidensgenossen, die in die Mühlen der Stalinschen Vernichtungsmaschine gerieten.

Der Tod des kaum Achtundvierzigjährigen ist auf den 20. Juni 1937 datiert.

Viktorow, Michail Wladimirowitsch (1893–1938)

An seiner militärischen Laufbahn wäre in einem anderen Land nichts Außergewöhnliches gewesen. Nicht so in Russland, wo sich gewaltige gesellschaftliche Veränderungen vollzogen, eine Staatsform durch eine völlig anders geartete abgelöst wurde. Mit der Oktoberrevolution 1917 und der Schaffung des Sowjetstaates waren bolschewistische Revolutionäre nicht nur an die Schalthebel staatlicher Institutionen gelangt. Auch in den neuen Streitkräften wurden die Kommandostellen fast ausschließlich von Kadern der Bolschewistischen Partei besetzt, die sich in den Kämpfen um die Macht im Lande bewährt hatten. Nur wenige gab es unter den Spitzen des sowjetischen Militärs, die aus der alten zaristischen Armee und Flotte als »Altgediente« kamen, aber wegen ihrer loyalen Haltung gegenüber der Sowjetmacht, vor allem aber durch ihre ausgezeichneten Kenntnisse und Fähigkeiten im Militärwesen eine glänzende Karriere machten.

Zu ihnen gehörte Michail Wladimirowitsch Viktorow, der sich bis 1917 weder als politischer Agitator noch als revolutionärer Kämpfer bestätigt hatte. Als ehemaliger zaristischer Marineoffizier hatte er sich in einer ausschließlich militärischen Laufbahn bewegt, die seine Persönlichkeit entscheidend prägte. Von adliger Herkunft, von frühester Jugend an in den tristen Mauern einer Kadettenanstalt erzogen, an Offiziersschulen der zaristischen Marine ausgebildet und im Weltkrieg als Seeoffizier auf Schiffen der Ostseeflotte auch im Kampfeinsatz erfahren, hatten sich Charaktereigenschaften und Umgangsformen herausgebildet, die eigentlich alle wesentlichen Attribute eines Berufsoffiziers »alter Schule« in sich vereinigten: Viktorow war eine äußerlich straffe Erscheinung, hochgewachsen, blitzsauber, gepflegt. Er war wortkarg konzentriert und eben militärisch knapp in der Ausdrucksweise, pflichtbewusst und pünktlich, streng in seinen Forderungen, seine Pedanterie wurde nicht selten als Nörgelei empfunden und vor allem konnte er empfindlich auf Widerspruch gegen Befehle und Anordnungen reagieren. Jedoch war er ein ausgezeichneter und vielseitiger Fachmann, der den größten Teil seines Lebens an Bord von Schiffen zugebracht hatte und dem das Wissen und Können seiner Unterstellten für deren Eignung als Soldaten wichtig schien, nicht aber Unterwürfigkeit und Schönrederei.

Waren es eben diese Qualitäten, die neben einer klaren loyalen Haltung zum Staat, dem er zu dienen hatte, für den Aufbau neuer Streitkräfte aus dem Chaos der zerfallenen alten gebraucht wurde? Darüber besteht kein Zweifel. Der Werdegang Viktorows in der neuen Roten Flotte aber, der zur glanzvollen Höhe führte und dort tragisch endete, ruft die Redewendung ins Gedächtnis: »Der Mohr hat seine Schuldigkeit getan – der Mohr kann gehen.« Werfen wir einen Blick zurück an den Anfang.

Als Sohn eines adligen Armeeoffiziers in Jaroslawl am 24. Dezember 1893 geboren, war es nicht nur ein Privileg sondern auch die Neigung zur militärischen Laufbahn, die den Jungen 1903, im Alter von 10 Jahren in die Kadettenanstalt zu Jaroslawl führte, um sich dort auf eine spätere Offizierslaufbahn in der Marine vorzubereiten. Nach Beendigung der Anstalt 1910 wechselte Viktorow daher zur Offiziersschule nach St. Petersburg über und beendete diese 1913 erfolgreich mit der Ernennung zum Fähnrich. Dem folgte der Einsatz als Wachoffizier auf dem Kreuzer »Rossija«, der auf der Ostsee Dienst tat. Das Erste Weltkriegsjahr 1914 fand ihn bereits als Leutnant und an verschiedenen Minenlegeaktionen im Finnischen Meerbusen beteiligt. Noch im selben Jahr vertraute man ihm den Zerstörer »Motschnij« als Kommandant an, der ebenfalls Minenlegeaufgaben zu erfüllen hatte. Zur Vervollständigung seines Wissens auf diesem speziellen Gebiet absolvierte Viktorow 1915 einen Lehrgang für Sperrwaffen. Fortan diente er in einer Minenleg- und Räumbrigade der Baltischen Flotte, beendete aber noch Anfang 1917 einen Kurs als Nautiker und wurde als Erster Navigationsoffizier auf das Schlachtschiff »Graschdanin« (Ex-»Zäsarewitsch«) kommandiert. Auf diesem Schiff nahm er zusammen mit dem Schlachtschiff »Slawa« und anderen kleineren Einheiten an Gefechten mit überlegenen deutschen Seestreitkräften teil. Diese hatten Anfang Oktober 1917 deutschen Truppen ermöglicht, die Moonsund-Inseln Ösel, Dagö, Moon und Wormsi zu besetzen, um sie als Basis für weitere Vorstöße nach Osten zur Niederschlagung der russischen Revolution zu nutzen. Die russischen Verteidiger der Inseln waren von ihren Offizieren feige verlassen worden und mussten bald den Widerstand aufgeben. Auch die russischen Schiffe zogen sich nach dem Verlust des Schlachtschiffes »Slawa« in den Finnischen Meerbusen zurück. Sicherlich war es die Enttäuschung als russischer Patriot über das verräterische Verhalten von Befehlshabern der Kerenski-Armee und unbelehrbarer Seeoffiziere der alten Schule, die Viktorow bewog, sich während der Oktoberrevolution ohne zu zögern auf die Seite der Bolschewiki zu stellen. Die Matrosen der Baltischen Flotte gehörten in ihrer Mehrzahl doch schon lange zum zuverlässigen Kampfpotential der Bolschewistischen Partei. Viktorow war auch die Arbeit der revolutionären Schiffskomitees nicht verborgen geblieben.

Die Nachricht vom Sturm auf das Winterpalais in Petrograd erreichte Viktorow im Hafen von Reval (Tallinn). Dort befand sich zu dieser Zeit eine größere Schiffsabteilung, darunter auch der Kreuzer »Oleg«, auf dem Viktorow inzwischen als Erster Offizier Dienst tat. Als nach dem erstmaligen Abbruch der Brester Friedensverhandlungen zwischen Vertretern der sowjetischen Regierung und der deutschen Armeeführung die Gefahr eines deutschen Vormarsches durch das Baltikum nach Petrograd drohte, war auch mit dem Verlust der Schiffe in Reval zu rechnen. Daher ordnete die Regierung Lenins die Überführung der Schiffe nach Helsingfors (Helsinki) und Petrograd an. Dort traf im April 1918 auch der Kreuzer »Oleg« ein. Die Überführung der Schiffe des Gros der ehemaligen zaristischen Ostseeflotte erfolgte in Etappen und wegen des starken Eises mit Eisbrecherhilfe.

Aus den Überlieferungen ist von Viktorow erst wieder im Herbst 1918 zu hören. Am 18.November 1918 war er mit dem Kreuzer »Oleg« an einer Landung von Truppen bei Narwa beteiligt, wo der Kreuzer mit seiner Artillerie half, die Stadt von deutschen Truppen zu säubern. Im Dezember 1918 sollte ein neuer Einsatz des Kreuzers, zusammen mit anderen Schiffen gegen die von weißgardistischen Esten besetzte Stadt erfolgen. Diese

Aktion am 25./26. Dezember ging aber schief, weil es wegen der Unorganisiertheit der in Kronstadt liegenden Flotteneinheiten nur gelang, zwei Zerstörer dorthin zu schicken, die zudem von englischen Schiffen beschädigt und aufgebracht wurden. Zu dieser Zeit hielt sich ein größerer englischer Schiffsverband zur Unterstützung der russischen Konterrevolutionäre in der Ostsee auf. Schon im Frühjahr 1919 unterstützten englische Schiffe die Offensive des weißgardistischen Generals Judenitsch und im Sommer brachten es die Engländer in der Ostsee auf eine Stärke von 12 Kreuzern, 20 Zerstörern, 12 U-Booten, einem Kanonenboot, einem Flugzeugmutterschiff und mehreren Minensuchbooten und Schnellbooten. Hinzu kamen von Estland und Finnland zusammen 4 Zerstörer, 4 Minenleger, 7 Räumboote und 4 Kanonenboote. Den Durchbruch einer solchen Armada in den inneren Finnischen Meerbusen und nach Petrograd zu verhindern, war die Aufgabe einer Schiffsabteilung der Baltischen Flotte, die mit zwei Schlachtschiffen, dem Kreuzer »Oleg«, 6 Zerstörern, 2 Minenlegern, 8 Minenräumbooten, 6 Küstenbewachern und 6 U-Booten durch akuten Treibstoffmangel nur bedingt einsetzbar war. Viktorow, zu dieser Zeit noch auf dem Kreuzer »Oleg«, konnte mit diesem Schiff noch am 16. Juni 1919 die Besetzung des meuternden Forts »Seraja Loschadj« unterstützen, musste aber bereits zwei Tage später am 18. Juni einen Angriff englischer Schnellboote erleben, die den Kreuzer unmittelbar am Eingang zum Kronstädter Hafen versenkten.

Nach einem befristeten Einsatz als Kommandant auf dem Zerstörer »Wsadnik« übertrug man Viktorow das Kommando über das in Reserve liegende Schlachtschiff »Gangut« (später »Oktjabrskaja Revoluzija«).

Im Frühjahr 1921 beteiligte sich Viktorow mit seiner Besatzung an der Niederwerfung der Kronstädter Meuterei, was ihm als Anerkennung den Rotbannerorden einbrachte. Im April 1921 übernahm er das Kommando über die gesamte Kronstädter Marinebasis. Sein Befehlsstand befand sich auf dem Schlachtschiff »Marat«. Nach kurzer Zeit, bereits im Mai 1921, wurde Viktorow Chef der Baltischen Flotte. Hier übernahm er ein trauriges Erbe, denn neben veralteten und reparaturbedürftigen Schiffen gab es kaum ausgebildete Besatzungen. Die meisten waren von den Schiffen an die Fronten des Bürgerkriegs geschickt worden, zur Flotte aber kamen buntgewürfelte und zum Teil disziplinlose Leute, deren Stimmung durch das untätige Herumliegen der Schiffe an der Pier nur noch verschlechtert wurde. Viktorow sah seine Hauptaufgabe daher darin, Ordnung unter dem zügellosen Haufen zu schaffen, wobei er sich auch gegen manche Widerspenstigkeit und Voreingenommenheit älterer Kommandanten durchsetzen musste. Das gelang ihm mit harter Hand, vor allem auch wegen seiner soliden Fachkenntnisse. Als ehemaliger Sperroffizier bei Minenleg- und Räumaktionen erfahren, sorgte er dafür, dass noch 1921 mit allen verfügbaren Minenräumkräften mit dem Freiräumen der Fahrwasser im Finnischen Meerbusen begonnen wurde. Im selben Jahr kamen daher 241,5 Quadratmeilen geräumter Fläche und 75 vernichtete Minen auf das Konto. Neben dieser Aufgabe widmete sich der Flottenchef der schnellen Wiederherstellung reparaturbedürftiger Schiffe, von denen genug in den Häfen lagen. Allerdings musste der Gesamtbestand der Baltischen Flotte wegen Geldmangels und einer fehlenden technischen Basis ab 1922 empfindlich gekürzt werden. Abgeschrieben wurden 45 Einheiten, darunter 3 Schlachtschiffe, mehrere Panzerkreuzer, alte Torpedoboote u.a. Dafür erhielt die Flotte aber einen bedeutenden Zuwachs durch lernfreudige junge Leute aus der Jugendorganisation Komsomol, der die Patenschaft über die Seestreitkräfte übernommen hatte. Damit setzte ein reger Ausbildungsbetrieb ein. Bereits 1922 begannen die Schiffe mit Schießübungen in See, und auch die

Minensucher waren rundum mit dem Freiräumen des Finnischen Meerbusens beschäftigt, wobei man mit über 586 Quadratmeilen mehr als das Doppelte des Vorjahres schaffte. Im Herbst 1922 konnte das erste Flottenmanöver auf der Ostsee abgehalten werden. Hauptthema war die Verteidigung des Eingangs zum Finnischen Meerbusen mittels einer Minen-Artilleriеposition. Nicht zufällig war es, dass an der erfolgreichen Durchführung des Manövers neben Viktorow zwei ebenfalls ehemalige Offiziere der alten zaristischen Flotte beteiligt waren: Sein Chef des Stabes und ehemaliger Fregattenkapitän Lew Michailowitsch Galler und der zu dieser Zeit amtierende Chef der Seestreitkräfte der Sowjetrepublik Eduard Samuilowitsch Panzerschanskij. Während seiner Zeit als Befehlshaber der Baltischen Flotte konnte Viktorow noch zwei weitere Manöver, 1923 und im Frühjahr 1924, leiten, in denen die Unterstützung der Armee in Küstenregionen geübt wurde. 1924 nahmen daran bereits das instandgesetzte Schlachtschiff »Marat«, der Kreuzer »Aurora«, das Schulschiff »Komsomolez«, sowie 8 Zerstörer, 2 Torpedoboote, 9 U-Boote, 2 Kanonenboote und etwa 20 Hilfsschiffe teil. Kurz vor der Wiederindienststellung stand das Schlachtschiff »Parischskaja Kommuna« und geplant war die Wiederherstellung des Schlachtschiffes »Gangut« (»Oktjabrskaja Revoluzija«), das Viktorow 1921 selbst kurze Zeit befehligt hatte. Im Juni 1924 tauschte die Moskauer Führung einfach zwei Flottenchefs aus: Den Chef der Schwarzmeerflotte A. K. Wekman schickten sie an die Ostsee und Viktorow an das Schwarze Meer, wo er bis Ende des Jahres blieb. Im Winterhalbjahr 1924/25 absolvierte er einen Kurs für höhere Kommandeure an der Marineakademie in Leningrad und war anschließend als Chef der Hydrologischen Verwaltung (Seehydrographischer Dienst) tätig. Dieses Amt bekleidete er bis März 1926. Dann kehrte er als Chef in die Baltische Flotte zurück und blieb hier für längere Zeit bis 1932. Die Seestreitkräfte befanden sich bis etwa 1928 in der Etappe ihrer Wiederherstellung, seit 1929 aber in der Phase des Aufbaus in größeren Dimensionen, die durch den ersten Fünfjahrplan und die Industrialisierung möglich wurden. Das war auch für Viktorow eine Zeit vielschichtiger und harter Arbeit, galt es doch neben der laufenden materiellen Verbesserung der Flotte die notwendigen personellen Voraussetzungen für eine intakte Streitmacht zu schaffen. Hier konzentrierte sich der Flottenchef vor allem auf die Herausbildung eines vorzüglichen Offizierskorps, das sich in zahlreichen Übungen zu beweisen hatte. Gerade an diese Zeit mit Viktorow erinnerten sich einige seiner damaligen Mitarbeiter, insbesondere an die oft drastische und nicht selten unverstandene Art und Weise seines Umgangs mit den unterstellten Offizieren. Begegnete man ihm wegen seiner außergewöhnlichen Kenntnisse und militärischen Fähigkeiten mit Respekt, so sprachen doch einige Beispiele nicht gerade für Sensibilität und menschliche Wärme gegenüber seinen Mitarbeitern. Einer erinnerte sich an eine Begebenheit im Jahre 1927. Offensichtlich war Viktorow mit der bis dahin erreichten Disziplin in seiner Flotte noch nicht zufrieden. Insbesondere missfiel ihm, dass einige Kommandeure – ob aus Bequemlichkeit oder aus stummem Protest gegen die sich häufenden Versammlungen und Vorträge – fortwährend zu spät kamen. Eines Tages ließ Viktorow die Türen zum Versammlungssaal verschließen und die Säumigen durften nach Beendigung der Veranstaltung bloßgestellt und gesenkten Hauptes eintreten. Seitdem soll es zu keiner weiteren Verspätung dieser Art gekommen sein.

Ein anderer Vorfall ereignete sich zwischen dem Flottenchef und einem seiner Offiziere aus der operativen Abteilung seines Stabes, dem später bekannten Marineschriftsteller Sobolew. Dieser hatte sich vermutlich durch sein legeres unmilitärisches Auftreten und hin und wieder widerspenstige Äußerungen die besondere Aufmerksamkeit Viktorows zugezogen. Es kam daher zu Spannungen und es war abzusehen, wann es zum Krach kommen würde. Als Viktorow im März 1931, nachdem er schon einige Jahre an höchsten Kommandostellen gewirkt hatte, in die Bolschewistische Partei aufgenommen werden sollte, war sein Kritiker Sobolew der einzige, der dagegen stimmte. Sobolew hatte an die adlige Herkunft des Antragstellers und an verschiedene »Unebenheiten« im Werdegang seines Vorgesetzten erinnert. Viktorow reagierte nicht sofort darauf. Er wurde in die Partei aufgenommen, kurze Zeit später musste Sobolew sein Ränzlein schnüren und den Stab verlassen.

Im Frühjahr 1931, als Orlow noch Befehlshaber der Schwarzmeerflotte war, schickte man Viktorow nach Süden, um als Befehlshaber der »blauen Seite« an einer Übung teilzunehmen. Orlow führte die »rote Seite«. Derselbe hatte 1926 als Praktikant der Leningrader Marineakademie und Befehlshaber einer Seite in einer Übung die Gegenseite besiegt, die von Viktorow befehligt worden war. Letzterer vergaß die damalige Schlappe nicht und zahlte es diesmal heim. Er zog alle Register seines Könnens und es geschah, dass er mit seinen »Blauen« einen Sieg über die »Roten« herbeiführte, was zu dieser Zeit bereits traditionell als unmöglich und aus politischer Sicht sogar als unzulässig angesehen wurde.

Der spätere Admiral Chomitsch überlieferte eine Begebenheit ebenfalls aus dem Jahre 1931. Er selbst war damals Erster Offizier auf dem Kreuzer »Aurora« und mit diesem in See, um Schießübungen durchzuführen. Chomitsch korrigierte von einem vom Deck des Schiffes aufgelassenen Fesselballon aus, das Feuer der Hauptkaliber. Nachdem das Feuer eingestellt worden war und es in luftiger Höhe im dünnen Kittel empfindlich kalt wurde gab er per Telefon nach unten etwas unwirsch die Frage durch, wann man gedenke, ihn herunterzuholen. Viktorow, der inzwischen mit einer Barkasse an Bord gekommen war, bemerkte das und griff nach dem Hörer und da Chomitsch wähnte, mit einem seiner Wachoffiziere zu sprechen, nahm er sich auch kein Blatt vor den Mund, bis ihn Viktorow mit seinem Bass unterbrach und dem Mann im Ballon mitteilte, dass er ruhig solange oben bleiben könne, bis man in Kronstadt eingelaufen sei. So geschah es. Kaum aber war der Ballon dann mit dem zähneklappernden Chomitsch eingeholt, ließ Viktorow ihn heranzitieren, um ihn mit der sofortigen Führung eines Landungstrupps zu beauftragen, der noch am selben Abend in die Festung Kronstadt einzudringen hatte. Damit noch nicht genug. Als Chomitsch nach Erfüllung des Auftrages zurückkam, eröffnete man ihm, dass er noch eine Nachtwache vor sich habe. All das hatte Viktorow, in seiner besonderen Art, Leute zu testen, angeordnet. Völlig verwundert erfuhr Chomitsch am folgenden Tag, dass er auf Weisung Viktorows in dessen Stab als Flagg- Adjudant versetzt sei. Offensichtlich hatte Viktorow an solchen Leuten wie Chomitsch einen »Narren gefressen«, denn als er 1932 die Pazifikflotte als Befehlshaber übernahm, musste auch sein »alter Bekannter« Chomitsch mit nach Wladiwostok, wo ihn Viktorow auf dem Bahnhof mit einer Umarmung willkommen hieß. Chomitsch hat später seine etwas »reservierte« Meinung über seinen Vorgesetzten revidiert, als er Viktorow nunmehr aus nächster Nähe bei seiner Aufbauarbeit im Fernen Osten beobachten konnte und bei der sich umso mehr die hervorragenden Qualitäten als militärischer Führer und Organisator zeigten.

Auch die sowjetische Führung in Moskau wusste, wen sie nach Wladiwostok geschickt hatte. In erster Linie war es Viktorows Verdienst, dass sich die Pazifikflotte während der fünf Jahre seiner Amtszeit materialmäßig und personalmäßig zu einem schlagkräftigen Instrument entwickelte, das durchaus in der Lage war, die ausgedehnten Seegrenzen des sowjetischen Fernen

Ostens zu sichern. Noch 1932 kam die erste Verstärkung aus der Ostsee und aus dem Schwarzen Meer. Kleinere Einheiten, wie Schnellboote, Wachboote und Minenräumboote, aber auch in Sektionen zerlegte U-Boote, kamen auf dem Schienenweg nach Wladiwostok. Ende 1932 betrug der Personalbestand der Flotte bereits 8.300 Mann. Es entstanden Küstenbatterien und auf den Flugplätzen standen 53 Flugzeuge. Im Herbst 1935 konnten die Seestreitkräfte des Fernen Ostens ihren guten Ausbildungsstand in einem Manöver gemeinsam mit den dort stationierten Armeeverbänden des Marschalls der Sowjetunion W. Blücher (1938 exekutiert) unter Beweis stellen. Im Dezember 1935 reiste Viktorow mit einer Abordnung seiner jüngeren Kommandeure nach Moskau und erstattete den Vertretern der Partei und Regierung im Kreml Bericht. Bei dieser Gelegenheit erhielt er für seine Verdienste den Lenin-Orden, die damals höchste staatliche Auszeichnung und wurde zum Flottenflaggmann 1. Ranges (Flottenadmiral) ernannt. Diesen Dienstgrad hatte zu dieser Zeit nur Orlow als Chef der sowjetischen Seestreitkräfte. Viktorow durfte als Chef der Pazifikflotte 1936 erleben, wie zwei Zerstörer, »Stalin« und »Wojkow« von der Ostsee über das Nördliche Eismeer nach Wladiwostok überführt wurden. Diese Aktion leitete damals der bekannte Polarforscher Professor Schmidt.

Lange konnte sich Viktorow allerdings nicht mehr der Gunst Moskaus erfreuen, auch wenn es zwischendurch nochmals einen Glanzpunkt für ihn gab. Als nach der Exekution des Marschalls Tuchatschewski und anderer Spitzen der sowjetischen Streitkräfte und dem daraufhin noch im Juni 1937 kursierenden Befehls Woroschilows die »Aufspürung weiterer unzuverlässiger Elemente« in den Streitkräften einsetzte, gehörte Viktorow zu den Ersten, die verhaftet wurden. Wie aus Überlieferungen bekannt ist, soll Tuchatschewski sich bei seinen Verhören schützend vor die Marine gestellt haben, die für »seine faschistische Verschwörung noch zu schwach« gewesen sei. Das muss für das NKWD den Ausschlag gegeben haben, Viktorow zunächst erst einmal aus »Mangel an Beweisen« laufen zu lassen. Es begab sich sogar, dass man ihn noch im Juli 1937 nach Moskau rief, um ihn als Chef der gesamten Seestreitkräfte der UdSSR einzusetzen, nachdem man seinen Vorgänger Orlow am 10. Juli verhaftet hatte. Wollte man Viktorow, der schon einmal verdächtigt worden war, damit Abbitte leisten oder ihn näher am Führungszentrum haben, um ihn besser im Auge behalten zu können? Am 27. März 1938 entband man ihn von seiner Funktion und beließ ihn in seinem eigenen Volkskommissariat der Seestreitkräfte als Offizier »für besondere Verwendung«. Hier durfte er eine Weile unter seinem neuen Chef, dem Armeekommissar P. A. Smirnow dienen, der von Marineangelegenheiten wenig Ahnung hatte, der aber auch später verhaftet und 1940 exekutiert wurde, nachdem er noch während seiner kurzen Amtszeit einige seiner Unterstellten dem NKWD ausgeliefert hatte. Am 5. Mai 1938 musste Viktorow die Uniform ausziehen und wurde bald darauf als Zivilperson verhaftet.

Man weiß bis heute nur, dass sein Leben am 1. August 1938 im Alter von siebenundvierzig Jahren im Gefängnis endete.

Denunziert und verurteilt

»Uns interessiert hier nur die Rolle, die Stalin selber dabei [bei den Prozessen; Anm. d. A.] spielte, und von welchen Motiven er sich hierbei leiten ließ. Persönlich erschien er kein einziges Mal im Gerichtssaal ... Man wusste, er saß im Souffleurkasten. Nein, mehr noch als Souffleur war er der unsichtbare Verfasser, der Dramaturg und der Produktionsleiter des Stückes.«

ISAAC DEUTSCHER

Alafusow, Wladimir Antonowitsch (1901–1966)

Alafusow wurde am 4. Juni 1901 in Riga, der Hauptstadt Lettlands, als Sohn eines russischen Angestellten geboren. Über seine Jugendjahre ist in der biographischen Literatur kaum etwas bekannt geworden. Die ersten Angaben finden sich in der »Sowjetischen Militärenzyklopädie« und beginnen mit dem Jahr 1918, als der siebzehnjährige Bursche seine militärische Laufbahn als Freiwilliger in der Onega-Flottille begann. Diese stand damals während des Bürgerkrieges und der ausländischen Intervention unter dem Kommando von Eduard Samuilowitsch Panzerschanskij. Auf dem Onega-See erhielt der Matrose Alafusow seine Feuertaufe in den Kämpfen gegen weißgardistische Finnen und englische Interventen, die versuchten, vom Norden her über Karelien nach Petrograd vorzustoßen. Die Schiffe der Onega-Flottille unterstützten die Truppen der Roten Armee mit Artillerie, führten einige Seelandungen im Rücken des Gegners oder direkt in dessen Verteidigungsknoten durch und hatten außerdem Nachschubaufgaben zu erledigen. Nach Beendigung der Kampfhandlungen in Karelien 1920 fuhr Alafusow eine zeitlang auf den Vermessungsschiffen der Baltischen Flotte »Abrek« und »Poljus«. Während dieser Zeit trat er auch in die Kommunistische Partei ein.

1921 bis 1925 absolvierte er die Seeoffiziersschule M. W. Frunse in Petrograd/Leningrad. Danach diente er zuerst als 2. WO, dann als Navigationsoffizier auf dem Schlachtschiff »Marat« in der Ostsee. Von 1929 bis 1932 besuchte Alafusow zusammen mit seinem späteren Vorgesetzten N. G. Kusnezow die Marineakademie in Leningrad. Es ist nicht genau überliefert, wann er in die Schwarzmeerflotte versetzt wurde, nur soviel, dass er bis 1937 dort als 1. WO auf dem Kreuzer »Krasnij Kawkas« fuhr und eine zeitlang als Abteilungsleiter im Stab der Schwarzmeerflotte tätig war.

Im Sommer 1937 meldete sich Alafusow freiwillig nach Spanien, um die republikanische Flotte als Berater zu unterstützen. Mit ihm kamen weitere sowjetische Marineoffiziere, von denen einige auf U-Booten und Zerstörern fuhren. Im Mai 1938 kehrte Alafusow aus Spanien zurück und wurde Stellvertreter des Hauptstabes der Sowjetflotte. Während des sowjetisch-finnischen Winterkrieges vom 30. November 1939 bis 13. März 1940 war er als Vertreter des Hauptstabes in der Baltischen Flotte tätig und in dieser Zeit auch von Januar bis Februar 1940 gleichzeitig als Kommandeur der Baltischen Marinebasis. In diesen Funktionen hatte er unmittelbaren Anteil an der Planung und Leitung der Einsätze der Baltischen Flotte zur Unterstützung der Landstreitkräfte, deren Hauptstoßrichtungen längs des Finnbusens und des Ladoga-Sees, über die Karelische Landenge verliefen. Neben der Unterstützung durch Schiffsartillerie und Organisation des Seetransports führte die Baltische Flotte mehrere Landungen zur Einnahme von Inseln im Ostteil des Finnischen Meerbusens durch. Die U-Boote der Baltischen Flotte waren, soweit es die Eisverhältnisse zuließen, zur Störung der finnischen Seetransporte im Bottnischen Meerbusen im Einsatz. Der sowjetisch-finnische Winterkrieg, der sowjetischerseits empfindliche Verluste an Menschen und Technik kostete, machte auch in der Flotte eine Reihe von Mängeln deutlich. Vor allem war die Lehre zu ziehen, dass sämtliche Streitkräfte nur erfolgreich sein können, wenn deren Zusammenwirken durch ein einheitliches und zentrales Kommando geschieht. Nach dem Friedensvertrag vom 12. März 1940 erhielt die UdSSR von Finnland unter anderem die Halbinsel Hanko (Hangö) auf die Dauer von 30 Jahren zur Nutzung. In der Folgezeit wurde diese strategisch wichtige Sperrposition am Eingang zum Finnischen Meerbusen pioniermäßig ausgebaut und spielte in den ersten Monaten des Vaterländischen Krieges keine geringe Rolle bei der Abwehr finnischer Truppen.

Mit der Einführung von Generals- und Admiralsdienstgraden in den sowjetischen Streitkräften 1940 erhielt Alafusow seine Ernennung zum Konteradmiral. Als Stellvertreter des Chefs des Hauptstabes hatte er wesentlichen Anteil an den vorbereitenden Maßnahmen zur Abwehr des deutschen Überfalls. Im Hauptstab liefen alle jene warnenden Meldungen über deutsche Truppentransporte nach Finnland, Luftraumverletzungen und Aktivitäten deutscher Minenlegeinheiten ein. Auch die plötzliche Abreise deutscher Werftspezialisten aus Leningrad, wo diese mit der Fertigstellung des von Deutschland gekauften schweren Kreuzers »Lützow« beschäftigt waren, schien ebenso verdächtig wie das Festhalten sowjetischer Handelsschiffe in deutschen Häfen. Die Einführung eines dreistufigen Bereitschaftssystems in den Flotten, die rechtzeitige Auslösung der Bereitschaftsstufe 1 wenige Stunden vor dem deutschen Überfall, wie nicht zuletzt die Umbasierung von Schiffen aus den vorgeschobenen Stützpunkten, waren Maßnahmen, deren Richtigkeit sich in der Anfangsperiode des Krieges erweisen sollte. Die Flotten verloren unter den ersten deutschen Luftangriffen auf Sewastopol und auf die Ostseestützpunkte kein einziges Kampfschiff. Außerdem brachte die Verteidigung der Flottenstützpunkte Libau, der Moonsund-Inseln und Tallinns den deutschen Vormarsch auf Leningrad in Zeitverzug und ermöglichte, die Verteidigung der Stadt an der Newa längerfristig zu organisieren. Die nach Kronstadt und Leningrad zurückgeführten schweren Überwassereinheiten und die Küstenartillerie der Baltischen Flotte sorgten gemeinsam mit den Landstreitkräften und Volkswehren dafür, dass der Gegner sein Ziel, die Stadt einzunehmen, aufgeben und zur Belagerung übergehen musste. Ab Juli 1942 übernahm Konteradmiral Alafusow den Hauptstab der Sowjetflotte als Chef. Bis dahin hatte Admiral Galler als Stellvertreter für Schiffbau und Bewaffnung diese Funktion vertretungsweise ausgeübt, da der eigentliche Chef des Hauptstabes Admiral Isakow als Beauftragter des Hauptquartiers meist an den Fronten unterwegs war. In der Amtszeit Alafusows bis Februar 1943 wirkte der Hauptstab an der Vorbereitung und Koordinierung mehrere Operationen mit. Im Süden, wohin die Hauptstoßrichtung der deutschen Wehrmacht seit dem Sommer 1942 zielte, gelang es, wenn auch unter großen Verlusten, das Vorhaben, über den Kaukasus zu den sowjetischen Erdölgebieten am Kaspischen Meer zu gelangen, zum Scheitern zu bringen. Kräfte der Schwarzmeerflotte beteiligten sich an der Verteidigung von Noworossisk und der Zugänge zum Kaukasus. U-Boote und Seefliegerkräfte störten die deutsch-rumänischen Seeverbindungen. Mit dem Beginn der Befreiung des Kaukasus-Gebietes im Frühjahr 1943 konnte auch die Asow-Flottille wiederhergestellt werden, die bei der Schaffung eines Brückenkopfes auf der Halbinsel Kertsch im Herbst 1943 eine Rolle spielte. Auch in Vorbereitung der Befreiung der Taman-Halbinsel konnte Anfang 1943 ein Brückenkopf am Südwestufer der Bucht von Noworossisk (genannt: »Das kleine Land«) erkämpft werden. Dieser Brückenkopf bildete dann bei der Zurückeroberung der Stadt und des Hafens im September 1943 einen der Ausgangspunkte für den Angriff. Bei der Verteidigung von Stalingrad im Herbst und Winter 1942 und während der Gegenoffensive Anfang 1943 spielte die Wolga-Flottille eine bedeutende Rolle.

Die Baltische Flotte beteiligte sich im Verlauf des Jahres 1942 an der Verteidigung Leningrads. Außerdem wirkten U-Boote 1942 noch erfolgreich auf den deutschen Seeverbindungen in der Ostsee und konnten 29 Transportschiffe mit über 78.000 BRT versenken. Dann wurden die U-Boote der Baltischen Flotte durch mehrere deutsch-finnische Minensperren und die Anlage von Netzsperren seit Ende 1942 bis zum Sommer 1944 blockiert. Damit war die Baltische Flotte, ausgenommen die Bomben-Torpedofliegerkräfte, seit Ende 1942 bis Anfang 1944 in die Verteidigung Leningrads einbezogen. Auf dem nördlichen Kriegsschauplatz standen sich seit 1941 bis zum Herbst 1944 die Landfronten faktisch im Stellungskrieg gegenüber. Die Nordflotte wirkte mit U-Booten und Seefliegerkräften auf die deutschen Seeverbindungen nach Norwegen ein und war während der Amtszeit von Alafusow mit der Sicherung der alliierten Geleitzüge nach Murmansk beschäftigt. Der Hauptstab der Sowjetflotte hatte diese Aktionen zu koordinieren und zeichnete für die Abwicklung des Seeverkehrs zwischen den westlichen Alliierten und der UdSSR verantwortlich. Außerdem lief über den Hauptstab der gegenseitige Austausch von Informationen und Unterlagen über Waffen und Geräte für die Seestreitkräfte, wie es zwischen Stalin und den Regierungen der USA und Großbritanniens vereinbart worden war. An diese Tatsache wollte man sich allerdings im Kreml nach dem Krieg nicht mehr erinnern.

Im April 1943 hatte Alafusow die Geschäfte des Chefs des Hauptstabes bereits an Vizeadmiral Stepanow übergeben. Er selbst wurde als Chef des Stabes in die Pazifikflotte versetzt. Diese hatte zu dieser Zeit lediglich Aufklärungs- und Sicherungsaufgaben im täglichen Dienst zu erfüllen. Eine beträchtliche Anzahl der Marineangehörigen war vom Fernen Osten an die Fronten vor Moskau und Stalingrad geholt worden, wo sie in Marineschützenverbänden kämpften. Im Juni 1944 wurde Alafusow wieder nach Moskau als Chef des Hauptstabes geholt. In dieser Funktion blieb er bis April 1945. Sein erneuter Amtsantritt begann in einer Zeit, als sich der Krieg an der Ostfront bereits zu Gunsten der Sowjetunion gewendet hatte. Die Schlacht bei Stalingrad Ende 1942/Anfang 1943 und die Sommerschlacht im Kursker Bogen hatten eine entscheidende Wende eingeleitet. Nunmehr folgten seit Anfang 1944 in fast ununterbrochener Reihe Angriffsoperationen der sowjetischen Streitkräfte, die zur Befreiung des gesamten Territoriums der UdSSR führten und in einigen Fällen über deren Grenzen hinaus.

Sowohl an der Abdrängung der deutsch-finnischen Truppen von Leningrad Anfang 1944, als auch an der Befreiung der Krim und am Vorstoß nach Rumänien im Frühjahr und Sommer 1944, wie an den Operationen längs der Ostseeküste zur Befreiung der baltischen Republiken, sowie an der Vertreibung deutscher Truppen aus Norwegen im Herbst 1944 waren die Seestreitkräfte der UdSSR beteiligt. Auch hier hatte Alafusow mit seinem Hauptstab an den Planungen und Vorbereitungen der Operationen in den Küsteneinrichtungen mitgewirkt. Auch der Einsatz verschiedener Flussflottillen, wie der Donau-Flottille und der Dnepr-Flottille, die den längs der Flussläufe angreifenden Truppen Unterstützung erwiesen oder deren Übersetzen über die Flüsse sicherstellten, gehörte zum Ressort des Hauptstabes. Auch an der Organisation der Überführung von Einheiten der Dnepr-Flottille über eine Entfernung von 500 Kilometern, zuerst zur Weichsel, dann über den Bromberger Kanal zur Netze und Wartha, von da aus zur Oder und über die Spree nach Berlin, zur Teilnahme an der Berliner Operation, war der Hauptstab unter Admiral Alafusow beteiligt. Kurz vor Beendigung des Krieges in Europa bat Alafusow um die Versetzung in eine für ihn leichtere Funktion. Dem wurde stattgegeben. Für sein langjähriges verdienstvolles Wirken in verantwortlichen Dienststellungen wurde der Admiral mit zwei Lenin-Orden, drei Rotbanner-Orden, mit dem Orden Roter Stern, dem Uschakow-Orden 1. Klasse und dem Orden des Vaterländischen Krieges 1. Klasse ausgezeichnet. Im April 1945 übernahm er als Chef die Marineakademie in Leningrad und führte diese bis Ende 1947, bis man ihn vor ein Ehrengericht zitierte. Wie sein ehemaliger Vorgesetzter während des Krieges Flottenadmiral Kusnezow (der zu dieser Zeit bereits zum Vizeadmiral degradiert worden war) und die beiden Admirale Galler und Stepanow hatte er sich wegen angeblichen Verrats militärischer Geheimnisse an die westlichen Alliierten zu verantworten, obwohl Stalin selbst sein Einverständnis für die Übergabe bestimmter Unterlagen an die Verbündeten gegeben hatte.

Wie sehr man seitens des Ehrengerichts bemüht war, den Angeklagten unbedingt eine Schuld nachzuweisen, zeigte sich unter anderem auch beim Verhör von Alafusow. Offensichtlich schien die Beweisdecke gegen den Admiral recht dünn zu sein, sodass man außer dem Vorwurf, den Alliierten Material übergeben zu haben, andere »Verfehlungen« finden musste. Hier bot sich als das bewährteste Mittel die »Entlarvung feindlicher Ideologien« an, denen zu huldigen allein schon einem Verbrechen gleich kam. So warf der Chef der Politischen Verwaltung der Flotte Vizeadmiral Kulakow dem Admiral vor, in seinem Buch »Bojewoje upravlenije« (Gefechtsführung) sich auf Clausewitz berufen und damit vor einem ausländischen Theoretiker verbeugt zu haben. Wie dumm und lächerlich, eine solche Frage zu stellen, wo doch Lenin selbst diesen preußisch-deutschen Militärtheoretiker sehr geschätzt und ein Konspekt über sein Werk »Vom Kriege« angefertigt hatte. Das Militärkollegium des Obersten Gerichts der UdSSR verurteilte Alafusow zu zehn Jahren Haft. Gleichzeitig verlor er seinen Dienstgrad als Admiral und wurde aus der Liste der Streitkräfte gestrichen. Nach dem Tod Stalins, der die Verurteilung aus Ärger über bestimmte Widerspenstigkeiten der Flottenführung persönlich veranlasst hatte, erlangte Alafusow 1953 zusammen mit Stepanow die Freiheit wieder. Galler war schon 1950 an den Folgen der Haft verstorben und Kusnezow war mit der Degradierung zum Konteradmiral davongekommen. Nach ihrer Rehabilitation erhielten Alafusow und Stepanow ihre früheren Dienstgrade als Admirale wieder. Alafusow arbeitete dann seit 1953 als Stellvertreter des Chefs der Marineakademie in Leningrad, die inzwischen Admiral Jumaschew übernommen hatte. Hier an der Akademie promovierte Alafusow 1954 zum Kandidaten der Seekriegswissenschaften (Dr.) und wurde 1955 Professor. In dieser Zeit entstand sein Buch »Die Doktrin der deutschen Flotte«, das 1956 im Militärverlag der UdSSR erschien. Es enthält vor allem eine Analyse der theoretischen Ansichten bekannter Admirale der deutschen Kriegsmarine, wie Groos, Wegener, Kruse und Dönitz über die Seekriegsführung und die Ursachen ihres Scheiterns im Zweiten Weltkrieg. Von 1958 bis 1964 war Alafusow als Mitglied des Redaktionskollegiums an der Erarbeitung eines dreibändigen Marineatlasses beteiligt. Nach 1964 war er noch als Professor und Mitglied des wissenschaftlichen Rates der Marineakademie in Leningrad tätig.

Er verstarb am 30. Mai 1966, wenige Tage vor Vollendung seines 65. Lebensjahres.

Galler, Lew Michailowitsch
(1883 – 1950)

Er war der älteste unter den Admiralen, die den Stalinschen Repressalien zum Opfer fielen. Der Spross einer deutschstämmigen Adelsfamilie und Sohn eines Generals wurde am 17. November 1883 in St. Petersburg geboren. Nach Absolvieren des Gymnasiums begann er wie viele Burschen aus einem solchen Kreis eine militärische Laufbahn, die ihn über die Kadettenanstalt der Marine an die Seeoffiziersschule führte. Bereits 1905 trat er seine erste Dienststellung als Wachoffizier auf dem Schulkreuzer »Asija« an. Ebenfalls als Wachoffizier machte er Reisen auf dem Kreuzer »General-Admiral« und auf dem Schlachtschiff »Slawa« in den Atlantik und in das Mittelmeer mit. Von 1911 bis 1912 nahm

Galler an einem Ausbildungskurs für Artillerieoffiziere teil und kam als 1. WO auf das Schlachtschiff »Andrej Perwoswannij«. Während des Ersten Weltkrieges tat er Dienst als 1. WO auf dem Schlachtschiff »Slawa«. In dieser Funktion wirkte er gleichzeitig als Artillerie-Flaggoffizier der Schlachtschiffbrigade.

Auf der »Slawa« erlebte er die Februar-Revolution 1917. Als deutsche Schiffseinheiten und Landungstruppen im Oktober 1917 die Moonsund-Inseln einnahmen, wurde sein Schiff im Gefecht mit überlegenen Gegnerkräften versenkt. Im Unterschied zu den meisten zaristischen Marineoffizieren, die während der Oktoberrevolution fluchtartig die Flotte verließen und als Zivilisten versuchten, sich einen Lebensunterhalt zu verschaffen, blieb Galler auf seinem Posten. Er gehörte zu den wenigen aus seinen Kreisen, die in der Revolution und im Programm der Bolschewistischen Partei eine Chance für künftige demokratische Verhältnisse statt der ungeliebten Herrschaft des Zaren und der Kerenski-Regierung sahen. Daher stellte sich Galler ohne Zögern in den Dienst der neuen Macht. Seine Verbundenheit mit den einfachen Matrosen und seine demokratische Gesinnung bewirkten, dass ihn die Besatzung des Zerstörers »Turkmenez-Stawropolskij« zu ihrem Kommandanten wählte. Das Schiff lag zu dieser Zeit in Helsingfors (Helsinki) und wurde im April 1918 zusammen mit anderen durch das Eis nach Kronstadt überführt. Etwa ein Jahr lang befehligte Galler den Kreuzer »Bajan«. Im Juni 1919 nahm er als Kommandant des Schlachtschiffes »Andrej Perwoswannij«, auf dem er schon vor dem Weltkrieg als Wachoffizier gefahren war, an der Niederschlagung des Aufstandes der beiden Seefestungen »Krasnaja Gorka« und »Seraja Loschadj« teil. Durch sein unerschrockenes und kaltblütiges Verhalten während dieser Aktion erwarb er sich das Vertrauen des Kriegsrates der Baltischen Flotte. Im Frühjahr 1920 wurde er Chef des Stabes der Einsatzabteilung (DOT) der Flotte, die aus allen zu dieser Zeit noch einsetzbaren Kampfschiffen zusammengestellt worden war. Im selben Jahr führte er auch kurzzeitig eine Zerstörerabteilung.

Ab Januar 1921 übernahm Galler die Funktion als Stabschef der neubenannten »Seestreitkräfte der Ostsee«. Während seiner Amtszeit bis 1926 erlebte er den Wechsel von vier Befehlshabern, so Raskolnikow, Koschanow, Viktorow und Wekman, die andere Funktionen übernahmen. In seinem Amt hatte er am meisten mit der Wiederherstellung der Flotte zu tun, die im Ersten Weltkrieg arg in Mitleidenschaft gezogen worden war. Das bedeutete Zusammenarbeit mit den Werften, auf denen die Reparaturen und Instandsetzungen des verschlissenen Schiffsmaterials vorgenommen wurde, die Beschaffung von unzähligen Dingen aus Zulieferbetrieben und vieles anderes. Daneben war ein Stabschef für die gesamte Ausbildung der Schiffe verantwortlich und noch mehr: Damals galt der Stab als Zentrale der Flotte, in der alle Fäden zusammen liefen, kurzum, man war »Mädchen für alles«. Galler kam mit seinen Aufgaben nicht nur gut zurecht, er sorgte auch dafür, dass sehr bald schon die ersten Übungen und Manöver durchgeführt werden konnten.

Bei seinen Unterstellten genoss er hohes Ansehen. Admiral Pantelejew, später während des Zweiten Weltkrieges Chef des Stabes der Baltischen Flotte, erinnert sich an damals, als er noch Wachoffizier auf dem Schlachtschiff »Marat« war: »Alle Kommandeure groß und klein wurden nur nach ihrer Dienststellung bezeichnet …, war aber vom Stabschef der Flotte die Rede, so wurde er von allen, sei es ein Mädchen aus dem Schreibbüro, ein grauhaariger Hafenangestellter oder ein Kommandeur einer Schiffsbrigade, nur mit dem Vor- und Vatersnamen genannt. Das war nicht familiär gemeint. Galler war gefürchtet, seine Autorität unerschütterlich. Aber man liebte ihn von Herzen. In Kronstadt kannten ihn alle: auf der Werft und auf den Schiffen, in den Schulabteilungen und in der Forts. Diese allgemeine Achtung hatte er sich durch sein respektvolles Verhalten zu jedem einzelnen Menschen verdient, zu Arbeitern, zu Matrosen, zum Kommandeur. Und zweifellos auch durch seine Sachkenntnis und seine hohe Kultur ... Galler hob nie die Stimme. Ließ sich in seiner Anwesenheit ein Offizier gehen und gebrauchte Kraftausdrücke, zuckte er ärgerlich zusammen und war bemüht, dem ein Ende zu machen.« Noch während seiner Amtszeit absolvierte Galler von Ende 1925 bis April 1926 einen Qualifizierungslehrgang für höhere Offiziere an der Marineakademie in Leningrad. Von Mitte November 1927 bis zum März 1932 übernahm er die neuformierte Schlachtschiffabteilung, zu der die instandgesetzten Schlachtschiffe »Marat«, »Oktjabrskaja Revoluzija« und »Parischskaja Kommuna« gehörten. Diese Abteilung wurde bald verkleinert, denn 1929 verlegte das Schlachtschiff »Parischskaja Kommuna« zusammen mit dem Kreuzer »Profintern« zur Schwarzmeerflotte. Die Überführung im Winter 1929 war für den Kommandeur der Fahrt Galler und die Besatzungen der beiden Schiffe eine harte Probe. In der Biskaya tobte ein Sturm, wobei das Schlachtschiff bis zu 38° und der Kreuzer sogar bis zu 46° Krängungen hatten. In der Schwarzmeerflotte angekommen, wurden das Schlachtschiff in »Sewastopol« und der Kreuzer in »Krasnij Krim« umbenannt.

Nach seiner Rückkehr von dieser Aktion bat Galler 1930 um die Aufnahme als Kandidat in die Kommunistische Partei. Neben seiner militärischen Tätigkeit war er auch im gesellschaftlichen Leben der Stadt Leningrad als Mitglied des Stadtsowjets aktiv. Seit 1935 gehörte er auch dem Zentralen Exekutivkomitee der Republik an, einem gewählten Organ, zu dessen Aufgaben unter anderem auch die Vorbereitung und Empfehlung von Gesetzesvorlagen sowie die Überwachung der Gesetzlichkeit im Lande gehörten. Wie schwer muss es für den Demokraten Galler gewesen sein, als er bereits Anfang der dreißiger Jahre erleben musste, wie argwöhnisch man Leuten begegnete, die wie er aus »feindlichen Klassen« stammten. Zwar konnte er selbst hie und da hinter vorgehaltener Hand eine Bemerkung über seine Herkunft von besonders eifrigen Parteigenossen hören, blieb aber zu jener Zeit noch von Repressalien verschont. Nicht aber einige seiner Freunde, wie die Professoren M. Petrow und W. Bjelli von der Marineakademie in Leningrad, die beide aus für ihn unerfindlichen Gründen als Feinde verdächtigt und 1930 inhaftiert wurden. Petrow ging in einem Lager zugrunde, Bjelli erlangte wieder die Freiheit und durfte später weiter an der Marineakademie wirken. Galler litt schwer unter dem Unrecht, das diesen und anderen Menschen damals widerfahren war. Er gelangte daher früh zu der Erkenntnis, dass die Führung der UdSSR unter Stalin einen Kurs steuerte, der durch die Vernichtung angeblicher Feinde im Inneren des Landes zur Schwächung statt zu dessen Stärkung führte. Seit Anfang der dreißiger Jahre lernte Galler auch, dass man sich zwar über Anweisungen und Entscheidungen der Partei- und Staatsführung eigene Gedanken machen und versuchen konnte, eine passende Umsetzung vor Ort zu finden, jedoch denen von »oben« nicht zu widersprechen, wissend, dass die Entscheidungen von einer Person, von Stalin kamen und Widerspenstigkeiten unangenehme Folgen haben würden.

Während seiner Amtszeit als Chef der Baltischen Flotte von März 1932 bis Ende 1936 konnte er sich erstmalig ein persönliches Bild von Stalin machen, als dieser ihn und den damaligen Chef der Seestreitkräfte der Republik Orlow eines Tages zu sich rufen ließ. Stalin wollte von ihnen wissen, wie die Zukunft der Sowjetflotte auszusehen habe. Da die beiden vorher nicht wissen konnten, worum es ging, konnten sie natürlich keine konkrete Auskunft geben. Sie wurden daraufhin mit der Bemerkung entlassen, dass man in der Flotte selber nicht wisse, was man wolle.

Galler, der 1935 zum Flaggmann 2. Ranges (Konteradmiral) ernannt worden war, musste seit Ende 1936, als er zum Stellvertreter der Seestreitkräfte avanciert war, nunmehr aus nächster Nähe erleben, wie fast der gesamte höhere Kommandobestand der sowjetischen Seestreitkräfte physisch vernichtet wurde. Er selbst aber blieb verschont, wie auch sein Freund aus der Armee, der Befehlshaber eines Militärbezirks und spätere Marschall Schaposchnikow. Zwangsläufig muss die Frage entstehen, warum das so war, keinesfalls wegen Liebdienerei oder Feigheit, die ihn verschonte, wie es in seiner Umgebung zur Zeit der neuen Welle von Repressalien 1937 bei manchen Marineoffizieren zu beobachten war. Jene zeigten mit dem Finger auf andere, entweder aus Angst oder um selbst Karriere zu machen. In dieser nicht nur für die Seestreitkräfte, sondern für den gesamten höheren Kaderbestand des Landes tragischen Zeit war es bei Galler einzig die Einsicht in die Aussichtslosigkeit kritischer Äußerungen über das Geschehen, die zu einer hohen Selbstbeherrschung führte. Seine außergewöhnliche Arbeitsdisziplin und Makellosigkeit bei der Erledigung seiner militärischen Aufgaben boten keinerlei Anlass für einen politischen Tadel. Von 1937 bis 1940, während seiner Zeit, zuerst als Stellvertreter des Chefs der Seestreitkräfte und ab 1938 als Chef der Hauptstabes der Sowjetflotte, wurden nicht weniger als vier seiner vorgesetzten Chefs (Orlow, Viktorow, Smirnow und Frinowskij) abgelöst und exekutiert. Galler schien frühzeitig erkannt zu haben, dass freie und kritische Meinungsäußerungen über Missstände, wie das in den Dokumenten der Partei gefordert und in offiziellen Äußerungen höchster Parteirepräsentanten immer wieder hervorgehoben wurde, in Wirklichkeit nicht erwünscht waren. Und nicht nur das: eine Kritik an Entscheidungen Stalins zog tragische Folgen nach sich. In den Repressalien sah Galler den Beweis und war Stalin gegenüber gewarnt. Seine Erkenntnisse behielt er für sich. Er offenbarte sich auch nicht seinem ab 1939 neuen Chef N. G. Kusnezow, den er sehr schätzte und mit dem er gut zusammenarbeitete. Kusnezow kam aus der jungen sowjetischen Generation und hatte wenigstens in den ersten Jahren Stalin gegenüber blindes Vertrauen. Die drohende Kriegsgefahr für die UdSSR ließ für Galler aber vieles, was es bis dahin an Ungerechtigkeiten gegeben hatte, in den Hintergrund treten. Am Vorabend des deutschen Überfalls widmete er gemeinsam mit Kusnezow seine ganze Kraft der schleunigsten Herstellung der Abwehrbereitschaft in den Flotten, besonders in der Ostseeflotte, die dem deutschen Gegner am nächsten gegenüberlag.

Im November 1940 gab Galler, der inzwischen zum Admiral befördert worden war, seine Funktion als Chef des Hauptstabes der Sowjetflotte an Admiral Isakow ab und wurde Stellvertreter Kusnezows für Schiffbau und Bewaffnung. Kurz vor Beginn des deutschen Überfalls und vor allem während des Krieges ergab es sich dann so, dass Galler bis Juli 1942 seine frühere Funktion als Chef des Hauptstabes weiter ausübte, da Admiral Isakow im Auftrag des Hauptquartiers oft auf den Seeschauplätzen unterwegs war, um Handlungen zu koordinieren. Isakow war seit seiner schweren Verwundung im Oktober 1942 bei der Verteidigung von Noworossisk bis Ende des Krieges 1945 überhaupt nicht mehr im Amt. Als im Oktober 1941 das Volkskommissariat der Seestreitkräfte und der Hauptstab der Flotte aus Moskau nach Kuibyschew und Uljanowsk an der Wolga evakuiert wurden, blieb Galler als Leiter einer operativen Gruppe in Moskau zurück, um die unmittelbare Verbindung der Seestreitkräfte mit dem Obersten Hauptquartier aufrechtzuerhalten. Hier hatte er in seiner zweigeteilten Funktion als amtierender Chef des Hauptstabes und gleichzeitig Verantwortlicher für Schiffbau und Bewaffnung auch in diesen beiden Richtungen zu wirken. Einerseits musste er sich mit seinem Stab mit der strategischen und operativen Einsatzplanung der Flotten befassen und hatte andererseits mit den Werften und Zulieferungsbetrieben für die Versorgung der Flotten mit Schiffen und entsprechender Bewaffnung zu sorgen. Ihm unterstanden auch die verschiedenen Forschungs- und Konstruktionseinrichtungen der Flotte, die sich mit der Entwicklung des Kriegsschiffbaus sowie neuer Waffen und Geräte befassten. Daneben lief im Wesentlichen über den Hauptstab und die Verwaltung Schiffbau und Bewaffnung seit 1942 die Zusammenarbeit mit den entsprechenden Marinestellen der westlichen Alliierten. Hierbei ging es nicht nur um Lieferungen von Schiffsmaterial, Waffen und Geräten, sondern auch um die Entsendung sowjetischer Spezialisten in die USA und nach Großbritannien. Dort wurden diese mit hydroakustischen Geräten und Radareinrichtungen vertraut gemacht, die in der Sowjetflotte während der ersten Kriegsjahre fehlten und deren Entwicklung in eigenen Instituten vernachlässigt worden war. Galler drang darauf, dass eigene Versäumnisse bald aufgeholt wurden. Hier arbeitete er eng mit dem Admiral A. I. Berg zusammen, der während des Krieges eine Forschungsgruppe für elektrotechnische Geräte im Wissenschaftlich-technischen Komitee der Flotte leitete. Die Zweiteilung seiner Funktion war auf die Dauer nicht zu bewältigen, sodass sein bisheriger Stellvertreter Admiral Alafusow das Amt des Chefs des Hauptstabes ab Juli 1942 übernahm, jedoch nur bis Februar 1943. Die Verdienste Gallers während des Krieges, vor allem bei der Entwicklung des Schiffbaus und der Bewaffnung wurden mit drei Lenin-Orden, vier Rotbanner-Orden, zwei Uschakow-Orden 1. Klasse und dem Orden »Roter Stern« gewürdigt.

Der Admiral war zu Kriegsende 62 Jahre alt und noch voller Schaffenskraft. Er war mit Leib und Seele Soldat und unverheiratet geblieben. So etwas wie ein Familienleben hat es für ihn nicht gegeben. Hin und wieder besuchte er seine drei Schwestern, die in Leningrad wohnten. Was seine Beziehungen zur obersten Staatsführung unter Stalin anging, so hatte er als Stellvertreter des Volkskommissars der Seekriegsflotte während des Krieges zwar nie direkten Kontakt mit dem Generalissimus, bekam jedoch sehr wohl dessen oft willkürliche Einmischung in Flottenangelegenheiten zu spüren. Wollte man aber darüber hinweg sehen und gerecht sein, so galt Stalin auch für Galler als einer der Hauptinitiatoren des Sieges über den Hitlerfaschismus.

Man konnte aber nun annehmen, dass Stalin angesichts der Bewährung seiner Flottenführung vergessen hatte, was ihm vor und während des Krieges an dieser verärgerte. Dem war nicht so. Als Stalin Anfang 1946 die Baltische Flotte im Widerspruch zur Führungsspitze der Seestreitkräfte in zwei Flotten teilen ließ, musste Galler zusammen mit dem Volkskommissar Kusnezow in das Schussfeld des Partei- und Staatsführers geraten. Nach einer vorprogrammierten Überprüfung des Volkskommissariats, bei der man natürlich fündig war, wurde Galler zusammen mit Kusnezow Anfang 1947 abgelöst. Galler wurde Chef der Akademie für Bewaffnung und Schiffbau in Leningrad und Kusnezow übernahm die Verwaltung Lehranstalten. In diesen neuen Funktionen waren sich beide darin einig, dass man das seit 1946 geltende Schiffbauprogramm in Übereinstimmung mit den neuesten Erfordernissen bringen müsse. Man solle nicht an Schlachtschiffen und schweren Kreuzern nach modifizierten Vorkriegsdaten weiterbauen, sondern den Bau von Flugzeugträgern planen, die für eine Flotte des offenen Meeres als Kern von Überwasserkräften galten. Da nun auch der damalige Leiter der Kriegsschiffbau-Industrie I. I. Nosenko gegen Kusnezow und Galler auftrat und die obersten Stellen wissen ließ, dass man bei solchen Forderungen keine Rücksicht auf die wirtschaftlichen Schwierigkeiten nach dem Krieg nähme, brachte das den Admiralen erneut den Ärger Stalins ein. So kam es, nachdem ein Brief aus dem wissenschaftlichen Forschungsinstitut die ehemalige Führung der Flotte unter Kusnezow denunziert hatte, zu einer Verhandlung vor dem Ehrengericht der Flotte im November 1947. Dort warf man neben Galler den Admiralen Kusnezow, Alafusow und Stepanow vor, während des Krieges Dokumente über den sowjetischen Kriegsschiffbau, über Artilleriesysteme und Torpedos den westlichen Alliierten übergeben zu haben, wodurch der Verteidigungskraft der UdSSR erheblicher Schaden zugefügt worden sei. Alle Beschuldigten wollten und konnten auch nicht leugnen, Material ausgeliefert zu haben. Sie übergingen aber nachweislich, dass sie dies damals nie getan hätten, wäre nicht eine persönliche Zusage Stalins an die Alliierten dafür die Grundlage gewesen. So suchten die Admirale nachzuweisen, dass man zwar nicht richtig gehandelt habe, jedoch der Schaden nur gering gewesen sei, da die Unterlagen schon während des Krieges von neuerer Technik überholt wurden und die UdSSR außerdem auch Hilfe unterschiedlichster Art von den westlichen Alliierten als Gegenleistung bekommen hatte. Alle Befragten, außer Galler, vermieden es trotz des Drängens des Ehrengerichtes, ihre Handlungen als politischen Fehler zuzugeben. Ein solcher, wie etwa auch nur der Verdacht einer Verbeugung gegenüber dem Westen oder gar die Anerkennung von dessen Überlegenheit auf irgendeinem Gebiet, galt offiziell als ein schlimmeres Verbrechen als manche kriminelle Handlung. Gallers hohes Ethos zeigte sich darin, dass er seine Mitbeschuldigten zu entlasten suchte, indem er die Hauptschuld auf sich nehmen wollte. Er erklärte als einziger, mit seinem Einverständnis zur Übergabe von Dokumenten einen politischen Fehler begangen zu haben. Nur seines fortgeschrittenen Alters wegen wurde er anschließend durch das Militärkollegium des Obersten Gerichtes der UdSSR zu vier Jahren Gefängnis verurteilt, während die Admirale Alafusow und Stepanow je zehn Jahre Gefängnis erhielten.

Kusnezow wurde zum Konteradmiral degradiert. Die zu Gefängnis verurteilten Admirale verloren sämtlich ihre Dienstgrade und wurden auf Anordnung des damaligen Verteidigungsministers Bulganin aus der Liste der Streitkräfte gestrichen.

Galler konnte die Befreiung und Rehabilitation nach Stalins Tod, wie seine beiden anderen Leidensgefährten Alafusow und Stepanow, nicht mehr erleben. Er starb in der Einzelhaft im Gefängnis von Kasan am 12. Juli 1950.

Kusnezow, Nikolaj Gerasimowitsch
(1904–1974)

Wohl keiner der Admirale, die in der Marinegeschichte Erwähnung finden, hat in seiner Laufbahn so viele Höhen und Tiefen erleben müssen, wie der Flottenadmiral der Sowjetunion Kusnezow. Der Name dieser außergewöhnlichen Persönlichkeit war lange Zeit aus der Öffentlichkeit des Landes verschwunden, zu Stalins Zeiten und unter Chruschtschow gewollt und noch geraume Zeit danach aus Peinlichkeit. Kusnezows Bücher mit seinen Erinnerungen erschienen noch in den letzten Jahren der UdSSR mit Kürzungen und Auslassungen. Wer war dieser Mensch, der einmal scherzhaft in einem Brief an einen Freund schrieb, dass keiner außer ihm zweimal Konteradmiral, dreimal Vizeadmiral, zweimal Admiral und zweimal Flottenadmiral gewesen sei. Heute ist hinzuzufügen, dass er letzteren Dienstgrad zum dritten Mal erhielt, allerdings vierzehn Jahre nach seinem Tode.

Kusnezow war keiner von der »Alten Garde«, seine Laufbahn nahm ihren Anfang nach der Oktoberrevolution und in der Roten Flotte. Geboren wurde Nikolaj Gerasimowitsch am 24. Juli 1904 im Dorf Medwedki (Gebiet Archangelsk) in einer Bauernfamilie. Den Vater verlor er früh und so suchte er sich mit zwölf Jahren, noch ohne die Dorfschule beendet zu haben, einen Broterwerb in Archangelsk. Fünfzehnjährig kam er 1919 als Freiwilliger in die damalige Nord-Dwina-Flottille, wo man nicht wusste, dass der Bursche sich in seiner Bewerbung um zwei Jahre älter gemacht hatte und als Geburtsjahr 1902 angab. Als er dann tatsächlich siebzehn war, nahm man 1921 den wißbegierigen und strebsamen Matrosen in einen Vorbereitungskurs an der Offiziersschule der Marine in Petrograd auf. Dort holte er fleißig die versäumte Schulbildung nach, da er nur vier Klassen in der Dorfschule absolviert hatte. Der Bürgerkrieg und die ausländische Intervention waren im Wesentlichen beendet und Kusnezow mit seinen Schulkameraden brauchten nicht mehr an die Front. Vielmehr begann für die jungen Matrosen eine angestrengte, ungestörte Zeit des Lernens. Das Ergebnis war 1922 die Aufnahme an die Seeoffiziersschule. Kusnezow erhielt seine Ausbildung im Spezialfach Artillerie. Bald fiel er durch seine ausgezeichneten Leistungen und Fähigkeiten auf. Die Lehrer, damals noch meist ehemalige Offiziere der zaristischen Flotte, honorierten ihn mit tadellosen Zensuren und Beurteilungen, die ihm alle wesentlichen Eigenschaften eines künftigen Kommandeurs bescheinigten. Unter den Mitschülern nannte man ihn einen »rechten Flügelmann«, nicht nur wegen seiner Körpergröße und seines Platzes in der Antretordnung, sondern im weiteren Sinne wegen seiner überdurchschnittlichen Leistungen. Als eindrucksvollstes Erlebnis während des Studiums bezeichnete Kusnezow seine Teilnahme als Mitglied einer Abordnung der Marine an den Trauerfeierlichkeiten für Lenin im Januar 1924. Das war der Anlass für seinen Eintritt in die Partei.

Als frischgebackener Offizier kam Kusnezow 1926 zur Schwarzmeerflotte auf den Kreuzer »Tscherwona Ukraina«, damals eines der modernsten Schiffe der Roten Flotte, besonders was die Artillerie betraf. Hier kamen dem jungen Wachoffizier seine artilleristischen Kenntnisse zugute. Man weiß auch aus anderen Flotten, dass Kommandanten und Befehlshaber oft aus der Artillerielaufbahn hervorgingen und das war auch nicht zufällig, denn zu dieser Zeit und noch geraume Zeit später bildete die Artillerie die Hauptbewaffnung der schweren Überwasserschiffe. Es dauerte auch nicht lange, bis Kusnezow zum 1. WO des Kreuzers avancierte. Während seiner drei Dienstjahre auf dem Schiff bis 1929 bildeten sich bei ihm typische Verhaltensprinzipien im Umgang mit den Unterstellten heraus, die sein gesamtes späteres Wirken bestimmten. Er fasste das einmal in einem lapidaren Satz zusammen: »Tägliche organisatorische Arbeit, ohne drohende Schärfe, ohne Antreiberei, ohne Unterdrückung des Willens und der Initiative der Unterstellten.«

Seine Dienstzeit auf dem Kreuzer fiel gerade in eine Zeit, in der die Führung der Flotte mit Fragen über die künftige Entwicklung der Seestreitkräfte beschäftigt war. Hier und an den höheren Lehreinrichtungen, besonders an der Marineakademie in Leningrad wurden darüber kontroverse Diskussionen geführt. Selbst war er einmal Zeuge eines Gesprächs in der Offiziersmesse des Kreuzers, als sich der damalige Chef des Sowjetflotte Muklewitsch und der Befehlshaber der Schwarzmeerflotte Orlow, die zur Inspektion an Bord waren, über dieses Thema stritten. Der junge Wachoffizier hatte zu dieser Zeit natürlich noch nicht den Überblick, um sich selbst ein Urteil zu erlauben. Wie konnte er auch ahnen, dass er sich später als Volkskommissar der Sowjetflotte ebenfalls mit solchen Fragen zu beschäftigen hatte.

Den »größeren Überblick« und die Einsicht in »größere Zusammenhänge« erhielt Kusnezow während seine Studiums an der Marineakademie in Leningrad, die er von 1929 bis 1932 besuchte und als bester Absolvent mit einer persönlichen Waffe als Auszeichnung des Chefs der Sowjetflotte verließ. Ein Vorschlag, künftig in einem Stab zu arbeiten, wurde von ihm abgelehnt. Er wollte lieber an Bord und dort weitermachen, wo er aufgehört hatte. So wurde er 1. WO auf dem, Kreuzer »Krasnij Kawkas« und seiner Arbeit war es vor allem zu verdanken, dass dieser 1933 zu den besten Schiffen der Schwarzmeerflotte gehörte. Deren damaliger Befehlshaber vermerkte in seiner Beurteilung, dass es Kusnezow verdiene, »außer der Reihe gefördert« zu werden. Das geschah bereits ein Jahr später 1934, als er Kommandant des Kreuzers »Tscherwona Ukraina« wurde, den er aus seiner Zeit als Wachoffizier gut kannte. Mit dreißig Jahren war Kusnezow sicherlich einer der weltweit jüngsten Kommandanten eines Kriegsschiffes dieser Größenordnung. Man hatte sich in ihm nicht getäuscht, denn 1935 galt der Kreuzer als bestes Schiff der Flotte und Kusnezow erhielt dafür den Orden »Roter Stern«. In seiner Kommandozeit wirkte er darauf hin, dass die Großkaliber des Schiffes das Ziel mit der ersten Salve trafen. Als das bei einer Übung dem Befehlshaber der Flotte vorgeführt wurde, konnte dieser nur feststellen, derartiges noch nie gesehen zu haben. Das von Kusnezow eingeführte Prinzip des »Treffens mit der ersten Salve« wurde bald zu einem Leitmotiv für die sowjetische Schiffsartillerie. Später kam ein neuer Inhalt hinzu, nämlich den »Kampf um die erste Salve zu führen, was soviel hieß, wie sich vom Gegner nicht überraschen zu lassen.

Offensichtlich war man auch in Moskau auf die Qualitäten Kusnezows aufmerksam geworden, denn von nun an begann für diesen ein steiler Aufstieg. Man rief ihn in die Hauptstadt und teilte ihm mit, dass er ab sofort als Marineattachè nach Spanien kommandiert sei. Dort hatte sich der Militärputsch des faschistischen Generals Franco Mitte Juli 1936, mit Unterstützung deutscher und italienischer Legionen zu einem länger andauernden Krieg zum Sturz der Republik und Errichtung einer faschistischen Diktatur ausgeweitet. Auf der Seite der republikanischen Armee kämpften zahlreiche Freiwillige aus anderen Ländern und die Sowjetunion half mit Militärspezialisten und Kriegsmaterial. Kusnezow wirkte in Spanien vom 28. August 1936 bis zum 5. September 1937 daher nicht schlechthin als Militärattachè, sondern unterstützte die Führung der republikanischen Flotte als Berater. Besonders bemühte er sich um die Sicherstellung der Seetransporte, die mit Kriegsmaterial und Versorgungsgütern für Spanien von den Schwarzmeerhäfen aus über das Mittelmeer in die südspanischen Häfen liefen. Der Aufenthalt in Spanien war für Kusnezow trotz der relativen Kürze von etwa einem Jahr eine ernsthafte Schule. Hier konnte er einiges über das Wesen des Kampfes zur See unter neuen Bedingungen erfahren. Nachzudenken war über die Misserfolge der republikanischen Flotte, zu deren Ursachen die veralteten Schiffe, die völlig unzureichende Luftabwehr der Schiffe und Flottenbasen gehörten. Auch kam er zu dem Schluss, dass eine Flotte eigene Fliegerkräfte zu ihrem Schutz braucht und die Streitkräfte insgesamt einheitlich geführt werden müssen. Tief prägte sich bei Kusnezow ein, dass man zu Kriegsbeginn mit überraschenden Angriffsschlägen durch die Luftwaffe und mobile motorisierte Truppen rechnen muss, eine Erkenntnis, an die er sich später am Vorabend des deutschen Überfalls auf die UdSSR sehr wohl erinnern sollte. Im Sommer 1937 kehrte Kusnezow aus Spanien zurück. Seinen Posten dort übernahm sein späterer Mitarbeiter Admiral Alafusow. In Moskau erfuhr Kusnezow seine Ernennung zum Stellvertreter des Befehlshabers der Pazifikflotte und seine Beförderung zum Konteradmiral. Bei seiner Ankunft hatte er auch erfahren, dass man den Volkskommissar für die Seestreitkräfte Orlow verhaftet hatte. Was er also in Spanien bereits zu Ohren bekommen hatte, bestätigte sich nunmehr in der Realität. Auch sein Vorgesetzter in der Pazifikflotte, deren Befehlshaber Vizeadmiral G. P. Kirejew, der einige Jahre als Politischer Kommissar in der Flotte gewirkt hatte, wurde im November 1937 nach Moskau beordert, um nicht wiederzukehren. Kusnezow war zu diesem Zeitpunkt noch nicht so weit, um hinter den Repressalien einen offensichtlichen Irrtum oder gar eine Entartung der Parteiführung unter Stalin zu erkennen. Er vertraute Stalin, den er nur aus der Entfernung gesehen hatte, nicht aber seine persönliche Bekanntschaft aus nächster Nähe machen durfte. Was aber Kusnezow in seinem eigenen Stab erleben musste, begann ihn nachdenklich zu stimmen. Hier konnte er zusehen, wie und auf welche Weise man die »Säuberung der Flotte von Volksfeinden« vornahm. Seit Februar 1938 hatte eine neue Welle von Verhaftungen begonnen, die auch Wladiwostok und die Flotte erfasste. Da verschwanden einfach Leute, ohne mit den zuständigen Vorgesetzten darüber gesprochen oder deren Meinung gehört zu haben. Kusnezow beschwerte sich daher in Moskau, bekam aber keine Antwort. Nur eines Tages tauchte bei ihm der örtliche NKWD-Chef auf, der ihm offensichtlich verärgert zu wissen gab, dass man nicht jemanden fragen könne, wenn es gälte, Volksfeinde zu verhaften. Im April 1938 kam der Volkskommissar der Seestreitkräfte P. A. Smirnow selbst nach Wladiwostok. Er brachte den örtlichen NKWD-Mann wieder mit. Auch er sei gekommen, so der Volkskommissar, um die »Flotte von Feinden zu befreien«. Und dann spielte sich vor den Augen Kusnezows eine Szene ab, wie man über das Schicksal von Menschen entschied. Der NKWD-Mann las aus einer Liste Namen von angeblich Verdächtigen vor und es folgten einige Sätze mit Anschuldigungen. Smirnow ließ dann immer sein Einverständnis verlauten, ohne Fragen zu stellen. Offensichtlich genügte ihm das, was der Büttel ihm vortrug. Kusnezow schwieg zunächst. Er konnte dazu auch noch nichts sagen, da er die Beschuldigten in der Kürze seiner Amtszeit noch nicht einmal alle dem Namen nach kannte. Als jedoch der Name eines Namensvetters von ihm fiel, den er gut kannte, hakte er ein und bat um nochmalige Überprüfung. Am folgenden Tag teilte der NKWD-Mann triumphierend mit, dass der Beschuldigte gestanden und ein Geständnis unterschrieben habe. Als Kusnezow den Verhafteten im Frühjahr 1939 wieder traf, fragte er ihn, wieso er damals ein solches Geständnis abgelegt habe. Dieser öffnete nun den Mund etwas weiter, in dem fast keine Zähne mehr zu sehen waren.

Kusnezow selbst überstand diese Zeit der Repressalien unbeschadet. Noch war er nicht mit den Eiferern des Partei- und Staatsapparates direkt aneinandergeraten, jedoch blieb er später vor Zugriffen auch nicht verschont. Zunächst aber kletterte er auf der Leiter weiter nach oben. Am 29. März 1939 wurde er nach Moskau gerufen und von Stalin persönlich völlig überraschend zum Stellvertreter des Volkskommissars für die Sowjetflotte ernannt. Eigentlich übernahm er damit gleich voll die Geschäfte des letzteren, denn dieser wurde kurz danach abgelöst. Es war M. P. Frinowskij, der in seiner nur dreivierteljährigen Amtszeit bei Stalin in Ungnade gefallen war und bald als »Volksfeind« von der Bildfläche verschwand. So auch dessen Vorgänger P. A. Smirnow, den Kusnezow noch ein Jahr zuvor in Wladiwostok als Fahnder nach Volksfeinden erlebte. Beide Vorgänger Kusnezows, der noch am 24. April 1939 deren Funktion als Volkskommissar übernahm, hatten von der Führung der Flotte keine Ahnung. Smirnow war als politischer Leiter groß geworden und Frinowskij kam aus dem NKWD. Vor Kusnezow türmte sich ein völlig neues und gewaltiges Aufgabenfeld. Er war sich zunächst unsicher, ob er damit fertig würde, zu dem noch unmittelbar unter den Augen Stalins. Admiral Kasatonow, ein späterer Mitarbeiter Kusnezows, sprach einmal aus, warum gerade Kusnezow für dieses hohe Amt ausgewählt wurde. »Ja, es gab damals 1939 ältere als Nikolaj Gerasimowitsch, auch solche, die mehr Erfahrung hatten. Für den Befehlshaber einer Flotte genügte das aber nicht. Man musste eine außerordentliche Bildung besitzen, einen breiten Überblick, organisatorische Fähigkeiten, musste staatsmännisch denken und in der Lage sein, Neues zu erkennen und zu nutzen, dazu noch Autorität. Kusnezow verfügte über das alles«. Für den frischgebackenen Volkskommissar war es natürlich zunächst schwer, sich in seinem neuen Aufgabenbereich zurechtzufinden. Das umso mehr, als sich der gesamte zentrale Apparat der Streitkräfte seit 1937 im Umbau befand. Unter anderem mussten die Verantwortungsbereiche im Volkskommissariat neu festgelegt werden, und die Zusammenarbeit mit dem Volkskommissariat für Verteidigung, dem die Flotte unterstand, war ebenfalls zu regeln. Hilfe von »oben« bekam Kusnezow nicht, Anfragen selbst an Stalin blieben unbeantwortet. Hier begann sich bei Kusnezow eine sehr wichtige Eigenschaft zu entwickeln, die für das Schicksal der Flotte sehr nützlich war, ihm aber in der Folgezeit mehr und mehr den Unwillen Stalins und seiner nächsten Mitarbeiter einbrachte. Es war ein ungeschriebenes Gesetz, in allen entscheidenden Fragen erst das »Amen« des Obersten Partei- und Staatsführers abzuwarten und dann erst zu handeln, auch wenn dies abträgliche Folgen hatte. Meist verhielt man sich so, um nicht in Ungnade zu fallen. Nicht aber Kusnezow, der immer mehr angesichts dringender Lösungen selbständig entschied und handelte oder zumindest ihm irreal erscheinende Anordnungen von Stalin nicht widerspruchslos hinnahm. Kein Wunder, dass er bei diesem oft Ärgernis hervorrief. Das erste Mal geriet er in Widerspruch mit Stalin im August 1939, als er vorschlug das seit 1936 laufende Schiffbauprogramm zu korrigieren, das bis 1947 den Bau von 8 Superschlachtschiffen, 16 Schlachtschiffen, 20 Kreuzern, 17 Großzerstörern, 182 Zerstörern und 344 U-Booten vorsah. Kusnezow wusste von der Vorliebe Stalins für schwere Überwasserschiffe, auch er selbst maß zu dieser Zeit den schweren Überwasserschiffen noch eine bestimmte Bedeutung zu, schlug aber eine Reduzierung zu Gunsten des Baus von 2 Flugzeugträgern vor, je einen für die Nordflotte und die Pazifikflotte. Der Antrag wurde von Stalin nicht beantwortet. Am 25. Juli 1940, als der Zweite Weltkrieg bereits 10 Monate im Gange war und für Admiral Kusnezow die Gefahr eines Krieges Hitlerdeutschlands gegen die UdSSR immer deutlicher wurde, schlug er angesichts der ihm knapp erscheinenden Zeit der sowjetischen Partei- und Staatsführung vor, das Schiffbauprogramm erneut zu ändern. Man solle Abstand vom Bau der schweren Überwasserschiffe nehmen und dafür das Schwergewicht auf den Bau leichter Überwasserkräfte legen. Vor allem sollte der große Mangel an Küstenschutzschiffen und Minenleg- und -räummitteln behoben werden. Das Einverständnis der Obersten Führung wurde erst am 19. Oktober 1940 erteilt, als es schon reichlich spät war. Kusnezow gab später zu, dass er viel früher und nachdrücklicher auf eine Änderung des Schiffbauprogramms hätte dringen müssen.

In der kurzen Zeit bis zum Beginn des Krieges mit Deutschland am 22. Juni 1941 gelang es lediglich, einige kleinere Einheiten und U-Boote zu bauen. Kusnezow drängte auch auf Maßnahmen zur Abwehr der drohenden Aggression, bekam aber von oben keine Resonanz. Seine Warnungen betrafen z.B. den Ausbau der vorgeschobenen Flottenbasen, wie Libau und Tallinn, vor allem deren landseitige Verteidigung, die Klärung der Frage, wem die Flotten im Kriegsfall zu unterstellen sind und viele andere Fragen mehr, die ihm für das gemeinsame Funktionieren von Staat,

Wirtschaft und Streitkräften im Kriegsfall von existentieller Bedeutung schienen. Am unbegreiflichsten war für Kusnezow die zumindest nach außen hin gezeigte Arglosigkeit der Führung in Moskau, was die Möglichkeit oder den Zeitpunkt eines Überfalls Hitlerdeutschlands betraf. Er verstand einfach nicht, warum Moskau nicht reagierte, obwohl genügend zuverlässige Informationen aus dem Ausland, auch aus der Aufklärung der eigenen Flotte bekannt waren. Kusnezow wartete aber nicht ab, bis er entsprechende Weisungen erhielt, sondern begann zu handeln. Er traf eine ganze Reihe von selbstständigen Entscheidungen vor Beginn des Überfalls und in den schwersten Tagen des Krieges, die für die Verteidigung des Landes von nicht geringer Bedeutung waren. Es handelte sich hierbei unter anderem um die Einführung von drei Bereitschaftsstufen in den Flotten, die Einrichtung zusätzlicher Vorposten in der Ostsee, um die verstärkte Aufklärung und die rechtzeitige Umbasierung wertvoller Flotteneinheiten aus den in nächster Nähe zur deutschen Grenze gelegenen Flottenstützpunkten, wie zum Beispiel aus Libau. Er war auch Mitinitiator einer gemeinsamen Direktive des Volkskommissariats für Verteidigung für Maßnahmen im Falle eines deutschen Angriffs. Hinzu kam der Befehl für die Flotte zum Waffeneinsatz gegen deutsche Luftraumverletzungen vom 3. März 1941, der aber etwa drei Wochen später auf Weisung Stalins geändert werden musste. Danach sollten Luftraumverletzer durch Jagdflugzeuge lediglich zur Landung gezwungen werden. Die Einstellung der Flotte auf das dreistufige Bereitschaftssystem und die Auslösung der Bereitschaftsstufe Nr. 1 am Vorabend des deutschen Überfalls hatten zur Folge, dass die Ostseeflotte und die Schwarzmeerflotte im Unterschied zu den sowjetischen Truppen an den Grenzen nicht überrascht werden konnten und die Flotten unter den ersten Schlägen der deutschen Luftwaffe kein einziges Kampfschiff verloren.

Für Kusnezow war es während des gesamten Krieges überhaupt nicht leicht, die Flotte zu führen. Als Volkskommissar der Seestreitkräfte besaß er keine direkte Befehlsgewalt und bis 1944 gehörte er auch nicht dem Obersten Hauptquartier an, dessen Vorsitz Stalin übernommen hatte und außer diesem nur Marschall Shukow das Sagen hatte. Oft stellte man Kusnezow vor bereits entschiedene Fragen und Vorhaben, zu denen er sich selten äußern konnte, da er zu Beratungen meist nicht hinzugezogen wurde. Wenn etwas betreffs der Flotte zu klären war, wurde er meist sporadisch zu Stalin oder dessen Stellvertreter bestellt. Als Oberster Marineoffizier und Kenner des Metiers wirkte Kusnezow jedoch als Koordinator zwischen dem Hauptquartier und den Flotten und zwischen den Flotten an der Ostsee, dem Schwarzen Meer und dem Nördlichen Eismeer. Daher war er oft auf den Schauplätzen unterwegs und half mit Empfehlungen sowie bei der Durchsetzung von Weisungen. An der Vorbereitung von über zwanzig meist gemeinsamen Operationen mit der Armee war er direkt beteiligt, so unter anderem an der Verteidigungsoperation von Leningrad 1941 und an der Aufhebung der Blockade der Stadt, an der Landungsoperation in Noworossisk im September 1943, deren Hauptidee durch seinen persönlichen Rat entstand, an der Wiborger Operation im Juni 1944, die zum Ausscheiden Finnlands aus dem Krieg beitrug und im Oktober 1944 an der Petsamo-Kirkenes-Operation im Hohen Norden. An der Planung der Operation gegen Japan in der Endphase des Zweiten Weltkrieges hatte er ebenfalls Anteil. Auch für die Sicherheit der alliierten Geleitzüge nach Murmansk innerhalb der Operationszone der Nordflotte war er seit 1942 verantwortlich. Hier arbeitete er eng mit den alliierten Kommandostellen zusammen, deren Vertreter sich voller Hochachtung an die gemeinsame Arbeit mit Kusnezow erinnerten. Für seine Verdienste während des Krieges wurde er bereits 1944 zum Flottenadmiral befördert. Am

14. September 1945 erhielt er den Titel »Held der Sowjetunion«, nachdem schon der Befehl des Obersten Hauptquartiers Nr. 371 vom 22. Juli 1945 den Anteil der Flotte am Sieg über den Hitlerfaschismus gewürdigt und Kusnezow lobend hervorgehoben hatte. Der Sieg über Hitlerdeutschland ließ vieles, was es an Fehlern und Mängeln vor und während des Krieges gegeben hatte, in den Hintergrund treten. Kusnezow aber hatte das, was die Flotte anging, nicht vergessen. Neben objektiven Ursachen für solche Mängel, die in den ökonomischen Möglichkeiten des Landes lagen, wurde ihm doch eine Reihe subjektiver Fehlleistungen bei der Einschätzung von Problemen bewusst, ebenso wie das Fehlen der nötigen Hartnäckigkeit und Konsequenz bei der Durchsetzung richtig erkannter Notwendigkeiten für den Aufbau und Einsatz der Flotten. Vor allem hatte er erkannt, dass auch er die Rolle großer Kampfschiffe bereits vor dem Krieg nicht richtig eingeschätzt hatte. Diese waren im Krieg meist in ihren Basen blockiert, hatten sich zwar als Artillerieunterstützungskräfte für die Landverteidigung als nützlich erwiesen, kamen aber nicht in ihrer vorgesehenen Funktion auf offener See und schon gar nicht im Artillerieduell mit entsprechenden gegnerischen Einheiten zur Anwendung. Überhaupt mussten nach dem Krieg viele Fehler erkannt und künftig vermieden werden. Die Sowjetflotte verfügte während des Krieges über viel zu wenig Minen-Räumkräfte, die aber in den engen verminten Gewässern dringend notwendig gewesen wären. Dieser Mangel konnte während des Krieges nicht ausgeglichen werden. Die Folge war, dass ein beträchtlicher Teil sowjetischer Kampfschiffe und Transporter auf Minensperren verloren ging oder deren Bewegungsfreiheit erheblich eingeschränkt wurde. Im Kampf gegen feindliche U-Boote gab es in den ersten Kriegsjahren keine zuverlässigen U-Jäger. Es fehlte auch an hydroakustischen Geräten, deren Entwicklung vernachlässigt worden war. Die eigenen U-Boote, von denen die Sow-

jetflotte zu Beginn des Krieges über die größte Anzahl im Vergleich zu ausländischen Flotten verfügte, waren ungleich und unzweckmäßig auf die Schauplätze verteilt. In der Ostsee gab es die meisten. Diese waren ab Ende 1942 bis zum September 1944 im Inneren des Finnischen Meerbusens blockiert, während die Nordflotte, die stets freien Zugang zu den Seeverbindungswegen der deutschen Marine im Norden hatte, ständig unter dem Mangel an U-Booten litt. Während des Krieges war es dann fast unmöglich, größere Umbasierungen vorzunehmen. Auch im Einsatz der U-Boote während der ersten Kriegsmonate rächte sich, dass vor dem Krieg oft aus Vorsicht vor Havarien Erleichterungen in der Ausbildung zugelassen wurden. Was die Seefliegerkräfte anging, so litten diese in den ersten Kriegsjahren ebenfalls wie der Flugzeugpark der sowjetischen Luftwaffe darunter, dass der überwiegend größte Teil der Flugzeugtypen veraltet war.

Natürlich konnten einige dieser Mängel während des Krieges beseitigt werden, jedoch nahm sich Kusnezow nach dessen Beendigung vor, ähnliche Fehler zu vermeiden und der obersten Parteiführung gegenüber seine Meinung standhafter zu vertreten. Hierzu glaubte er angesichts der ihm erwiesenen Ehrungen eine festere Position zu haben als vorher. Er sah auch einen Gunstbeweis darin, dass er Mitglied der Delegation sein durfte, die unter Stalins Leitung an der Potsdamer Konferenz im Juli/August 1945 teilnahm. Die Gunst Stalins und seiner engsten Mitarbeiter war ein Trugschluss, wie sich sehr bald herausstellen sollte.

Mit der Beendigung des Zweiten Weltkrieges hatten sich die Beziehungen der ehemaligen Partner in der Anti-Hitler-Koalition in das Gegenteil verkehrt. Was bis dahin im Interesse des Kampfes gegen einen gemeinsamen Feind zusammengeführt und unternommen worden war, schlug wieder in die frühere, eigentlich nie vergessene Feindschaft zwischen den kapitalistischen Westmächten und der sozialistischen Sowjetunion um.

Parallel mit dem Kalten Krieg setzte auf beiden Seiten eine neue Welle der Aufrüstung ein. Ein heißer Krieg wurde nicht ausgeschlossen, der angesichts der neuen Vernichtungswaffen verheerende Folgen haben konnte. Die sowjetische Führung hatte zu Verteidigungszwecken über ein neues Rüstungsprogramm zu befinden. Die Verwirklichung eines solchen war jedoch angesichts der stark beanspruchten und geschwächten Volkswirtschaft, der materiellen Verluste und der Verluste an über 20 Millionen Menschen ein schwieriges Problem. Dabei war noch zu berücksichtigen, dass die USA das Monopol an Kernwaffen besaßen und die sowjetische Führung es für notwendig ansah, zur Herstellung eines strategischen Gleichgewichtes ebenfalls nukleare Waffen zu entwickeln. Die sowjetische Marine hatte unlängst im Krieg vornehmlich in engen Küstengewässern und in der Regel im unmittelbaren Zusammenwirken mit der Armee gekämpft. Nunmehr musste sie sich auf einen wahrscheinlichen Gegner, aus Übersee kommend, auf ausgedehnte Hochseeräume und einen in der ozeanischen Kriegsführung erfahrenen, wie dafür zweckmäßig gerüsteten Gegner einstellen. Da waren alte Schiffbaukonzepte, überholte Vorstellungen von der Zusammensetzung und den Einsatzprinzipien der Seestreitkräfte nicht mehr geeignet. In dieser Frage kam es daher zwischen Kusnezow, der diesen Erkenntnissen Rechnung zu tragen suchte und der sowjetischen Führung zu ernsthaften und folgenschweren Kontroversen. Ende 1945 kritisierte er das Schiffbauprogramm, dass ohne seine Mitwirkung an den Schreibtischen im Kreml konzipiert worden war. Kusnezow wandte sich vor allem gegen den Neubau schwerer Kreuzer und verärgerte damit Stalin, der bekanntlich eine Vorliebe für große schwere Überwasserschiffe hatte. Der Volkskommissar forderte den Bau von Flugzeugträgern, ozeantauglichen U-Booten und anderen Kräften, die für einen Einsatz in entfernten Seegebieten im Kriegsfall geeignet waren.

Der aufgespeicherte Ärger beider Kontrahenten entlud sich im Februar 1946, als Stalin Kusnezow zu sich beorderte und ihm mitteilte, dass man die Baltische Flotte in zwei Flotten aufteilen wollte. Als das trotz des Einspruchs Kusnezows geschah und dieser die Frage stellte, wenn man ihn für unfähig halte, man ihn ablösen solle, bekam er von Stalin zu hören: »Wenn es nötig ist, werden wir Sie ablösen.« Tatsächlich suchte man seit langem nach einem Anlass, um Kusnezow kaltzustellen. Der fand sich Anfang 1947. Hier ließ man den Hauptstab der Flotte »überprüfen« und stellte eine Reihe wesentlicher Mängel fest, die genügten, Kusnezow und seinen Mitarbeiter Admiral Galler als Stellvertreter für Schiffbau und Bewaffnung abzulösen. Kusnezow wurde zum Vizeadmiral degradiert. Er musste die Verwaltung Lehreinrichtungen übernehmen und Galler wurde Chef der Akademie für Schiffbau und Bewaffnung. Das reichte den Spitzen im Kreml noch nicht, das abgekartete Spiel setzte sich fort. Ein Brief von einem Mitarbeiter aus dem wissenschaftlichen Forschungsinstitut der Flotte, Kapitän 1. Ranges (Kapitän zur See) W. Alferow, gelangte in die Hände des Geheimdienstchefs Berija und des damaligen Verteidigungsministers Bulganin. Darin wurden die Admirale Kusnezow und Galler sowie zwei weitere Mitarbeiter Kusnezows während des Krieges, die Admirale Alafusow und Stepanow, bezichtigt, damals den westlichen Alliierten geheime Unterlagen über die Bewaffnung und Ausrüstung der sowjetischen Seestreitkräfte, darunter solche über den in der UdSSR entwickelten Lufttorpedo 45-36 AWA geliefert und damit die Verteidigungskraft der UdSSR geschwächt zu haben. Die Denunziation genügte, die vier Admirale am 9. April 1947 nach Moskau zu beordern, um sie dort nach monatelangen Verhören zunächst einem Ehrengericht vorzuführen, das von Stalin am 19. Dezember 1947 angeordnet und dessen Personenkreis von ihm persönlich ausgesucht worden war. Das Ehrengericht tagte am 12. Januar 1948 im Hauptstab der Flotte. Das perfideste an den Vorwürfen war, dass die Admirale zwar Unterlagen zugeleitet hatten, dieses aber auf Vereinbarung Stalins mit den westlichen Verbündeten beruhte. Zudem beruhte diese Vereinbarung auf Gegenseitigkeit, denn die UdSSR erhielt aus den USA und Großbritannien ebenfalls Unterlagen aus dem Schiffbau, von Artilleriekonstruktionen und anderes. Vor dem Ehrengericht wollte natürlich keiner der Admirale als Entlastung auf Stalin verweisen, sondern sie suchten dem Gericht klarzumachen, dass die übergebenen Unterlagen bereits zur damaligen Zeit überholt und gegenwärtig von noch geringerem Wert waren. Das durfte aber nach Ansicht des Gerichtes auch nicht sein. Wie konnte jemand behaupten, dass Errungenschaften der Wissenschaft und Technik einer sozialistischen Großmacht hinter jenen des kapitalistischen Auslandes zurückgeblieben sein sollten? Das konnte die Position der Angeklagten nur noch verschlechtern. Und so war es auch.

Das Ehrengericht stellte die Schuld der Angeklagten fest. Wenn auch von Stalin nicht zu erwarten war, die Verantwortung für seine eigene Weisung von damals zu übernehmen, so wurde auch keine kompetente Stimme aus den Führungsspitzen der Flotte laut, die offensichtlich zu Unrecht beschuldigten Admirale zu entlasten. Wenige Tage nach dem Ehrengericht überstellte man die Angeklagten formell dem Militärkollegium des Obersten Gerichts der UdSSR. Dieses fällte ohne lange zu zögern ein Urteil, wie es aus dem Kreml festgelegt war. Zu dessen Verkündigung mussten sich die Angeklagten je nach Höhe des Strafmaßes nacheinander aufstellen: Zuerst Alafusow, der 10 Jahre Gefängnis bekam, dann Stepanow ebenfalls mit 10 Jahren, ihm folgte Galler, der mit seinen 65 Jahren noch vier Jahre im Gefängnis verbringen sollte, und Kusnezow, den man zum Konteradmiral degradierte. Die zu Gefängnis verurteilten Admirale verloren sämtlich ihre militärischen Dienstgrade und wurden aus der Liste der Streitkräfte gestrichen.

Kusnezow, der von März bis Juni 1948 zur besonderen Verwendung in seinem vorher eigenen Volkskommissariat arbeiten musste, litt schwer unter dem Schicksal seiner Kampfgefährten. Scheinbar wollte Stalin in der Folgezeit an Kusnezow wieder etwas gut machen, denn im Juni 1948 wurde dieser Stellvertreter des Oberbefehlshabers der Fernost-Streitkräfte für Marineangelegenheiten und im Februar 1950 Befehlshaber der Pazifikflotte. Im selben Jahr beförderte man ihn zum Vizeadmiral. Ein Freund gratulierte ihm hierzu, wurde aber verlegen als ihm einfiel, dass Kusnezow schon einmal einen weit höheren Dienstgrad hatte. Dieser reagierte aber lachend und meinte, dass er zwar schon einmal zum Vizeadmiral degradiert worden war, jetzt aber zum ersten Mal dazu befördert wurde. Kurios an dieser Beförderung war, dass Bulganin damals den Befehl zur Degradierung als Verteidigungsminister unterzeichnet hatte, diesmal aber als Vorsitzender des Ministerrates der UdSSR den Befehl für die Beförderung signierte. Bei einem späteren Treffen ließ er Kusnezow wissen, dass er in der Zwischenzeit zu der Überzeugung gekommen sei, dass die verurteilten und inhaftierten Generale unschuldig sind. Jedoch erst nach Stalins Tod 1953 wurden Alafusow und Stepanow freigelassen. Sie erhielten ihre früheren Dienstgrade als Admirale wieder. Für Galler kam das zu spät, er starb an den Folgen der Haft bereits am 12. Juli 1950 im Gefängnis von Kasan.

Kusnezow durfte noch zur Stalinzeit einen erneuten Aufstieg erleben. Von Juli 1951 bis 1953 war er Marineminister und ab 1953 bis Dezember 1955, nach Abschaffung des Marineministeriums, 1. Stellvertreter des Verteidigungsministers für Seestreitkräfte und gleichzeitig deren Oberbefehlshaber. Seine Beförderung zum Volladmiral erfolgte mit der Übernahme seines neuen

Amtes 1953, eine weitere zum Flottenadmiral der Sowjetunion am 3. März 1955.

Kusnezow war zu diesem Zeitpunkt 50 Jahre alt und hätte bei guter Gesundheit noch einige Jahre in dieser Funktion arbeiten können. Jedoch nach dem Tod seines alten Widersachers Stalin war mit Marschall Shukow, seit Februar 1955 Verteidigungsminister, ein neuer auf die Bühne getreten. Der Marschall, der sich große Verdienste im Krieg gegen Deutschland erworben hatte und unter allen hohen Militärs zu den engsten Vertrauten Stalins gehört hatte, kam diesem auch im Charakter sehr nahe. Sein ausgeprägtes Selbstbewusstsein und seine Schroffheit wie Starrsinnigkeit bei der Durchsetzung seines Willens, machten ihn in den Streitkräften trotz seiner Verdienste nicht gerade sympathisch. Die Flotte war ihm völlig fremd geblieben, wohl deshalb, weil er diese während des Krieges nur als notwendiges Anhängsel der Armee gesehen hatte. Als nunmehr für die sowjetischen Streitkräfte Kernwaffen zur Verfügung standen und in Gestalt von Fernbombenflugzeugen und weitreichenden Raketen geeignete Trägermittel, verstieg sich der Marschall sogar darin, die Notwendigkeit einer ozeantauglichen Seekriegsflotte in Frage zu stellen. Diese brauche auch keine eigenen Seefliegerkräfte und Marineinfanterie. Für Kusnezow musste das zum Konflikt mit seinem vorgesetzten Verteidigungsminister führen. Aber auch bei Chruschtschow fiel er in Ungnade, nachdem er sich einmal über die Inkompetenz des Partei- und Staatschefs in Flottenangelegenheiten geäußert hatte. Trotzdem konnte Kusnezow noch in seiner Amtszeit die Einführung der ersten Raketensysteme in der Flotte und den Bau des ersten kernkraftgetriebenen U-Bootes erleben.

Die zermürbenden Auseinandersetzungen über das Profil der Seestreitkräfte hatten bei Kusnezow im Mai 1955 zu einem Herzinfarkt und längeren Ausfall im Amt geführt. Er bat daher darum, ihm eine andere und leichtere Funktion zuzuweisen. Als seinen Nachfolger schlug er den Befehlshaber der Schwarzmeerflotte Admiral Gorschkow vor. Dieser wurde zwar nach Moskau geholt, aber Kusnezow blieb noch offiziell Oberbefehlshaber der Seestreitkräfte. Obwohl wegen seiner Genesung seit einem halben Jahr nicht mehr im Amt, lastete Chruschtschow auf Hinweis von Shukow die Verantwortung für das am 29. Oktober 1955 im Hafen von Sewastopol auf einer Mine gesunkene Schlachtschiff »Noworossisk« (ehedem italienisches Schlachtschiff »Cesare«) an. Das war der äußere Anlass für Kusnezows Ablösung, die er bereits längere Zeit vorausgeahnt hatte. Mitgeteilt wurde ihm das Anfang Dezember 1955 im Kreml mit der Begründung »wegen unbefriedigender Führung der Flotte«. Von Dezember 1955 bis Februar 1956 durfte er noch zur Verfügung des Verteidigungsministers Dienst tun, und nachdem man ihn zum zweitenmal zum Vizeadmiral degradiert hatte, wurde er mit 51 Jahren in den Ruhestand entlassen. Bitten und Gesuche an die Partei- und Staatsführung um eine objektive Beurteilung seiner »Verfehlungen« blieben unbeantwortet. Kusnezow war jedoch ein Mann mit starkem Charakter, keiner, der nach solchen Schicksalsschlägen voller Hader in die Ecke kroch. Er arbeitete noch einige Jahre als Berater im Moskauer Institut für Psychologie, um den Studenten mit seinen wertvollen Erfahrungen in der Menschenführung nützlich zu sein.

Aber auch während dieser Zeit fehlte es nicht an Kümmernissen. Als er nach einem Erlass vom 6. September 1967 über eine Zusatzrente für den Titel »Held der Sowjetunion« die notwendigen Antragspapiere sammelte, musste er nach zwölf Jahren erfahren, dass man ihm 1955 im Zusammenhang mit seiner Degradierung auch eine strenge Parteistrafe von höchster Stelle ausgesprochen hatte, ohne ihn das wissen zu lassen. Obwohl Kusnezow nach einiger Zeit die Streichung seiner Parteistrafe erreichte und ihm die Zusatzrente zuerkannt wurde (bis dahin hatte er mit seiner fünfköpfigen Familie von dreihundert Rubel leben müssen), hatten die nervenaufreibenden Bemühungen um Gerechtigkeit Anfang 1969 einen zweiten Herzinfarkt verursacht, der ihn für einige Zeit zur Ruhe zwang. Trotzdem raffte er sich auf, um seine Erinnerungen niederzuschreiben. Der erste Teil »Am Vorabend« erschien 1969, der zweite »Gefechtsalarm in den Flotten« 1971 und der dritte »Auf Siegeskurs« 1975 nach seinem Tode.

Kusnezow verstarb am 6. Dezember 1974 im Alter von 70 Jahren in Moskau. Endlich, am 26. Juli 1988 gab ihm ein Erlass den Dienstgrad »Flottenadmiral der Sowjetunion« postum zurück. Ein Flugzeugträger der russische Flotte trägt heute seinen Namen.

Stepanow, Georgij Andrejewitsch
(1890–1957)

Stepanow entstammte einer Offiziersfamilie. Am 18. November 1890 wurde er in Kronstadt geboren, sein Großvater war Admiral, sein Vater, ebenfalls Marineoffizier, fiel in der Seeschlacht von Tsushima 1905. Gemäß der Familientradition begann Georgij Andrejewitsch seine Laufbahn als Seekadett und beendete die Offiziersschule 1911. Als junger Offizier diente er in der zaristischen Ostseeflotte und nahm am Ersten Weltkrieg auf verschiedenen Schiffen teil. Stepanow gehörte zu den höheren Seeoffizieren, die sich 1917 bedingungslos auf die Seite der Revolution stellten. Während des Bürgerkrieges und der ausländischen Intervention beteiligte er sich in der Baltischen Flotte an den

Kämpfen gegen die Weißgardisten und Interventen. Von 1919 bis 1920 war er Stabschef der Onega-Flottille, die zu dieser Zeit von Panzerschanskij geführt wurde. Die Flottille unterstützte die Truppen der Roten Armee durch Artillerie während ihres Vormarsches an den Küsten des Onega-Sees und an der Ostküste des Ladoga-Sees, sie führte Seelandungen zur Einnahme feindlicher Stützpunkte durch und sorgte für den Nachschub.

Noch 1920 wechselte Stepanow in die Schwarzmeerflotte und kommandierte dort eine Schiffsabteilung. Von 1921 bis 1924 wirkte er als Chef der Operativen Verwaltung im Flottenstab der Sowjetrepublik und kehrte im selben Jahr in die Schwarzmeerflotte als Chef des Stabes zurück. An der Marineakademie in Leningrad begann 1924 erstmalig ein Lehrgang für höhere Offiziere mit einer Dauer von fünf Monaten. Stepanow gehörte zusammen mit Orlow, Viktorow und Galler zu den ersten Absolventen. Nach Beendigung dieses sogenannten »Höheren Akademischen Kurses« am 16. April 1925 kehrte er zunächst in die Stabsarbeit zurück. Seit 1928 begann er eine längere Tätigkeit an Lehranstalten der Marine. Von 1931 bis 1937 leitete er einen Lehrstuhl an der Marineakademie in Leningrad und arbeitete anschließend bis 1939 als Stellvertreter des Leiters einer Fakultät. Von 1939 bis 1941 wirkte Stepanow zuerst als Stellvertreter des Chefs und dann als Chef der Marineakademie. Zu dieser Zeit erhielt er den Dienstgrad Vizeadmiral. In Leningrad erlebte Stepanow den Beginn des deutschen Überfalls und das Eintreten Finnlands in den Krieg gegen die UdSSR. Damit stand dem befähigten und erfahrenen Offizier ein baldiges Frontkommando bevor. Nachdem im August 1941 aus dem Bestand der Nordflotte die Weißmeerflottille als selbständiger Verband herausgelöst worden war, fiel die Wahl eines geeigneten Kommandeurs auf ihn. Die Funktion als Chef der Weißmeerflottille hatte er vom 7. Oktober 1941 bis 11. März 1943 inne. Es war eine Zeit schwerer Prüfungen für die Flottille, deren Verantwortungsbereich sich vom Weißen Meer, über die Kara-See und während der Navigationsperiode sogar über den gesamten nördlichen Seeweg erstreckte, auf dem strategisch wichtige Transporte verliefen. Allein die ungewöhnlichen klimatischen und meteorologischen Verhältnisse des Schauplatzes bedeuteten eine harte Herausforderung für die Schiffe und Menschen. Der Flottille war die Aufgabe gestellt, die Seeverbindungen im besagten Seegebiet zu sichern, was bedeutete, die Transporte zu eskortieren und Angriffe des Gegners, vor allem seiner U-Boote und Flugzeuge abzuwehren. Hinzu kam, dass die Flottille seit 1942 auch einen Teil der Sicherung alliierter Geleitzüge mit zu übernehmen hatte, wenn diese Archangelsk als Bestimmungshafen anliefen. In Archangelsk befand sich die Hauptbasis der Weißmeerflottille, später entstanden auch weitere kleinere Basen für die Stationierung von Schiffen und Flugzeugen, so beispielsweise auf Nowaja Semlja. An einigen gefährdeten Küstenabschnitten wurden Küstenbatterien aufgestellt.

Typisch für die Weißmeerflottille war, dass sich ihr Schiffsbestand außer drei Zerstörern (davon war einer in Reparatur) fast ausschließlich aus Handelsschiffen und Fischereifahrzeugen zusammensetzte, die für die verschiedenen Verwendungsgebiete umgerüstet und bewaffnet worden waren. Zur Amtszeit Stepanows gehörten zur Flottille 117 Schiffseinheiten, darunter neben den erwähnten Zerstörern ein Netzleger, 3 Minenleger, 4 Küstenschutzschiffe (ehemalige Minensucher), 13 Küstenschutzboote, 20 Minenräumboote (ehemalige Fischtrawler), 9 Eisbrecher, 5 Lazarettschiffe, 2 Rettungsschiffe und 3 schwimmende Basen. Hinzu kamen 50 Flugzeuge (Aufklärer und Jagdflugzeuge älteren Typs), sowie 38 Küsten- und Flakbatterien. Das Jahr 1942 über konnte die Ausrüstung der Schiffe verbessert werden, vor allem solcher, die für die Bekämpfung der deutschen U-Boote im Weißen Meer und in der Kara-See eingesetzt wurden. Sie erhielten verbesserte Funkanlagen, hydroakustische Stationen des Typs »Tamir« und Wasserbombenwerfer. Die Räumboote bekamen Geräte für das Räumen akustischer Minen. Von großem Nachteil für die U-Bootjagd blieb jedoch, dass die hierfür umgerüsteten ehemaligen Fischtrawler den deutschen U-Booten des Typs VII C in der Überwassergeschwindigkeit weit unterlegen waren, denn hier standen sieben Knoten siebzehn Knoten gegenüber. Besser waren die Minensuch- und Räumeinheiten für ihre Tätigkeit geeignet. Diese hatten nicht wenig zu tun, denn das Minenlegen durch U-Boote, Flugzeuge und Zerstörer an den Zugängen zum Weißen Meer und zur Kara-See gehörte zu den empfindlichsten Aktivitäten der deutschen Kriegsmarine auf dem nördlichen Seeschauplatz. Eine von deutschen Zerstörern am Kap Ostrije Ludki gelegte Minensperre konnte vom 11. bis 23. Februar 1942 geräumt werden. Vom 2. bis 24. Juli 1942 beteiligten sich Schiffe der Weißmeerflottille an der Suche und Einbringung von angloamerikanischen Transportern, die nach dem deutschen Angriff auf den Geleitzug PQ 17 der Vernichtung entronnen und sich zerstreut hatten. Zusammen mit einigen britischen Sicherungsfahrzeugen gelang es der Weißmeerflottille, sechs von insgesamt elf übriggebliebenen Transportern ausfindig zu machen und nach Archangelsk zu bringen. Dieser Hafen wurde auch neben Murmansk ab und zu Zielpunkt für die alliierten Geleitrüge. Hier kam Stepanow als Chef der Flottille, die den Geleitzug in ihrer Verantwortungszone zu sichern hatte, mit angloamerikanischen Führungskräften zusammen, wobei alle Fragen in einem freundschaftlichen Miteinander geklärt wurden.

Die Kontakte, die Stepanow während seiner Amtszeit in Archangelsk mit britischen und amerikanischen Marinekommandostellen hatte, waren für seine spätere Tätigkeit im Hauptstab der Sowjetflotte von Nutzen. Als er diesen im April 1943 als Chef übernahm, gehörte die Zusammenarbeit mit den westlichen

Alliierten im Rahmen des Lend-Lease-Abkommens ohnehin zu seinem Aufgabenbereich. Hier galt es nicht nur die Sicherung der Geleitzüge innerhalb der Operationszonen der Nordflotte und Weißmeerflottille zu gewährleisten, sondern auch Informationen auszutauschen, wie es zwischen den Regierungshäuptern der Anti-Hitler-Koalition vereinbart worden war. Hierzu gehörten unter anderem auch Unterlagen aus der Waffen- und Geräteentwicklung beider Seiten. Unter Verantwortung des Hauptstabes der Sowjetflotte wurden ebenfalls seit Mai 1944 Vorbereitungen getroffen, um aus England das Schlachtschiff »Royal Sovereign«, den amerikanischen schweren Kreuzer »Milwaukee«, 8 Zerstörer und 4 U-Boote nach Murmansk zu überführen, wo sie in die Nordflotte eingegliedert werden sollten. Diese Schiffe hatte die UdSSR in Übereinkommen mit den westlichen Alliierten als Ersatz für ihren Anteil an der Aufteilung der italienischen Flotte nach der Kapitulation Italiens erhalten. Der Hauptstab schickte ausgesuchte Besatzungen für die Übernahme und Überführung der Schiffe nach Großbritannien. Als Leiter des Unternehmens wurde Vizeadmiral G. I. Lewtschenko eingesetzt. Die Schiffe kamen nach einer längeren Vorbereitungszeit erst am 24. August 1944 in Murmansk an.

Stepanow war zu dieser Zeit bereits nicht mehr Chef des Hauptstabes, sondern hatte seit Juli 1944 die Verwaltung Lehranstalten übernommen. In dieser Funktion arbeitete er bis November 1947, bis er zusammen mit dem ehemaligen Volkskommissar Kusnezow und den beiden Admiralen Galler und Alafusow nach Moskau beordert wurde, um sich vor einem Ehrengericht zu verantworten. Die Anschuldigung für alle vier Admirale lautete gleichermaßen Verrat von militärischen Geheimnissen an die westlichen Verbündeten während des Krieges, wobei es vor allem um die Verantwortung der drei Admirale Galler, Alafusow und Stepanow ging, die im Wechsel die Funktion eines Chefs des Hauptstabes inne hatten. Zusammen mit Alafusow verurteilte das Militärkollegium des Obersten Gerichts der UdSSR im Anschluss an das Ehrengericht im Januar 1948 Stepanow zu zehn Jahren Gefängnis. Galler hatte vier Jahre Haft zu verbüßen. Wie die anderen Admirale, außer Kusnezow, der zum Konteradmiral degradiert wurde, verlor Stepanow seinen militärischen Dienstgrad als Vizeadmiral und wurde aus der Liste der Streitkräfte gestrichen. Erst nach dem Tod Stalins wurde auch er frei und rehabilitiert. Seinen früheren Dienstgrad erhielt er wieder, war aber seitdem nicht mehr in einer Dienststellung tätig.

Bis 1957 arbeitete er als Mitglied des Redaktionskollegiums, zusammen mit Flottenadmiral der Sowjetunion Isakow und Admiral Alafusow an einem dreibändigen Marineatlas mit.

Vizeadmiral Stepanow, der für seine Verdienste mit dem Lenin-Orden, mit 4 Rotbanner-Orden und dem Nachimow-Orden 1. Klasse ausgezeichnet worden war, starb am 3. März 1957 in Leningrad.

Kurze Bekanntschaft mit dem NKWD

Hatten sich in den dreißiger Jahren bis zum Beginn des deutschen Überfalls die Reihen bewährter Befehlshaber und Kommandeure durch die »Säuberungen« stark gelichtet, so sahen sich deren jüngere Nachfolger während des Krieges stets nicht nur dem Feind gegenüber, den sie zu bekämpfen und zu vernichten hatten, sondern gleichermaßen der Gefahr, wegen zum Teil geringfügiger Fehler ihrer Führung, die meist auf Unerfahrenheit zurückzuführen waren, auf Weisung Stalins in die Fänge des NKWD zu geraten. So erging es nicht wenigen Kommandeuren, darunter auch solchen aus der Marine.

Cholostjakow, Georgij Nikititsch
(1902–1983)

Die schweren Jugendjahre, den jahrzehntelangen Dienst in der Flotte, eine unschuldige Haft in Zeiten Stalinscher Repressalien und die Leidensjahre des großen Krieges überstand er, doch als er sich des langen Weges müde zur Ruhe gesetzt hatte, wurden er und seine Frau Opfer eines ruchlosen Mörders. Ein Schicksal, das in den Biographien sowjetischer Admirale kein vergleichbares Beispiel findet. Wer war diese Persönlichkeit, in der sich soldatisches Pflichtbewusstsein, Führernatur und persönliche Tapferkeit mit tiefer Menschlichkeit und kindlichem naiven Vertrauen in das Gute seiner Mitmenschen vereinigten?

Georgij Nikititsch Cholostjakow wurde am 20. Juli 1902 in Baranowitschi (Weißrussland) geboren. Der Vater war Maschinist bei der Eisenbahn, der ältere Bruder hatte früh zur Bolschewistischen Partei gefunden und lebte lange Zeit in der Illegalität. Die Familie zog 1915 einige Male um, zuerst nach Gomel, dann nach Nowosybkow, ließ sich aber in der Stadt Retschiza am Dnepr, westlich von Gomel endgültig nieder. Hier arbeitete der Junge in einem Sägewerk. Als im März 1918 deutsche Interventionstruppen den Heimatort erreichten und zu befürchten war, dass diese Halbwüchsige zur Zwangsarbeit abtransportierten, flüchtete Georgij Nikititsch zu seinem Vater nach Kursk, der dort in einem Eisenbahndepot arbeitete und fand Beschäftigung als Schlossergehilfe. Hier schloss er sich dem Jugendverband Komsomol an und trat zusammen mit dem Vater in eine Abteilung der Roten Armee ein, die gegen die Truppen des weißgardistischen Generals Denikin kämpfte.

Nach überstandener Thyphuskrankheit wurde Cholostjakow 1919 nach Moskau zum II. Komsomol-Kongress delegiert. Dort erhielt er den Auftrag, an einer politischen Aufklärungskampagne teilzunehmen, zu deren Zweck ein Eisenbahnwaggon hergerichtet worden war und mit verschiedenen Zügen Stationen in unterschiedlichen Richtungen angelaufen wurden. Während dieser Tätigkeit als politischer Agitator trat er 1920 in die Bolschewistische Partei ein. Noch im selben Jahr kämpfte er als Politischer Leiter einer Schützenkompanie gegen polnische Interventionstruppen an der Beresina und in unmittelbarer Nähe seines Wohnortes Retschiza.

Im Frühjahr 1921, als Bürgerkrieg und Intervention beendet waren, kehrte Cholostjakow in die Heimatstadt zurück. Dort erfuhr er auf Versammlungen des Komsomol, dass die Jugend aufgefordert wurde, zur Flotte zu kommen. Daher reiste er im Dezember 1921 zusammen mit Freunden nach Petrograd und kam zuerst in die Schiffstammabteilung. Man suchte ihn zu überreden, die Laufbahn eines politischen Leiters einzuschlagen, er aber wollte Maschinist werden, denn dieses Metier war ihm vom Vater und seiner eigenen früheren Tätigkeit als Gehilfe eines Maschinenschlossers her vertraut. Das klappte nicht, sondern seine Ausbildung begann auf der Artillerieschule, wozu er absolut keine Lust verspürte. Als er hörte, dass im Herbst 1922 eine Vorbereitungsschule für die spätere Aufnahme in die Seeoffiziersschule eröffnet werden sollte, arbeitete er fleißig auf die Aufnahmeprüfung hin. Als Dorfjunge hatte er wenig Schulbildung, schaffte aber mit Hilfe seiner Kameraden aus der Stadt die Aufnahme. Hier gab es mehrere Möglichkeiten für eine spätere Laufbahn. Cholostjakow entschied sich für die Hydrographie, weil er sich sagte, wer diese Wissenschaft kennt, der kann auch ein Schiff als Kommandant fahren. Während der Ausbildung an der Offiziersschule absolvierte er sein Bordpraktikum auf einem U-Boot im Schwarzen Meer. Nach Beendigung der Schule kam er 1925 als Wachoffizier auf das Schlachtschiff »Marat«, das zu dieser Zeit von dem späteren Admiral und Chef des Stabes der Sowjetflotte Galler kommandiert wurde. Dort blieb er aber nicht lange, denn noch im selben Jahre bis 1926 war er an Land als Zugführer in einer Ausbildungsabteilung tätig. Dann ging es nicht wieder auf die »Marat« zurück.

Auf dem U-Boot »Kommunar«, einem Boot des älteren Typs »Bars«, brauchte man einen Steuermann. Damit war Cholostjakow bei der Waffengattung angekommen, in der er schon ein Bordpraktikum absolviert hatte und die ihm bereits ans Herz gewachsen war. Es dauerte aber noch geraume Zeit, bis sich sein Wunsch selbst Kommandant eines Bootes zu werden, erfüllte. Er hatte zwar 1927 einen Speziallehrgang für U-Bootoffiziere besucht, der zur selbständigen Führung eines U-Bootes berechtigte, aber erst ging es noch einmal als 1. WO auf das U-Boot »Batrak«,.

Als 1928 das 1919 von dem Zerstörer »Assard« bei Kronstadt versenkte englische U-Boot »L55« gehoben und in Dienst gestellt worden war, wurde Cholostjakow dahin als 1. WO versetzt. Mit diesem Boot unternahm er anstelle des erkrankten Kommandanten seine erste selbständige Fahrt im Finnischen Meerbusen.

Nach einem Kurzlehrgang für Taktik an der Marineakademie in Leningrad von Januar bis März 1932 ging es mit vielen anderen Offizieren von Dickschiffen, Schnellbooten und U-Booten per Bahn auf die Reise in den Fernen Osten, um die Pazifikflotte aufzubauen. In Wladiwostok machte sich Cholostjakow mit dem neuen U-Boot-Typ »Schtsch« (»Schtschuka-Hecht«) vertraut und übernahm das erste Boot »Schtsch-111« noch während dieses in der Werft aus angelieferten Teilen zusammengebaut wurde. Die Erprobung des Bootes begann im Juni 1933 und Cholostjakow war über die im Vergleich zu den aus der Zarenflotte übernommenen Typen weit besseren Eigenschaften begeistert. Bald kamen neue Boote hinzu und 1934 konnte Cholostjakow bereits die 5. U-Bootbrigade übernehmen, zu der neben Booten des Typs »Schtsch« auch kleine Boote des Typs »M« (Maljutka – Das Kleine) gehörten.

Die Besatzungen kamen zu einem Großteil aus der Baltischen Flotte und aus der Schwarzmeerflotte. Darunter befand sich auch der U-Bootsoffizier W. A. Kasatonow, der als Navigationsoffizier und Kommandant unter Cholostjakow diente und in den folgenden Jahren bis zum Flottenadmiral aufstieg. Kasatonow war es, der im Mai 1938, als Cholostjakow wie einige andere Kommandeure von NKWD-Leuten verhaftet wurde, in einem Verhör für seinen Brigadechef einstand. Auf die Frage des Untersuchungsrichters, was ihm der »polnische und japanische Spion« Cholostjakow beigebracht habe, antwortete er lakonisch: »Er hat mich gelehrt, was man von einem wahren Kommunisten lernen kann«. Die Anschuldigungen des NKWD waren zwar wie bei vielen anderen Beschuldigten jener Zeit aus der Luft gegriffen, trotzdem kam Cholostjakow für zwei Jahre in Haft. Erst 1940 ließ man ihn mangels Beweisen frei. Eigenartigerweise erwähnt der Admiral in seinen 1976 im Militärverlag Moskau erschienenen Memoiren seine Verhaftung nicht: wollte oder sollte er das verschweigen? An einer Stelle seines Buches »Wetschnij ogon« (»Ewige Flamme«), das er vor allem seinen Mitstreitern widmete, schreibt er nur, dass seine erste Frau Praskowija Iwanowna im sowjetisch-finnischen Winterkrieg an der Front tätig war und faktisch für ihn mitgekämpft habe.

Als Cholostjakow nach seiner Freilassung von Volkskommissar Kusnezow im Oktober 1940 empfangen wurde, schlug ihm dieser vor, auch wegen seiner asthmakranken Frau in den Süden zu gehen und die dritte U-Bootsbrigade der Schwarzmeerflotte zu übernehmen. Diese war bis dahin von Kapitän 1. Ranges Frolow befehligt worden, der zum Stellvertreter des Stabschefs der Schwarzmeerflotte avancierte. Anfang 1941 wechselte Kapitän 1. Ranges Cholostjakow selbst in den Stab und leitete dort die Abteilung Unterwasserkräfte. In dieser Funktion war er vor allem mit den Übungen seiner U-Boote beschäftigt, die am 18. Juni 1941, wenige Tage vor dem deutschen Überfall, beendet wurden.

Am 22. Juni 1941 erlebte er die deutschen Luftangriffe auf Sewastopol, die auch auf dem Schwarzmeerschauplatz die Kampfhandlungen einleiteten. Die Hauptbasis der Flotte war damit zur Front geworden und Cholostjakow wollte anfänglich nicht einsehen, dass der Befehlshaber der Schwarzmeerflotte Vizeadmiral Oktjabrskij am 4. Juli gerade ihn »in die Etappe« schickte, um dort Stabschef der Marinebasis Noworossisk zu werden. Dieses Amt trat er widerwillig an, musste aber bald einsehen, dass diese Basis auch zur Front wurde und eine wichtige Rolle im Verlauf des Krieges spielte. Nach seiner Ankunft in Noworossisk wurde er nach kurzer Zeit Kommandeur der Basis, nachdem sein Vorgänger Frolow die auf die Taman-Halbinsel verlegte Marinebasis Kertsch übernommen hatte.

Noworossisk wurde während der Verteidigung Sewastopols zur wichtigsten Nachschubbasis. Von hier aus kamen Truppenverstärkungen und Versorgungsgüter in die belagerte Seefestung. Außerdem standen in Noworossisk aus Sewastopol verlegte Überwasserkräfte und U-Boote, die von hier aus den Verteidigern der Seefestung Unterstützung erwiesen. Oft kostete es schon große Anstrengungen, die Kriegsschiffe oder Transporter aus dem durch deutsche Flugzeugminen verseuchten Hafengebiet von Noworossisk verlustlos herauszubringen. Cholostjakow war mit den Kampfbooten und Transportmitteln seiner Basis an der Landungsoperation »Kertsch-Feodossja« beteiligt, die am 26. Dezember 1941 begann und zur Entlastung der Sewastopoler Verteidigung dienen sollte. Dabei wurden die Truppen und Technik direkt im Hafen von Feodossja angelandet und durch Artillerie von Kreuzern und Zerstörern auf der Reede unterstützt. Als infolge eines übermächtigen deutschen Vorstoßes die Halbinsel Kertsch im Mai 1942 wieder von sowjetischen Truppen geräumt werden musste, waren auch die Einheiten der Basis Noworossisk an der Evakuierung beteiligt. Nunmehr bestand die Hauptaufgabe Cholostjakows darin, solange wie nur irgend möglich das allein auf sich gestellte Sewastopol zu versorgen. Das war seit Mai 1942 angesichts der deutschen Luftüberlegenheit im Raum von Sewastopol und der inzwischen verstärkten deutschen Marineeinheiten im Schwarzen Meer nur noch fast ausschließlich durch U-Boote möglich, die von Noworossisk aus insgesamt 75 Versorgungsfahrten unternahmen und über 2.500 Tonnen Munition, 1.000 Tonnen Nahrungsgüter und 500 Tonnen Kraftstoff in die belagerte Festung brachten.

Nachdem Sewastopol Anfang Juli 1942 völlig aufgegeben werden musste, wurde Noworossisk zur Front. Im August 1942 kam es zur Bildung des Verteidigungsraumes von Noworossisk und im September fand sich Cholostjakow mit seinem Stab mitten in der Stadt in Kämpfen gegen die deutschen Eindringlinge verwickelt. Als auch Noworossisk nicht mehr zu halten war, verlegte die Basis weiter südlich nach Gelentschik und beteiligte sich am 4. Februar 1943, als sich nach dem Sieg bei Stalingrad die gesamte Frontlage zu verbessern schien, an der Landung von Truppen auf einen Brückenkopf an der Westseite der Noworossisk vorgelagerten Zemesskij-Bucht.

Dieser Brückenkopf, das »kleine Land«, der in der Folgezeit bis September 1943 verstärkt und behauptet wurde, diente dann während der Befreiungsoperation von Noworossisk vom 9. bis 16. September 1943 als eine wichtige Ausgangsstellung, um die deutsche Verteidigung in die Zange zu nehmen. Konteradmiral Cholostjakow aber hatte bereits Ende August, in der Vorbereitungsphase der Operation den Befehl erhalten, mit schnellen leichten Kräften und Eliteeinheiten der Marineinfanterie und des NKWD in der Dunkelheit überraschend direkt in den Hafen von Noworossisk einzudringen und die Truppen anzulanden, wobei der Vorschlag zur Anwendung kam, dass Torpedoschnellboote mit ihren Torpedos Breschen in die Molen sprengen und unmittelbar an den Piers liegende deutsche Feuernester mit Torpedos vernichtet werden sollten. Die Rechnung ging auf. Der Gegner, der faktisch von allen Seiten her angegriffen wurde, musste weichen und Noworossisk aufgeben. Nach der folgenden Säuberung der Taman-Halbinsel schuf die »Kertsch-Eltingen-Operation« im November 1943 einen Brückenkopf auf der Halbinsel Kertsch, der bis zur Offensive im Mai 1944, bis zur endgültigen Befreiung der Krim gehalten und versorgt werden musste. Cholostjakow hatte jedoch im Januar 1944 die Basis Noworossisk abgeben müssen, um für den erkrankten Konteradmiral Gorschkow die Asow-Flottille zu übernehmen, die nach der Befreiung der Halbinsel Taman wieder aufgestellt worden war. Während dieses Kommandos bestand die Hauptaufgabe Cholostjakows darin, Nachschub auf die Krim zu bringen, der dringend für die im Mai 1944 geplante Operation benötigt wurde. Mit der Befreiung der Krim war faktisch der Frieden im Ostteil des Schwarzen Meeres eingekehrt und man konnte sich eigentlich angenehmeren Aufgaben widmen. Für Cholostjakow bedeutete die folgende Zeit nur eine Verschnaufpause.

Anfang Dezember 1944 kam ein Telegramm von Volkskommissar Kusnezow, das den Konteradmiral zum Befehlshaber der Donauflottille ernannte, die bis dahin von Konteradmiral Gorschkow geführt worden war. Die Flottille hatte sich zur Unterstützung der 2. und 3. Ukrainischen Front die Donau aufwärts bis nach Ungarn bewegt. Dort hatte Cholostjakow ein Erlebnis, an das er sich später als Ruheständler schmunzelnd erinnerte. Im Januar 1945 hatten deutsche Panzer versucht, vom Plattensee her nach Budapest durchzubrechen, das von sowjetischen Truppen bereits eingeschlossen war. Cholostjakow hatte sich gerade in sein nicht weit vom Donau-Ufer entferntes Quartier zurückgezogen, um sich etwas auszuruhen. Seine Uniformjacke hing schon über einem Stuhl, als seine Ordonnanz hereinstürzte, um ihn noch rechtzeitig vor anrollenden Panzern zu warnen. Der Admiral konnte nur noch in Hemdsärmeln zur Donau auf eines seiner Boote flüchten. Von dort aus konnte er sehen, wie ein deutscher »Tiger«-Panzer, der gerade einen Schuppen niedergewalzt hatte, seine Kanone auf das Haus richtete, aus dem er Dank seiner Ordonnanz entronnen war. Eine andere Episode war nicht weniger gefährlich. Der Admiral wollte zusammen mit seinem Stellvertreter an einer Anlegestelle bei Komarno (Slowakei) das Übersetzen von Truppen und Technik über die Donau kontrollieren. Er fuhr daher in einem offenen Beutewagen bei dichtem Nebel in der Nähe des Donauufers auf einem Feldweg entlang und kam an einer Panzerkolonne und anderen Fahrzeugen vorbei. Als man jedoch erschrocken die typischen eisernen Kreuze der Fahrzeuge bemerkte, gab es für Cholostjakows Fahrer nur noch eines: das Gaspedal durchtreten und schnell davon. Der Admiral konnte sich dieses Glück nur dadurch erklären, dass die deutschen Landser die russischen Marineuniformen nicht von denen der deutschen Marine im Nebel unterscheiden konnten. Im Ausland wurde Cholostjakow durch einen Husarenstreich in Wien bekannt. Hier ließ er zwei Tage vor der völligen Einnahme der Stadt am 13. April 1945 schlagartig die berühmte »Kaiserbrücke«, die einzige, die noch heil geblieben war, besetzen. Ein Bataillon Gardeschützen, das auf schnellen Motorbooten herangebracht worden war, nahm die Brücke ein, noch bevor das deutsche Sprengkommando zur Besinnung kam. Die Aktion des russischen Admirals wurde dem englischen Königshaus bekannt und König Georg VI. ließ Cholostjakow den höchsten Orden der britischen Marine, das Trafalgar-Kreuz zukommen. Dazu veranlasst wurde er von seiner Gattin, der Königin Elisabeth, die als junge Lady Bowes-Lyon einige Jahre in Wien zugebracht hatte und sich gern an die schöne »Elisabeth-Brücke« (»Kaiserbrücke«) erinnerte. Allerdings brachte die englische Auszeichnung, die zudem erstmalig einem Ausländer zuteil geworden war, Cholostjakow den Neid seines Frontkameraden und Freundes General Birjukow ein, dessen Soldaten eigentlich die Brücke besetzt hatten, während Cholostjakows Boote lediglich den Transport ausführten. Die »Fehlleitung« des Ordens war nur damit zu erklären, dass den Engländern die Marine mehr im Blickfeld lag als die Infanterie.

Nach 1945 besuchte Cholostjakow, inzwischen Vizeadmiral, bis 1950 die Generalstabsakademie in Moskau. Anschließend befehligte er bis 1951 die Kaspi-Flottille und von da an bis 1953 die 7. Pazifikflotte, die ihre Hauptbasis Sowjetskaja Gawan am

Tataren-Sund hatte. Nachdem die Teilung der Pazifikflotte im April 1953 aufgehoben und die 7. und 5. Flotte wieder vereinigt waren, kam Cholostjakow nach Moskau in den Hauptstab und übernahm die Verwaltung Gefechtsausbildung. Bis zu seiner Versetzung in den Ruhestand 1969 bekleidete er noch verschiedene Posten im Ministerium für Verteidigung der UdSSR.

Nachträglich wurde er 1965 für seine Verdienste im Krieg mit dem Titel »Held der Sowjetunion« ausgezeichnet. Bei feierlichen Anlässen, vor allem aber bei Treffen mit der Jugend trug der Veteran stolz seine Paradeuniform mit den vielen Orden, darunter drei Lenin-Orden, drei Rotbanner-Orden, den Suworow-Orden 1. Klasse, den Uschakow-Orden 1. Klasse und den Orden »Roter Stern«. Während der Jahre des »Kalten Krieges« soll es einige Leute in höheren Ämtern gegeben haben, die den Admiral veranlassen wollten, das Trafalgar-Kreuz den nunmehr feindlichen Briten wieder zurückzugeben.

Cholostjakow sah hierzu aber keine Veranlassung, was ihm bei einigen Eiferern nicht gerade Sympathie eintrug. Der Admiral, der mit seiner zweiten Frau, der Witwe eines gefallenen Frontkameraden, in Moskau lebte, war sehr gastfreundlich. Es war daher nicht verwunderlich, dass oft Besucher kamen, um den Erlebnisberichten zu lauschen. Unter den Besuchern waren auch ihm unbekannte Leute, deren guten Absichten Cholostjakow blindlings vertraute. Eines Tages, am 22. Juli 1983 kam auch der Mörder, der den Admiral, als sich dieser am Schreibtisch über Schriftstücke beugte, offensichtlich, um diese dem Gast zu zeigen, hinterrücks durch einen Schlag auf den Kopf tötete und danach dessen Gattin ermordete. Der Mörder, ein ehemaliger gescheiterter Offiziersschüler, wurde gefasst. Unfassbar blieb das Motiv für den Mord: es waren die Orden des Admirals, darunter der »Goldene Stern« des Helden der Sowjetunion, den der Mörder zu einem Siegelring hatte umarbeiten lassen.

Lewtschenko, Gordij Iwanowitsch (1897–1981)

Wie das Leben so spielt, es gab Dornen und auch Lorbeeren, Kummer und Freude. Schwer zu ertragen ist aber, wenn Kummer durch Ungerechtigkeit entsteht, wie es auch dem Admiral eines Tages erging. Nicht aber aus der Bahn bringen lassen, immer die größere Sache sehen und ihr dienen, so lautete eine Maxime Lewtschenkos, eines Mannes, der seit seiner ersten Bekanntschaft mit dem Meer am liebsten immer nur Schiffsplanken unter den Füßen gehabt hätte.

Am 7. Januar 1897 erblickte der Bauernsohn das Licht der Welt im ukrainischen Dorf Dubrowka, Gebiet Shitomir. Seine ersten Jugendjahre verbrachte er in der Heimat, besuchte die Grundschule und half in der Wirtschaft. Mit 16 Jahren zog es ihn 1913 an die Ostsee, um sich an der Schule für Schiffsjungen in Kronstadt ausbilden zu lassen. Auf dem Dampfer, der ihn von Petrograd dorthin brachte, spürte er erstmalig Planken unter den Füßen und trotz des leichten Schwindelgefühls durch das Stampfen des Schiffes glaubte der Bursche, schon einen Vorgeschmack vom Meer und von der Seefahrt zu spüren. Viel Zeit für romantische Stimmungen blieb nach der Ausbildung an der Schule nicht, denn 1914 musste der Matrose Lewtschenko in den Krieg ziehen, den er drei Jahre lang auf Schiffen der Baltischen Flotte mitmachte. Zuerst diente er auf den Kreuzern »Gromoboj« und »Admiral Makarow«. Nachdem er 1916 einen Lehrgang für Artillerieunteroffiziere absolviert hatte, kam er noch im selben Jahr als Artilleriemaat und Geschützführer auf den Zerstörer »Sabijaka«.

Kriegsmüdigkeit und Hass auf den Großteil hochmütiger zaristischer Schiffsoffiziere ließen die Matrosen und auch einen Teil der Unteroffiziere sich der revolutionären Bewegung anschließen, deren Kern auf den Schiffen Mitglieder der Bolschewistischen Partei bildeten. Lewtschenko erwarb sich das Vertrauen der Besatzung, die ihn während der Februar-Revolution 1917 als Vorsitzenden des Schiffskomitees wählte. Als im Oktober 1917 der bewaffnete Aufstand zum Sturz der Provisorischen Regierung vorbereitet wurde, erhielt er den Befehl des Militärrates der Baltischen Flotte, den Zerstörer »Sabijaka« zusammen mit anderen Schiffen von Kronstadt nach Petrograd zu verlegen, um dort den Aufstand zu unterstützen. Hier nahm Lewtschenko als Kommandeur eines dreißig Mann starken Zuges am Sturm auf das Winterpalais teil und anschließend an der Besetzung des Telegrafenamtes. Danach befehligte er eine Maschinengewehrabteilung aus Kursanten der Marineschule, die 1918 gegen die Truppen des auf Petrograd vorrückenden weißgardistischen Generals Judenitsch und 1919 zur Niederschlagung des Aufstandes in der Marinefestung »Krasnaja Gorka« eingesetzt wurde. Zeitweilig kommandierte Lewtschenko auch eine Batterie. Im selben Jahr 1919 trat er in die Partei der Bolschewiki ein.

Nach der Beendigung des Bürgerkrieges ging es auf die Schulbank in die Marineschule, die er 1922 beendete. Von da aus schickte man ihn zusammen mit anderen Absolventen zur Wiederherstellung von Schiffen, die durch die Kriegsjahre arg mitgenommen waren und nun wieder einsatzklar gemacht werden mussten. Nachdem Lewtschenko 1925 einen Lehrgang für Flottenkommandeure abgeschlossen hatte, blieb er in der Baltischen Flotte und diente bis 1927 als Artillerieoffizier auf dem Zerstörer »Sladkow« und auf dem Kanonenboot »Krasnaja Snamija«. Noch im selben Jahr erfolgte seine Versetzung als Artillerieoffizier auf das Schlachtschiff »Parischskaja Kommuna«. Während des Manövers der Baltischen Flotte 1927 war er bereits zum 1. WO des Dickschiffes avanciert und erhielt wegen der guten Ergebnisse beim Artillerie- und Torpedoschießen ein Lob des damaligen Volkskommissars für die Streitkräfte K. Woroschilow, den man ob seiner Härte den »eisernen Klim« nannte.

Von April 1928 bis 1939 fuhr Lewtschenko als Kommandant auf den Zerstörern »Artjom« und »Wojkow«, dann auf dem Kreuzer »Aurora«, der zur Schulschiffsabteilung gehörte. Ehemalige Besatzungsmitglieder berichten aus dieser Zeit, dass der Kommandant recht wenig von öfteren Landgängen hielt und allzu eifrigen Landgängern seinen Leitspruch vorhielt: »Das Schiff ist dein Haus, das Meer deine Heimat.« Nach Beendigung eines Qualifizierungslehrganges an der Marineakademie in Leningrad übernahm Lewtschenko im April 1931 die gesamte Schulschiffsabteilung, aus der er gekommen war. Bereits 1932 erhielt er seine Versetzung als Chef der Kaspi-Flottille. Hier im Süden blieb er nur bis 1933, dann ging es zurück an die Ostsee, um die Schlachtschiffbrigade zu befehligen.

In der Zeit bis 1937 fand man Lewtschenko auch noch als Chef der Zerstörerbrigade in der Schwarzmeerflotte. Das Hin und Her in der Vorkriegszeit setzte sich für ihn fort, denn im August 1937 kehrte er wieder an die Ostsee zurück. Dort war er zuerst Chef des Stabes der Baltischen Flotte und ab Januar 1938 deren Befehlshaber. Als er im April 1939 zum Stellvertreter des Volkskommissars der Sowjetflotte ernannt wurde, gab er das Kommando an seinen Nachfolger Tribuz ab.

Im Volkskommissariat der Sowjetflotte war Lewtschenko für das Pionier- und Bauwesen verantwortlich. Nachdem am 7. Mai 1940 in der Flotte die Admiralsdienstgrade eingeführt worden waren, erhielt er am 4. Juni den Dienstgrad Vizeadmiral. Unmittelbar nach Beginn des deutschen Überfalls am 22. Juni 1941 hielt es ihn nicht in Moskau. Er wollte dort sein, wo gekämpft wurde. Im August 1941 kam er als Vertreter des Volkskommissariats an das Schwarze Meer, um die Handlungen der Flotte mit der Armee zu koordinieren. Hierbei gelangte er nicht selten in die vorderste Linie bei der Verteidigung der Flottenbasen. Vor allem kümmerte er sich als »gelernter Artillerist« um den Einsatz der Schiffsartillerie gegen Ziele an Land und deren Feuerleitung durch vorgeschobene Beobachter, die über Funk Verbindung mit den Schiffen hielten. Das geschah auch bei der Verteidigung von Odessa, wo sich der Admiral einige Male aufhielt. Sein letzter Aufenthalt dort währte vom 1. bis 5. Oktober 1941, als er den Befehl des Hauptquartiers aus Moskau über die Einstellung der Verteidigung und Evakuierung der Basis zu überbringen hatte. Das schmerzte ihn wie alle seine Kampfgefährten tief, jedoch mussten die Admirale in Odessa ihm nach der Erklärung des Rückzugbefehls darin recht geben, dass ein weiterer Verbleib der Basis Odessa im Hinterland des Feindes nicht länger zu verantworten war, da dieser bereits über die Landenge von Perekop auf der Krim nach Sewastopol vordrang und damit keine Versorgung von Sewastopol aus mehr erfolgen konnte. Zudem wurde die Garnison von Odessa zur Verstärkung der Sewastopoler Verteidigung gebraucht.

Als die deutschen Truppen auf der Halbinsel Krim vorstießen, war eine äußerst kritische Situation entstanden. Die 51. Armee unter Generalleutnant F. Kusnezow, einem Namensvetter des Volkskommissars der Sowjetflotte, musste der feindlichen Übermacht weichen und zog sich auf die Halbinsel Kertsch zurück. Stalin war darüber sehr verärgert und setzte den Armeebefehlshaber ab. Am 23. Oktober 1941 verlangte er von Volkskommissar Kusnezow, den Vizeadmiral Lewtschenko zum Befehlshaber der Truppen auf der Krim zu machen, damit der Gegner zum Stehen gebracht würde. Kusnezows Hinweis, dass man einen Admiral und Seemann doch nicht den Oberbefehl über eine Armee geben könne, da dieser keine Erfahrungen im Landkrieg habe, war in den Wind gesprochen. Stalin beharrte darauf und soll in seiner lakonischen Art gesagt haben: »Ein Seemann im Sattel ist besser als ein Seemann« und dabei blieb es. Für eine Wendung der Situation auf der Krim war der Zeitpunkt natürlich schon viel zu spät und Lewtschenko, der sich in seiner Unerfahrenheit im Landkrieg auf die Ratschläge seiner unterstellten Armeekommandeure verlassen musste, sah sich außerstande die Krim zu halten. Ein Teil seiner Truppen zog sich am 11. November 1941 über die Halbinsel Kertsch auf die kaukasische Küste zurück. Damit war über Lewtschenko eigentlich schon das Urteil gesprochen, obwohl ihm Stalin selbst die Suppe eingebrockt hatte. Der Vizeadmiral wurde verhaftet, vor ein Kriegsgericht gestellt und am 29. Januar 1942 zu zehn Jahren Haft verurteilt. Zwei Tage später begnadigte man ihn.

Nach seiner Degradierung vom Vizeadmiral zum Kapitän zur See und seiner Rehabilitierung am 5. Februar 1942 durfte er als Befehlshaber der Leningrader und Kronstädter Flottenbasis weiter dienen. Lewtschenko litt sehr unter dieser ungerechtfertigten harten Strafe, doch tat er unverdrossen seine Pflicht in der ihm zugewiesenen Funktion. Und nicht nur das. In der schweren Zeit der Leningrader Belagerung, die bis Januar 1944 dauerte, erwarb er sich große Verdienste bei der Versorgung der Verteidiger, bei der Sicherstellung von Truppen- und Materialtransporten und anderen unentbehrlichen Hilfen für die Front. Volkskommissar Kusnezow wandte sich daher mit einer Eingabe an Stalin, in der er darum bat, Lewtschenko seinen Admiralsdienstgrad wiederzugeben. Stalin hatte zwar seinen Ärger über die damaligen Vorgänge auf der Krim nicht vergessen, stimmte aber scherzhaft zu, Lewtschenko »wieder in den Sattel« zu heben. Am 18. März 1943 wurde er zum Konteradmiral befördert und nach Beendigung der Leningrader Blockade am 22. Februar 1944 zum Vizeadmiral.

Kusnezow, dessen Fürsprache er die Wiedererlangung seines früheren Dienstgrades zu verdanken hatte, setzte auch durch, dass Lewtschenko noch im April 1944 zu seinem Stellvertreter wurde. Bald darauf erhielt der Vizeadmiral einen außergewöhnlichen Auftrag, der ihn nach England führte. Das hatte seine Vorgeschichte. Als nach dem Sturz des faschistischen Diktators Mussolini die neue italienische Regierung am 3. September 1943 einen Waffenstillstand mit den westlichen Alliierten geschlossen hatte, stellte die sowjetische Delegation auf der folgenden Außenministerkonferenz der Anti-Hitler-Koalition in Moskau die Frage nach der Aufteilung der italienischen Flotte. Die UdSSR beanspruchte ein Schlachtschiff, 1 Kreuzer, 8 Zerstörer und 4 U-Boote. Nach dem Einverständnis der westlichen Außenminister willigten die Regierungen Großbritanniens und der USA zwar ein, die Sache kam aber erst nach längerer Verschleppung in Fluss, obwohl die UdSSR diese Schiffe gerade 1943 noch dringend gebraucht hätte. Dezember 1943 mussten die westlichen Verbündeten auf der Teheraner Konferenz von Stalin an ihr Versprechen erinnert werden und sagten die Lösung bis Ende 1944 zu. Anfang 1944 erklärten sie aber, es sei nicht ratsam, die italienische Flotte aufzuteilen, sondern würden dafür entsprechende Schiffe aus der eigenen Flotte übergeben. Zugesagt wurden aus der britischen Flotte das Schlachtschiff »Royal Sovereign«, die Zerstörer »St. Abans«, »Briton«, »Richmond«, »Chelsea«, »Lemington«, »Roxborough«, »Georgetown« und »Lincoln« sowie vier kleine U-Boote des Typs »Ursula«. Aus den USA sollte der schwere Kreuzer »Milwaukee« kommen. Die erst genannten Schiffe mussten in England von den sowjetischen Besatzungen übernommen und nach Murmansk überführt werden. Stalin fragte Volkskommissar Kusnezow nach einem geeigneten Leiter dieser Aktion. Dieser schlug Lewtschenko vor und Stalin war einverstanden. Damit begann für den Vizeadmiral die Vorbereitung. Zuerst mussten etwa 3.000 Besatzungsmitglieder für die Schiffe und Boote ausgewählt werden. In Frage kamen die entsprechend kundigen Leute für die verschiedenen Schiffsklassen, vom Kommandanten bis zum Signäler. Diese wurden daher von den Schlachtschiffen, Zerstörern und U-Booten abkommandiert. Die künftigen Besatzungen setzten sich am 28. April 1944 mit einem Geleitzug nach Westen in Marsch. Am 30. April griffen deutsche U-Boote an, ein Transporter, auf dem sich die Besatzung eines Zerstörers befand, ging verloren. Die Leute konnten aber gerettet werden. Am 8. Mai 1944 kam Vizeadmiral Lewtschenko mit den Besatzungen in Rosyth an. Als sie die zu übernehmenden Schiffe besichtigten, waren sie enttäuscht. In einem annehmbaren Zustand befanden sich lediglich das Schlachtschiff und die U-Boote. Deren Instandsetzung würde die wenigste Zeit in Anspruch nehmen. Am schlimmsten sah es mit den Zerstörern aus. Diese waren in einem derartig erbarmungswürdigen Zustand, dass man mit ihnen nicht in See gehen konnte. Die Maschinen mussten neu gelagert werden, die Kesselrohre und die

Lager der Antriebswellen waren auszuwechseln, die Turbinen waren zu reinigen und vom Rost zu befreien. Auch der Zustand der Artillerie ließ einem alten Artilleristen das Herz bluten. Es bedurfte einer Menge angestrengter Arbeit, um die Schiffe zur Übernahme und Überfahrt vorzubereiten. Die Besatzungen schufteten unter der Leitung von Lewtschenko buchstäblich rund um die Uhr und trotzdem waren vier Monate nötig, um die Reparaturen zu beenden und die anschließenden Fahr- und Schießübungen durchzuführen.

Die aufwendige Arbeit an den veralteten Zerstörern fand das Interesse britischer Tageszeitungen, die verbreiteten, die russischen Matrosen seien wahrscheinlich verkappte Ingenieure. Endlich am 17. August 1944 lief der Verband mit Kurs auf Murmansk aus. Nach einwöchiger Sturmfahrt, am 24. August ging er in der Kola-Bucht vor Anker. Unterwegs gab es Angriffe deutscher U-Boote, von denen eins vernichtet werden konnte. Für ihre Leistungen erhielten Lewtschenkos Leute Auszeichnungen und er selbst wurde am 25. September zum Volladmiral befördert.

Die Schiffe gehörten nun zur Nordflotte, gingen aber im Februar 1947 wieder an ihre westlichen Lieferanten zurück. Sie waren ja als Ausgleich für italienische Beuteschiffe gedacht. Das hatte sich mit dem Friedensvertrag mit Italien erübrigt, denn nunmehr kamen aus der italienischen Flotte 33 Schiffe in die sowjetische Schwarzmeerflotte, darunter das Schlachtschiff »Cesare«.

Für Admiral Lewtschenko gab es aufgrund seiner Erfahrungen im Umgang mit den westlichen Verbündeten nach der Kapitulation Hitlerdeutschlands einen neuen Auftrag. Im Juli 1945 ließ ihn Flottenadmiral Kusnezow nach Potsdam kommen, um seine Mitarbeit bei der Aufteilung der deutschen Beuteschiffe unter den Alliierten in Anspruch zu nehmen. Kusnezow führte unter den Vertretern der USA, Großbritanniens, Frankreichs und den übrigen Mitgliedern der Anti-Hitler-Koalition den Vorsitz.

Mit dem US-Admiral W. Perry und dem englischen Admiral J. Miles hatte er sich geeinigt und ließ Lewtschenko drei Listen anfertigen, nach denen 500 Schiffe, darunter 30 U-Boote und dazu noch 1.329 Hilfsschiffe zu verteilen waren. Die UdSSR erhielt 155 Kampfschiffe. Dazu gehörten der moderne leichte Kreuzer »Nürnberg« (später »Admiral Makarow«), 4 Zerstörer, 6 Torpedoboote und 10 U-Boote, die fast sämtlich als Schulfahrzeuge eingesetzt wurden.

Die »Nürnberg«, ein Zerstörer, 2 Torpedoboote und das alte Zielschiff »Hessen« wurden mit einem Teil der deutschen Besatzungen unter persönlicher Aufsicht von Admiral Lewtschenko von Wilhelmshaven nach Pillau (heute Baltisk) vom 2. bis 5. Januar 1946 überführt. Der Kommandant der »Nürnberg« Kapitän zur See Giessler und sämtliche deutsche Begleitmannschaften durften nach Beendigung ihres Auftrages wieder in die britische Besatzungszone nach Wilhelmshaven zurückkehren. Verwundert waren sie während ihrer Bekanntschaft mit dem roten Admiral, wie gut dieser die deutsche Sprache beherrschte.

Im Mai 1946 bekam Lewtschenko letztmalig ein Flottenkommando als Chef der 4. Baltischen Flotte, die ja auf Weisung Stalins durch die Teilung der Baltischen Flotte in zwei Verbände entstanden war. Die Amtszeit dort war nur von kurzer Dauer, denn schon im März 1947 holte man ihn nach Moskau als Stellvertreter des Volkskommissars der Sowjetflotte und verantwortlich für die Gefechtsausbildung. Sein Chef war da schon nicht mehr Kusnezow, der inzwischen abgelöst worden war, sondern Admiral Jumaschew.

Für Lewtschenko, der mit Kusnezow als dessen Stellvertreter eng zusammengearbeitet hatte und dem er die Fürsprache bei Stalin verdankte, musste es schwer zu Mute gewesen sein, als er Ende 1947 als Mitglied eines von Stalin berufenen Ehrengerichtes seinem ehemaligen Vorgesetzten gegenüberstand. Kusnezow und weitere drei Admirale wurden damals wegen angeblichen Verrates militärischer Geheimnisse an die westlichen Verbündeten verurteilt. Lewtschenko hielt sich während der Verhandlungen zurück, er stellte sich aber auch nicht vor Kusnezow und das war verständlich, denn er musste wissen, was in einem anderen Fall für ihn selbst von Stalin zu erwarten war. Eine tragische Situation, aber typisch für die damaligen Verhältnisse unter einer solchen Parteiführung, die in jeglicher Abweichung von einer vorgegebenen Linie eine Klassenfeindlichkeit sah und in ihrer orthodoxen Haltung sich für jegliche Toleranz unfähig zeigte.

Ab März 1950 war Admiral Lewtschenko als Stellvertreter des Marineministers und gleichzeitig als Hauptinspekteur der Sowjetflotte und ab Mai 1955 als Admiralsinspekteur im Ministerium für Verteidigung tätig. Als Admiral Gorschkow Anfang 1956 Oberbefehlshaber der Sowjetflotte (das Marineministerium und der Marineminister waren inzwischen wieder abgeschafft) wurde, holte sich dieser Lewtschenko als Stellvertreter für Gefechtsausbildung zurück. In dieser Dienststellung arbeitete er bis September 1958. Daran anschließend war der Admiral als Berater für die Gruppe der Generalinspekteure im Ministerium für Verteidigung tätig und ging im September 1960 in den Ruhestand. Für seine Verdienste hatte er drei »Lenin-Orden«, vier »Rotbanner-Orden«, den »Orden der Oktoberrevolution«, vier Orden »Roter Stern«, zwei »Uschakow-Orden« 1. Klasse und andere Auszeichnungen erhalten.

Admiral Lewtschenko verstarb 1981 im Alter von 84 Jahren in Moskau. Seinen Namen bekam ein großes U-Jagdschiff der russischen Flotte.

Wekman, Alexander Karlowitsch (1884–1955)

Seine Wiege stand in der Seefestung Kronstadt. Dort wurde Alexander Wekman am 31. Juli 1884 geboren. Er entstammte einer unbegüterten Adelsfamilie, der Vater war Kapitän 1. Ranges (Kapitän zur See), quittierte aber bald nach der Geburt des Sohnes seinen Dienst und wechselte als Mitarbeiter in eine Dampfergesellschaft. Für die adligen Sprösslinge war es selbstverständlich, der Familientradition zu folgen und schon im Kindesalter in eine Kadettenanstalt aufgenommen zu werden, um Karriere als Offizier zu machen. So erging es auch Alexander Wekman, der mit elf Jahren zum Marinekadettenkorps kam und dort acht Jahre in strenger militärischer Zucht und fleißigem Lernen verbrachte. Hier wurden den Seekadetten neben den allgemeinbildenden Fächern, wie Mathematik, Geographie und anderen, bereits solide Kenntnisse in der Nautik, im Artillerie- und Sperrwesen beigebracht. Dazu gehörten auch praktische seemännische Fertigkeiten, die für den Beginn des Flottendienstes Voraussetzung sind. Man schrieb das Jahr 1903, als Wekman, nunmehr neunzehnjährig, als Fähnrich zur Flotte kam. Wer von den jungen Leuten hatte nicht von einem Bordkommando auf den neuen Großkampfschiffen geträumt oder von einem schnellen Torpedoboot, mit denen man in eine echte Seeschlacht ziehen konnte? Einige Kameraden Wekmans hatten auch das Glück, auf solche Schiffe zu kommen, jedoch war das von kurzer Dauer und endete auf tragische Weise. Wekman konnte ja nicht ahnen, dass viele von diesen beneidenswerten Glückspilzen seiner Crew, die sofort auf Panzerkreuzern und Linienschiffen fuhren, zwei Jahre später während des russisch-japanischen Krieges in der Seeschlacht bei Tsushima 1905 den Seemannstod finden sollten. Er selbst, der seinen Dienst in der Baltischen Flotte begann, musste erst einige Jahre auf alten Seelenverkäufern fahren, von denen seiner Meinung nach einige in den Schrott gehörten. Zudem waren das nicht immer nur Kriegsschiffe, sondern auch Dampfer. Zuerst diente er als Wachoffizier auf dem leichten Kreuzer »Afrika«, dann auf den Dampfern »Ilmen« und »Bakan«. Denen folgten das Küstenpanzerschiff »Admiral Tschitscharow« und das Schulschiff »Okean«. Letzteres wurde nach der Oktoberrevolution in »Komsomolez« umbenannt.

Während der demokratischen Revolution 1905 befand sich Wekman an der Ostsee. Aus dieser Revolution, die auch in St. Petersburg zu blutigen Zusammenstößen niederer Schichten der Bevölkerung mit dem Militär und der Polizei und in Libau und Kronstadt zu Matrosenrevolten geführt hatte, hielt sich das Offizierskorps der Baltischen Flotte heraus. Über den Aufstand in der Schwarzmeerflotte wurde viel diskutiert. Man wollte nicht verstehen, dass dort der Kommandant eines Torpedobootes, ein Leutnant Schmidt sich an die Spitze eines Matrosenaufstandes stellen konnte. Man fand es daher gerecht, dass dieser »Verräter« 1906 dafür exekutiert wurde. Nein, den Mann konnte man sich nicht zum Vorbild nehmen, dafür aber diejenigen, die dem Vaterland treu ergeben waren und sich große Verdienste in der Flotte erworben hatten. Für Wekman wie für viele seiner Offizierskameraden war ein solches lebendiges Vorbild Admiral Essen, der in der zaristischen Marine als würdiger Fortsetzer des Lebenswerkes von Admiral Makarow galt, der sich einen Namen als Neuerer in der Flottentaktik, besonders aber bei der Entwicklung des Minen- und Torpedowesens gemacht hatte und im Frühjahr 1904 vor Port Arthur mit seinem Schiff auf einer japanischen Mine gesunken war.

Der Ausgang des russisch-japanischen Krieges hatte realistischen Betrachtern bereits die industrielle Rückständigkeit und Morschheit des zaristischen Reiches offenbart, noch nicht aber dem Marineoffizierskorps. Hier nahm man sich vielmehr vor, es in künftigen Auseinandersetzungen mit Seegegnern besser zu machen. Für Wekman verliefen die folgenden Dienstjahre mit neuen Kommandierungen, neuen Erfahrungen, vor allem aber mit dem Aufstieg auf der Rangleiter. Nach einer Ausbildung als Artillerist diente er 1907 als 1.WO auf dem Schulschiff »Riga« in der Ostseeflotte, dann als Flaggartillerist in einer Zerstörergruppe und als 1.WO auf dem Minenkreuzer »General Kondratenko«. Als 1.WO auf dem Kreuzer »Admiral Makarow« war er 1908 unterwegs, um den Erdbebenopfern der sizilianischen Stadt Messina Hilfe zu leisten.

Bis zum Kriegsausbruch 1914 fuhr er als Kommandant auf Torpedobooten und qualifizierte sich zum Spezialisten für Sperrwesen. Mit Kriegsbeginn war er, inzwischen zum Oberleutnant befördert, 1. WO auf dem Minenleger »Wolga« und damit beschäftigt, den Eingang zum Finnischen Meerbusen zu verminen. Die Minensperren galten als wichtiges Element einer sogenannten Minen-Artillerieposition. Solche Sperren wurden nach Plänen von Admiral Essen angelegt, der als Sperrspezialist bekannt war und seit 1911 die Baltische Flotte befehligte. In der Folgezeit lagen im Finnischen Meerbusen nicht weniger als 35.000 Minen, die den Schiffen der kaiserlichen deutschen Marine den Zugang in den Ostteil des Finnischen Meerbusens verwehrten. Wekman war aber außer 1914 an den Minenlegeaktionen nicht mehr beteiligt, denn 1915 kommandierte er bereits eine Batterie auf der sogenannten Abo-Aland-Position, die eine Sperrfunktion am Zugang zum Bottnischen Meerbusen innehatte. Sein zeitweiliges Kommando auf dem Zerstörer »Ingenieur-Mechanik Swerijew« war nur ein Zwischenspiel.

Seit 1916 war der nunmehrige Kapitän 2. Ranges (Fregattenkapitän) als Chef für die Sicherung des Küstenabschnitts Nikolajstad am Bottnischen Meerbusen verantwortlich. Während des Kommandos hier in Finnland, das noch eine Provinz Russlands war, spürte auch Wekman, dass Ruhm und Glanz des einst so mächtigen Zarenreiches dahinschwanden. Die fortwährenden Niederlagen an der deutsch-österreichischen Front, der Zerfall der ohnehin schwachen wirtschaftlichen Basis, die Kriegsmüdigkeit und wachsenden Unruhen unter den Soldaten und Matrosen, wie nicht zuletzt das zunehmende Aufbegehren der Finnen gegen die russische Untertanenschaft brachten Wekman zum Nachdenken. So hoffte auch er, dass die Februar-Revolution 1917, die den Zaren vom Thron holte und demokratische Verhältnisse versprach, eine bessere Zukunft, vor allem aber das Ende des sinnlosen Krieges bringen würde. Obwohl sich diese Hoffnungen als ein Trugschluss erwiesen, war man doch den Bolschewisten gegenüber misstrauisch, die sich in ihrem Kampf um die Macht die Herbeiführung des Friedens mit Deutschland und Österreich auf die Fahnen geschrieben hatten.

Wekman war wie viele der ehemaligen zaristischen Marineoffiziere schockiert, als aus Petrograd die Kunde vom bewaffneten Aufstand und Übernahme der Macht durch die Bolschewiken eintraf. Die nun einsetzende Konterrevolution und ausländische Intervention, die das Ziel hatte, auch die sich in Finnland ausbreitende sozialistische Revolution zu ersticken, machten auch nicht vor den russischen Marinestützpunkten auf finnischem Territorium halt. Für den ehemaligen russischen General und nunmehrigen finnischen Marschall Mannerheim und seine deutschen Verbündeten war die Einnahme der Hauptbasis der Baltischen Flotte Helsingfors (Helsinki) zu riskant, da dort noch eine starke Streitmacht lag. Dafür aber mussten sich die russischen Stützpunkte auf den Aland-Inseln und an der Ostküste des Bottnischen Meerbusens ergeben. Darunter auch der Küstenverteidigungsabschnitt, für den Wekman verantwortlich war. Er selbst kam mit seinen Leuten in finnische Gefangenschaft, die ihn vom 15. Februar bis 30. Mai 1918 festhielt.

Nach seiner Entlassung fand er in Petrograd eine Beschäftigung als Zivilist im sogenannten Obersten Wirtschaftsrat in der Abteilung Kriegswirtschaft. Er war froh, wieder eine Beschäftigung gefunden zu haben, eine klare Entscheidung aber, für wen und für was er nun arbeitete, hatte er zu dieser Zeit noch nicht getroffen. Eine solche entwickelte sich erst dann, als man ihn im März 1919 wieder zur Flotte schickte und er zunächst in der Artillerieabteilung der Hauptverwaltung Schiffbau tätig war. Bald kam er jedoch angesichts der tödlichen Gefahr, die Russland von allen Himmelsrichtungen her durch weißgardistische Armeen und ausländische Interventen drohte, zu der Einsicht, dass man nicht nur Zuschauer sein darf, sondern Partei ergreifen muss. Dies tat er und wurde im April 1919 als Flaggartillerieoffizier in die Flussabteilung der Astrachan-Kaspi-Flottille versetzt. Dort musste er aber gleich als Chef die Sperrabteilung der Flottille übernehmen. Die Flottille war im Sommer 1918 gebildet worden und gliederte sich anfänglich in zwei, später in drei Abteilungen, mit insgesamt über 100 Schiffen und Booten, die zum Teil aus Zivilfahrzeugen umgerüstet worden waren. Für den Fregattenkapitän der ehemaligen zaristischen Marine hatte der Kommandoposten in der Roten Marine natürlich nichts mit einer Karriere früheren Stils zu tun. Wekman begriff das sehr schnell und war bereit, sich voll in den Dienst der Sowjetmacht zu stellen und dort seine Pflicht zu tun, wo man ihn brauchte. Am 29. April war Wekman mit seiner Abteilung ausgelaufen und sollte an der kaukasischen Küste des Kaspischen Meeres Demonstrationshandlungen durchführen. Unterwegs erhielt er aber den Befehl, Kurs auf das eben von einer anderen Abteilung eingenommene Fort Alexandrowskij an der Ostküste des Meeres zu nehmen und den weißgardistischen Dampfer »Leila« abzufangen, der in Begleitung des englischen Schiffes »Präsident Krüger« mit einer Delegation des Generals Denikin zu Koltschak unterwegs war. Dem Torpedoboot »Karl Liebknecht« (ex »Finn«) aus Wekmans Abteilung gelang es am 5. Mai 1919 den Dampfer aufzubringen und Geheimdokumente, darunter den Plan Denikins für den Marsch auf Moskau, zu erbeuten. Die Kenntnis dieser Dokumente ermöglichte der Führung der Roten Armee entsprechende Gegenmaßnahmen einzuleiten und diesen Plan zu vereiteln. Wekmans Abteilung nahm im Sommer/Herbst 1919 an den Kämpfen um Zarizyn (heute Wolgograd) teil. Er selbst wurde am 1. August bei Wladimirowka (unterhalb von Zarizyn) durch einen Granatsplitter am Rücken leicht verwundet, blieb aber auf seinem Posten. Wekmans Tapferkeit sprach sich bald herum und oft wurde er dafür von seinem Vorgesetzten Raskolnikow gelobt. Am 3. August 1919 übernahm Wekman die Flussabteilung der Flottille, zu der ein Zerstörer, 7 Schaufelraddampfer und 2 Minenräumboote gehörten. Mit dieser bunt zusammengewürfelten Streitmacht unterstützte er im Raum von Zarizyn die Truppen der Roten Armee. Von Dezember 1919 bis Juni 1920 war Wekman Stabschef der Nordabteilung der Astrachan-Kaspi-Flotttille und nahm an der Operation zur Vertreibung der Weißgardisten und englischen Interventen aus dem iranischen Hafen Enseli am 17. und 18. Mai teil. Im Ergebnis dieser Aktion hörte die bis dahin auf dem Kaspischen Meer existierende Flotte der Weißgardisten auf zu existieren. Die erbeuteten Schiffe bildeten eine willkommene Verstärkung für die neu formierte Flotte Aserbaidschans und des Kaspischen Meeres, deren Führung Wekman noch im Juni 1920 übernahm. Unterstützt wurde er hierbei von E. S. Panzerschanskij, der aus Moskau geschickt worden war, sich aber wegen noch anderer Aufgaben nur kurze Zeit in Baku aufhielt. In seiner neuen Funktion hatte Wekman, der für eine Verdienste am 10. Juli 1920 mit dem Rotbannerorden ausgezeichnet worden war, keine Kampfpause, denn im Gebiet von Baku und an der Küste des Kaspischen Meeres gab es noch genügend konterrevolutionäre Banden, die Baku bedrohten. Wekman ließ daher noch im August 1920 entsprechende Verteidigungsmaßnahmen treffen.

Lange Zeit blieb ihm aber nicht mehr, denn im Oktober 1920 wurde er in die Baltische Flotte als Chef der Kreuzerbrigade versetzt. In Kronstadt und Petrograd fand er die aus der Zarenzeit übernommenen Schiffe in einem desolaten Zustand vor. Diese waren zum Großteil nicht nur reparaturbedürftig, sondern es fehlte auch an ausgebildeten Besatzungen. Große Probleme gab es mit der Disziplin. Da infolge des Bürgerkrieges die Flottenbasen im Baltikum und in Finnland verloren gegangen waren, blieb für die Schiffe nur der enge Raum des östlichen Finnbusens. Tausende Minen aus dem Weltkrieg versperrten die Zufahrten und machten Übungen im freien Seeraum unmöglich. Für das

Räumen der Minensperren brauchte man noch einige Zeit, um die hierfür notwendigen Kräfte und Voraussetzungen zu schaffen. Bis 1922 wirkte Wekman, der eigentlich Minenspezialist war, zunächst als Kommandeur einer Halbbrigade von Schlachtschiffen, die jedoch keinen Aktionsraum hatten. Dann wurde er Chef der Verteidigungskräfte am Ladoga-See und zuletzt Standortältester von Kronstadt und Petrograd.

Dann aber, ab 1922 begann er als Kommandeur der Minensuch- und Räumabteilung, die er erst auf Vordermann gebracht hatte, mit dem Freiräumen im Finnischen Meerbusen, vor allem der Zufahrten nach Petrograd, um auch den langsam in Gang kommenden ausländischen Seeverkehr zu sichern. Für seine Verdienste hierbei wurde Wekman mit dem Titel »Held der Arbeit der Roten Baltischen Flotte« ausgezeichnet.

Zur damaligen Zeit war es üblich, dass recht schnell und unerwartet Versetzungen im Gange waren. Und so traf es auch Wekman, der im August 1922 zum Befehlshaber der Schwarzmeerflotte avancierte und damit gleichzeitig als Stellvertreter des Befehlshabers der Streitkräfte der Ukraine und Krim für Seestreitkräfte fungierte. Auch in der Schwarzmeerflotte sah es zu dieser Zeit mit dem Schiffsbestand und dessen Einsatzbereitschaft nicht besser aus wie in der Baltischen Flotte. Auch hier war viel Arbeit nötig, aus den gehobenen und beschädigten Schiffen eine intakte Flotte zu machen. Bald konnten wieder der Kreuzer »Komintern«, 2 Zerstörer, 3 Kanonenboote, 2 U-Boote und 14 Minensucher in Dienst gestellt werden. Mit dieser Mini-Flotte unternahm Wekman im Herbst 1923 erstmalig nach dem Bürgerkrieg eine Geschwaderfahrt, die über Aufenthalte in Feodossja auf der Krim und in Noworossisk nach Batumi führte.

Bereits 1924 fand Wekman sich an der Ostsee wieder. Diesmal als Befehlshaber der Baltischen Flotte, die er bis 1926 kommandierte. Es war dies eine Zeit, in der Schulschiffe der Baltischen

Flotte schon wieder auf Auslandsfahrt gingen und im Finnischen Meerbusen Übungen mit wiederhergestellten schweren und leichten Überwasserkräften abgehalten werden konnten.

Nach einem Intermezzo in der Kaspi-Flottille begann für Wekman im Dezember 1926 eine Tätigkeit, die ihn diesmal für längere Zeit festhalten sollte: er wurde von dem damaligen Chef der Seestreitkräfte der Republik Muklewitsch zur Mitarbeit in die neugeschaffene Staatliche Kommission für die Erprobung und Abnahme instand gesetzter und neuer Schiffe berufen und übernahm ab Mai 1927 deren Vorsitz. Diese Arbeit beschäftigte ihn elf Jahre bis 1938 und hier konnte er alle seine Erfahrungen und Kenntnisse einbringen. Zugute kamen ihm auch seine Prinzipienfestigkeit und Hartnäckigkeit, mit denen er sich oft durchzusetzen hatte. Während seiner Amtszeit konnte er erleben, wie eine ganze Reihe von schweren und mittleren Überwasserschiffen vom Schlachtschiff bis zum Zerstörer instand gesetzt wurden. Mit dem Neubau des Kreuzers »Kirow« 1936 schien sich ein langgehegter Wunsch Wekmans zu erfüllen, eine Flotte zu haben, die auch auf den Weltmeeren Flagge zeigte. Seit 1936 war im Rahmen des ersten Schiffbauprogramms ebenfalls der Neubau einer Serie U-Boote des Typs »Dekabrist« angelaufen und bald folgten kleine U-Boote vom Typ »M«, die erprobt werden mussten. In der Ausrüstung und Bewaffnung veränderte sich auch einiges. Die Schiffe erhielten neue Artilleriesysteme und die U-Boote neuartige Torpedo-Apparate, die ein blasenfreies Schießen ermöglichten. Unter Wekmans Leitung erfolgte die Erprobung der von dem Flugzeugkonstrukteur Tupolew entworfenen Torpedoschnellboote, deren erste Version die Torpedos aus einfachen Deckshalterungen über Bord warfen. Zur Abnahme und Erprobung kamen ebenfalls Küstenschutzschiffe und Großzerstörer des Typs »Leningrad«.

Wekman ging ganz in seiner Tätigkeit auf. Er beteiligte sich auch an den laufenden Diskussionen über das künftige Profil der

Flotte. Inwieweit er diesbezüglich mit Meinungen im Kreml auseinander ging wurde nicht überliefert, jedoch blieb er von der Welle der Stalinschen Repressalien nicht verschont. In seinem Fall mag es den Häschern des NKWD genügt haben, dass er ein Abkömmling des Adels war, um in die Reihe der Verdächtigen zu geraten. Er wurde 1938 inhaftiert und saß zwei Jahre lang im Gefängnis. Da ihm aber keine Schuld nachzuweisen war, ließ man ihn 1940 wieder frei. Seinen Dienstgrad Flaggmann 1. Ranges, der inzwischen in Vizeadmiral umbenannt worden war, gab man ihm zurück. Eine Zeit lang arbeitete er in der Hydrographischen Verwaltung der Flotte, dann auch als Professor an der Marineakademie. Als im Juni 1941 der Krieg mit Deutschland begann, übernahm er eine sehr wichtige Aufgabe, die er faktisch über die Beendigung des Krieges 1945 hinaus verantwortlich ausfüllte: er war für die hydrologische Sicherstellung der gesamten Schiffsbewegungen im Finnischen Meerbusen verantwortlich, so z.B. bei der Evakuierung der Basis Hanko nach Leningrad und bei den zahlreichen Nach- und Abschubtransporten im Ostteil des Finnischen Meerbusens, mit Tausenden von Menschen, Kriegsgerät und Material. Nach dem Krieg blieb er in Leningrad, das stark unter der Belagerung gelitten hatte und wo in den ersten Nachkriegsjahren Obdachlosigkeit, Hunger und allgemeines Elend herrschten, wo er aber seine Jugendjahre und Jahre seiner Dienstzeit verbracht hatte. Als er 1947 im Alter von dreiundsechzig Jahren in den Ruhestand versetzt wurde, wollte er hier in dieser Stadt bleiben. Für einen Neuanfang an einem anderen Ort spürte er auch keine Kraft mehr.

Alexander Karlowitsch Wekman verstarb am 10. April 1955.

Als Befehlshaber an den Fronten

»Die sowjetische Seekriegsflotte musste während des Krieges gleichzeitig zwei Aufgaben lösen: erstens auf See den Kampf mit einem starken Gegner führen, der hartnäckig danach strebte, die Initiative zu erringen und die Kräfte unserer Flotte zu vernichten, und zweitens die Stabilität der Flanken unserer Landfront gewährleisten und die Landstreitkräfte in der Verteidigung und im Angriff unterstützen. Diese Einsatzform war die einzig richtige, weil sie vollkommen der Lage entsprach.«

S. G. GORSCHKOW, FLOTTENADMIRAL DER SOWJETUNION

Andrejew, Wladimir Alexandrowitsch (1904–1994)

Von den russischen Zentren weit entfernt, in der Station Buchedu an der Ostsibirischen Eisenbahn, wurde Wladimir Alexandrowitsch Andrejew am 13. Dezember 1904 als Sohn eines Streckenarbeiters geboren. Mit acht Jahren verlor er die Mutter und wuchs seitdem in ungeordneten Verhältnissen auf. Der Vater war stets mit dem Bautrupp unterwegs und nahm den Jungen mit. Das Wanderleben glich dem eines Zigeuners, aber man lernte die Welt kennen, denn die Arbeit des Vaters führte die beiden nach Moskau, Nishnij Nowgorod. Petrograd, Wolodga und überall dorthin, wo es etwas zu tun gab. In der Stadt Bysk besorgte Vater Andrejew dem Jungen eine Arbeit als Handlanger im Bahnbau, damit der sich sein Brot selbst verdienen konnte. Man schrieb das Jahr 1918, die Oktoberrevolution hatte die Zarenherrschaft bereits vor einem Jahr, beseitigt, aber überall im Lande herrschten Not und Elend, der Bürgerkrieg war im Gange und ausländische Eroberer machten sich breit. Von 1919 bis 1921 fand Wladimir Alexandrowitsch eine Beschäftigung als Gehilfe bei Vermessungsarbeiten, blieb aber bei seinem Vater auf der Suche nach einem besseren Ort, wo man glaubte, einen festen Arbeitsplatz zu bekommen und vor allem dem Hunger auf dem flachen Lande zu entfliehen. Mit dieser Hoffnung kamen beide im Sommer 1921 nach Moskau. Dort fand der Vater eine Arbeitsstelle, die ein bescheidenes Auskommen für die beiden sicherte. Wladimir konnte sogar die Schule beenden, die während ihres Herumreisens zu kurz gekommen war. Als der Jugendverband Komsomol 1922 zum Eintritt in die Marine aufrief, meldete sich der achtzehnjährige Andrejew sofort im zuständigen Jugendkomitee. Da aber das Soll für die Besetzung der Schiffe schon erfüllt war, bot man ihm dafür an, einen Vorbereitungslehrgang zwecks Aufnahme an der Seeoffiziersschule in St. Petersburg zu besuchen. So kam es, dass Andrejew am 17. Januar 1923 seinen Dienst in der Marine begann.

Auf dem Vorbereitungslehrgang herrschten merkwürdige Lernbedingungen, vor allem bei der Abnahme der Prüfungen. Gelernt wurde zwar gemeinsam in sogenannten Lernbrigaden, aber geprüft wurden nur die Besten. Deren Bewertungen galten dann für die gesamte Brigade. Sicher lernte jeder, aber die Aussicht, selbst nicht geprüft zu werden, wirkte für manche Schüler nicht gerade stimulierend. Später wurde dieses komische Experiment des Lernens und Examinierens, das für sämtliche Schulen des Landes galt, wieder abgeschafft.

Als Andrejew dann 1924 in die Seeoffiziersschule aufgenommen wurde, herrschte dort bereits ein völlig anderes Regime:

Jeder hatte sich selber anzustrengen und in der Lerngruppe durfte keiner nachhängen, um das Gesamtbild einer Klasse nicht zu beeinträchtigen. Die Erfolge waren nicht zu übersehen, vor allem auch Dank der vorzüglichen Lehrer. Ein solcher war beispielsweise Sakellari, der für die Navigation zuständig war. Er hämmerte den Schülern die unwiderlegbare Weisheit ein, dass keine Offizierslaufbahn, ob als Artillerist, Torpedomann oder Sperrspezialist und schon gar nicht als Kommandant oder Befehlshaber, ohne solide nautische Kenntnisse auskommen könne und auch keine Gefechtsaufgabe zu lösen sei. Kein Wunder, dass die Navigation zu den Lieblingsfächern der Schüler gehörte und man bestrebt war, gerade hier die besten Noten zu bekommen. Das war aber für einige, die eine geringere Vorbildung hatten, gar nicht so leicht, auch für Andrejew nicht. Als er 1927 die Ausbildung beendete, gehörte er nicht zu den zehn besten Absolventen, die sich ihren künftigen Dienstort aussuchen durften. Die meisten strebten natürlich in die Flotten, wobei das Schwarze Meer zu den beliebtesten Standorten gehörte.

Andrejew war zwar sehr enttäuscht, als seine erste Offiziersdienststellung Zugführer in der 2. Schiffstammabteilung in Leningrad hieß. Dort tat er seinen Dienst zwar so, wie es sich gehörte, jedoch war er im Innersten unzufrieden. Einige Mal beschwerte er sich auch darüber. Er wollte in die Flotte. Als man ihn dann 1928 in den Stab der Baltischen Flotte rief und zum Adjutanten des Befehlshabers der Baltischen Flotte machte, empfand er dass zunächst nicht als einen Gefallen, den man ihm erwiesen hatte. Er versöhnte sich aber schnell mit seinem neuen Posten, denn er lernte nunmehr aus nächster Nähe den Befehlshaber Viktorow kennen und schätzen, mit dem er auch oft in der Flotte unterwegs war. Ihn beeindruckte das große Können, die seemännische Erfahrung und das Talent seines Vorgesetzten mit dem dieser übersichtlich und souverän die Flotte führte. Viktorow förderte die Offiziere seiner Umgebung und so kam Andrejew 1929 auf einen Sonderlehrgang für die Weiterbildung von Seeoffizieren, die man für eine Kommandantenfunktion oder als Chef einer Abteilung vorsah. Üblich war es, dass zu solchen Lehrgängen Offiziere kamen, die bereits zwei Jahre auf Schiffen gedient hatten. Andrejew empfand es deshalb als Glück, mit dabei zu sein, obwohl er bis dahin – außer der Schulschiffausbildung an der Offiziersschule – keine Bordpraxis gehabt hatte.

Der erfolgreiche Abschluss des Lehrganges war dann das Sprungbrett, endlich ein Bordkommando zu bekommen, und das geschah 1931 mit der Versetzung als 2. Navigationsoffizier auf das Schlachtschiff »Marat«. Dort hatte der Chef der Schlachtschiffabteilung, L. Galler, für ihn eine Sonderaufgabe bereit: er musste im Winter 1931/32 auf der »Marat« einen Lehrgang für Rudergänger und Signalgasten der Abteilung leiten, wobei er seine pädagogischen Fähigkeiten ausprobieren konnte. Das Jahr 1932 brachte für Andrejew wie für viele andere jüngere Offiziere eine bedeutende Veränderung in der Laufbahn, es ging in den Fernen Osten, um mitzuhelfen, die Pazifikflotte aufzubauen, die damals in den Kinderschuhen steckte und sich noch Fernostflottille nannte.

Andrejew reiste zusammen mit Basistij, seinem künftigen Chef des Stabes, unter dem er als Flagg-Navigationsoffizier in der zu formierenden Minensuch- und Räumbrigade dienen sollte. In Wladiwostok angekommen, war aber noch, außer Dampfern und Fischereifahrzeugen, aus denen die Brigade entstehen sollte, nichts zusehen. Insgesamt waren drei Transporter, vier Fischtrawler und fünf Schlepper zur Verfügung gestellt worden. Nach entsprechender Umrüstung entstanden aus den Dampfern Minenleger und aus den Trawlern und Schleppern verwendbare Minenräumfahrzeuge. Überhaupt bildeten in der ersten Aufbauphase ehemalige Zivilfahrzeuge den Kern der künftigen Pazifikflotte. Bald ging es an die Ausbildung der Besatzungen und es dauerte nicht lange, bis man dem Befehlshaber Viktorow die Einsatzbereitschaft der Minensuch- und Räumbrigade melden konnte. Dieser ließ den verantwortlichen Offizieren für die Ausbildung viel Freiraum. Hier konnte selbständig und kreativ gearbeitet werden, vorgegeben war lediglich der durch Vorschriften und Programme bestimmte Rahmen. Von Vorteil war auch, dass die Pazifikflotte, wie sie seit Januar 1935 genannt wurde, weitab vom Zentrum Moskau lag und deshalb nicht so oft von Kontrolleuren heimgesucht wurde. Damit war es möglich relativ ungestört den Aufgaben nachzugehen. Viktorow gebührte in erster Linie das Verdienst aus dem anfänglichen Torso eine einsatzbereite Flotte geformt zu haben. Für Andrejew gab es 1935 auch einen persönlichen Fortschritt, er wurde Kommandant des Minenlegers »Theodor Nette«, der aus einem ehemaligen Transport-Passagierschiff umgerüstet worden war. Mit diesem Schiff nahm Kapitänleutnant Andrejew 1936 an einer gemeinsamen Übung der Flotte mit der Fernost-Armee teil und führte erfolgreich eine Anlandung von Truppen durch. Dafür wurde er in den Abschlussbefehlen des Befehlshabers der Streitkräfte des Fernen Ostens Marschall der Sowjetunion Blücher, und des Befehlshabers der Pazifikflotte, Flottenflaggmann 1. Ranges Viktorow, lobend erwähnt. Als der Stabschef der Minensuch- und Räumbrigade Basistij 1937 ein Studium an der Generalstabsakademie in Moskau begann, nahm Andrejew dessen Stelle ein. Die Berufung Viktorows zum Oberbefehlshaber der Sowjetflotte im selben Jahr freute ihn, doch wie viele andere verstand er dann nicht, warum man diesen bewährten Flottenführer ein Jahr später als Volksfeind beseitigen ließ.

Mit Admiral Kusnezow, der zunächst Stellvertreter Kirejews, des Nachfolgers von Viktorow, wurde, verstand er sich gut. Er war diesem schon auf der Offiziersschule in Leningrad begegnet.

Kusnezow rückte, nachdem man Kirejew ebenfalls nach kurzer Amtszeit verhaftet hatte, im Januar 1938 als Befehlshaber der Pazifikflotte nach. Unter seiner Führung wurde Andrejew Chef der Minensuch- und Räumbrigade und erlebte aber in diesem Amt erneut den Wechsel des Flottenbefehlshabers. Kusnezow rief man Anfang 1939 nach Moskau, um zunächst Stellvertreter des Volkskommissars der Sowjetflotte und bald darauf Volkskommissar zu werden. Zur Pazifikflotte kam Konteradmiral Jumaschew als neuer Befehlshaber nach Wladiwostok. Dieser war zwar ein erfahrener Seeoffizier, denn er hatte bereits die Schwarzmeerflotte geführt, der Schauplatz aber, für den er nun verantwortlich zeichnen sollte, war für ihn völlig neu. Er hatte diese Gewässer lediglich 1923 als Teilnehmer eines Sonderlehrganges auf denn Schulschiff »Worowski« von Archangelsk nach Wladiwostok befahren. Um sein neues Verantwortungsgebiet kennen zu lernen, war Andrejew als »Fremdenführer« richtig, denn dieser galt mit seinen fast sieben Dienstjahren in der Pazifikflotte als »alter Hase«. Zudem kannte Andrejew als Chef der Minensuch- und Räumbrigade das nähere Seegebiet wie seine Westentasche. Bereits auf der Erkundungsfahrt mit dem Befehlshaber konnte sich Andrejew von dessen Führungsqualitäten überzeugen. Die vielen Fragen, die ihm Jumaschew unterwegs stellte, dienten, wie Andrejew bald darauf erfahren konnte, nicht nur dazu, dass sich der neue Chef ein erstes Bild von der Flotte und vom Seegebiet machen konnte, sondern hatten zur Folge, dass Andrejew bald darauf zum Chef der Küstensicherung avancierte. Damit waren ihm nicht nur die Minensuch- und Räumbrigade, sondern auch die Küstenbatterien, eine Abteilung kleiner U-Boote sowie eine Staffel Aufklärungsflugzeuge unterstellt.

Im November 1939 trennten sich die Wege der beiden. Andrejew kam zum Studium an die Marineakademie nach Leningrad, das er im April 1941 abschloss. Sein Wunsch war, wieder in die

Pazifikflotte zurückzukehren. Er hatte sogar angefangen, die japanische Sprache zu erlernen, weil er davon überzeugt war, dass es eines Tages zum Zusammenstoß mit Japan kommen würde. Das Inselreich hatte sich seit jeher als Feind Russlands gezeigt und war nunmehr der Verbündete Deutschlands, das bereits den Krieg in Europa vom Zaun gebrochen hatte. Zunächst aber wurde über die weitere Verwendung Andrejews, der inzwischen Konteradmiral geworden war, anders entschieden: Er kam in die Schwarzmeerflotte als Stabschef des Geschwaders, das von Konteradmiral Wladimirskij befehligt wurde. Mit diesem befähigten und umgänglichen Offizier verstand sich Andrejew sehr gut, und so bildeten die beiden auch ein ausgezeichnet funktionierendes Gespann.

Andrejew fiel bald auf, dass der Befehlshaber der Flotte, Vizeadmiral Oktjabrskij, vielleicht gerade wegen der hervorstechenden Qualitäten seines Geschwaderchefs diesen nicht besonders leiden mochte und die Antipathie der beiden auf Gegenseitigkeit beruhte. Andrejew erging es ähnlich wie Wladimirskij: mit Oktjabrskij konnte er einfach nicht warm werden und fühlte sich, wie er sich später einmal eingestand, bei dessen Anwesenheit immer als Fremdkörper.

Der Kriegsausbruch am 22. Juni 1941 und die folgenden schweren Tage, Wochen und Monate boten aber keinen Raum für Ressentiments. Der gemeinsame Wille, den Feind zu schlagen, ließ persönliche Vorurteile gegenüber Vorgesetzten gering erscheinen und in den Hintergrund treten. Andrejew bereitete gemeinsam mit Wladimirskij die Seelandung in Grigorijewka, an der Flanke von Odessa vor, das sich dem Ansturm der deutsch-rumänischen Truppen zu erwehren hatte. Die Operation, die in der Nacht am 22. September 1941 erfolgte, brachte den Verteidigern von Odessa für einige Zeit bedeutende Erleichterung, vor allem dadurch, dass die feindliche Artillerie, die bereits den Hafen bestreichen konnte, zurückgedrängt werden konnte. Andrejew hatte bei dieser Landung auf Erfahrungen zurückgreifen können, die er, wenn auch nur in Übungen, in der Pazifikflotte gesammelt hatte. Während der Landungsoperation Kertsch-Feodossja, die Ende Dezember 1941 zur Entlastung der Verteidiger Sewastopols durchgeführt wurde, befehligte er die Feuerunterstützungsabteilung, die sowohl an der Artillerievorbereitung für die Landung im Hafen von Feodossja beteiligt war, als auch Landungstruppen abzusetzen hatte. Dabei ging der Kreuzer »Krasnij Kawkas« direkt an die Pier und schiffte dort die Truppen aus, während der Kreuzer »Krasnij Krim« von Reede aus Verstärkungen auf Barkassen heranführte.

In der Folgezeit hatte Andrejew vorwiegend mit Seelandungen zu tun, so im Januar 1942 nahe Sudak, westlich von Feodossja, und gleich darauf im Februar beim Anlanden von Truppen und Technik am Westufer der Zemesskij-Bucht vor Noworossisk, wo ein Brückenkopf (das »kleine Land«) gebildet wurde, der sich bis September 1943 hielt und einen Ausgangspunkt für die Rückeroberung von Noworossisk bildete.

Andrejew erlebte Anfang Juli 1942 mit, wie die Hauptbasis der Schwarzmeerflotte Sewastopol trotz mehrmonatigen erbitterten Widerstandes aufgegeben werden musste, weil für sie – ringsum von übermächtigen deutschen Kräften eingeschlossen – keine Hilfe von außen mehr möglich war. Er erlebte die Aufgabe von Noworossisk, von wo aus die Schiffe seines Geschwaders zur Unterstützung für Sewastopol ausgelaufen waren, und die Verlegung der schweren Schiffe nach Tuapse. Als sich jedoch nach dem Sieg der Sowjetarmee bei Stalingrad im Winter 1942/43 auch im Schwarzen Meer wieder Möglichkeiten für Offensivhandlungen boten, musste Andrejew die Schwarzmeerflotte verlassen und nach Moskau reisen, wo man ihn als Stellvertreter des Chefs der Operativ-Verwaltung des Hauptstabes einsetzte.

Als er, dem die Arbeit im Hauptstab in Moskau nicht zusagte, im April 1943 wieder in die Pazifikflotte versetzt wurde, um die Nordflottille der Flotte in Sowjetskaja Gawan am Tataren-Sund zu übernehmen, wurde zur gleichen Zeit Admiral Oktjabrskij in den Fernen Osten als Chef der Amur-Flottille versetzt, die er schon einmal 1938 geführt hatte. Seine Nachbarn konnte man sich eben nicht aussuchen.

Für Andrejew bedeutete seine neue Funktion nicht nur eine höhere Stufe in seiner Karriere, sondern auch die Umstellung in der Ausbildung seines Verbandes von Verteidigungshandlungen auf offensive Aktionen, die bei einer Auseinandersetzung mit Japan zu erwarten waren. Das betraf vor allen Seelandungen, die zum einen an der Küstenlinie des Festlandes (im Rücken des Feindes) und zum anderen auf den von Japanern besetzten Inseln eine entscheidende Bedeutung erlangen sollten.

Als die UdSSR am 9. August 1945 in den Krieg gegen Japan eintrat, gehörte – neben der Küstensicherung im Tatarensund und im Ochotskischen Meer – das Zusammenwirken mit der 16. Armee der 2. Fernostfront bei der Einnahme von Südsachalin und der Kurilen zu den Hauptaufgaben, die der Nordflottille unter Konteradmiral Andrejew gestellt wurden. Südsachalin konnte am 25. August 1945 besetzt werden, nachdem man den Hafen Toro überraschend durch angelandete Sturmabteilungen und danach die Häfen Esutoru und Maoka durch Heranführen von Verstärkungen genommen hatte. Auch an der Einnahme der Kurilen-Inseln war die Nordflottille Andrejews maßgeblich beteiligt. Mit der Einnahme der Insel Kunaschir am 1. September 1945 war die gemeinsame Landungsoperation von See-, Land- und Luftstreitkräften des Fernen Ostens beendet. Die Kapitulation Japans am 2. September 1945 brachte für die Pazifikflotte eine neue Phase. Andrejew, nunmehr Vizeadmiral, blieb bis zum Frühjahr 1946 im Fernen Osten und übersiedelte im Juni desselben Jahres an die Ostsee. Hier wurde er Chef des Stabes der 4. Baltischen Flotte und war von 1947 bis 1952 deren Befehlshaber.

1951 beförderte man ihn zum Volladmiral. Von 1952 bis 1955 wirkte er in Moskau als Stellvertreter des Chefs des Hauptstabes, anschließend noch ein Jahr in anderer Verwendung. Als Chef der Marineakademie in Leningrad von 1957 bis 1961 erlebte er den Übergang der Sowjetflotte von einer konventionellen Flotte des »Vaterländischen Krieges« zu einer Raketen-Kernwaffen-Flotte, die ihre Flagge auf allen Weltmeeren zu zeigen begann.

Ab 1961 übernahm er die Rückwärtigen Dienste der Sowjetflotte, ein Posten, der gerade in dieser Zeit kein Ruhekissen bedeutete. Als Mann der Praxis lag ihm dieser Posten besser, als an der Spitze der höchsten Bildungseinrichtung der Sowjetflotte zu stehen.

Nach fast sieben Jahren als Cheflogistiker der Sowjetflotte trat Admiral Wladimir Alexandrowitsch Andrejew, mit zahlreichen Auszeichnungen geehrt, im März 1968 in den Ruhestand und verstarb am 28. März 1994.

Basistij, Nikolaj Jefremowitsch
(1898–1971)

»Es gibt Menschen, die große Taten vollbringen, sich aber bemühen, unbemerkt zu bleiben und ihre Verdienste nicht herauszustreichen. Solch ein Mensch war Basistij. Ich hatte Gelegenheit, ihn als Geschwaderchef, als Stabschef der Schwarzmeerflotte, als Befehlshaber der Flotte und als stellvertretenden Minister zu beobachten. Überall arbeitete er viel und sprach wenig. So bezeichnete sich Basistij auch in seinem Buch »Die See und die Küste« nur als Teilnehmer von Feindfahrten und Anlandungen, obwohl er immer im Mittelpunkt der Ereignisse stand und die ganze Verantwortung auf sich nahm.« Dieser Ausspruch stammt von Flottenadmiral der Sowjetunion, N.G. Kusnezow.

Verfolgen wir die wichtigsten Stationen seines Lebens. Nikolaj Jefremowitsch Basistij wurde am 10. Mai 1898 im Dorf Jurewka, im heutigen Gebiet Odessa, geboren. Der Junge hatte es nicht weit zum Meer, und so war es natürlich, dass er als Seemann die Welt kennenlernen wollte. Kaum sechzehnjährig, meldete er sich 1914 zur Schiffsjungenschule in Sewastopol und kam von dort zur Ausbildung in der Laufbahn Minen-Torpedo auf das Schulschiff »Rion«. Während des Ersten Weltkrieges nahm Basistij auf Schiffen der Schwarzmeerflotte an mehreren Kampfeinsätzen teil. So im Sommer 1916 als Maat auf dem Zerstörer »Sharkij«, der als Vorposten und zur Aufklärung eingesetzt war. Mit diesem Schiff traf er auch auf die beiden unter türkischer Flagge fahrenden deutschen Schiffe, den Schlachtkreuzer »Goeben« und den Kleinen Kreuzer »Breslau«. In diesem Fall hatte es die Klugheit geboten, sich nicht mit ihnen anzulegen. Im Herbst 1916 nahm er an einer Minenlegeoperation der Zerstörer »Sharkij«, »Derskij« und »Shiwoj« vor dem Bosporus teil und wurde außer seiner Beförderung zum Obermaat mit der »Georg-Medaille« ausgezeichnet. Die Oktoberrevolution 1917 erlebte er auf dem Zerstörer »Sharkij«. Ein Jahr später schickte man Basistij – zusammen mit anderen Matrosen aus der Schwarzmeerflotte – nach Nishnij Nowgorod an der oberen Wolga, um die dort entstehende Wolga-Flottille personell aufzufüllen. Obwohl er eigentlich im Sperrwesen ausgebildet war, sich jedoch auch in anderen Laufbahnen auskannte, wurde er Signalgast auf der Artillerieschute »Sereshu« und wechselte 1919 in gleicher Funktion auf das Kanonenboot »Krasnaja Snamija«. Dort trat er in die Bolschewistische Partei ein und nahm mit dem Schiff an zahlreichen Kämpfen auf der Wolga und im Kaspischen Meer teil, unter anderem in einer Landungsabteilung, die das von Weißgardisten verteidigte Fort Petrowskij am Ostufer des Kaspischen Meeres eroberte. Die Schiffe der Flottille wurden damals von F. F. Raskolnikow geführt, der später den Repressalien Stalins zum Opfer fiel. Ab Oktober 1921 absolvierte Basistij einen Lehrgang für politische Arbeiter der Roten Armee an der Swerdlow-Universität in Moskau und kam 1922 in die Schwarzmeerflotte zurück. Bis zum Mai 1925 war er als Lektor in der Marinebasis Nikolajew tätig und daran anschließend bis Oktober 1925 Kommissar der Maschinistenschule in der Lehrabteilung der Schwarzmeerflotte. Als dann ab Oktober 1926 ein Vorbereitungskurs für die Aufnahme an der Marineakademie lief, kam Basistij, der eigentlich noch keine Offiziersschule besucht hatte, dorthin. Die Parteiführung legte großen Wert darauf, einen Teil der Funktionäre aus der Flotte, die streng aus den unteren Schichten des Volkes ausgewählt worden waren und deshalb als zuverlässig galten, an ein Hochschulstudium an der Marineakademie in Leningrad heranzuführen, um, wie es hieß, »die Offiziere aus der alten Flotte, die fast überall noch auf den Kommandoposten saßen, abzulösen.« Die künftigen Studenten an der Marineakademie nannte man daher wegen ihres Spezialauftrages »Rote Akademiker«. Tatsächlich hatten die meisten weder von Schiffsführung noch von der Taktik eines Schiffes oder gar eines Verbandes eine Ahnung. So auch Basistij, der zwar bereits im Krieg gekämpft, aber eben nie ein Schiff geführt hatte. Die meisten Kameraden, die in den »Normalkursen« an der Marineakademie studierten, waren bereits als Kommandanten oder gar Verbandschefs dorthin gekommen. Basistij, seit 1928 auch ordentlicher Hörer der Akademie, strengte sich besonders an, um die Seekriegswissenschaften kennen zu lernen und vor allem in der Bordpraxis, die er auf Zerstörern des Typs »Nowik« absolvierte, die nötigen Fertigkeiten in der Schiffsführung zu erwerben. Sein Ziel war, nach Abschluss der Marineakademie unbedingt Kommandant eines Schiffes zu werden. Offensichtlich hatte man aber angesichts seiner guten Leistungen im Studium etwas anderes mit ihm vor, denn nach dem Abschluss 1931 veranlasste man ihn, als Adjunkt (Doktorant) zu bleiben, um eventuell eine wissenschaftliche Laufbahn einzuschlagen. Das war, obwohl sich Basistij erst einmal überreden ließ, gar nicht nach seinem Geschmack, denn er strebte ein Bordkommando an. Er ließ daher nicht locker, bis man ihn 1932 zur Pazifikflotte in Marsch setzte. Dort aber bekam er wiederum kein eigenes Schiff, sondern wurde Stabschef in der Minenleg- und Räumbrigade. Kommandant zu werden, war zu seinem Ärger einfach nicht möglich. Vielleicht hätte er es doch noch geschafft, aber wieder hatten seine Vorgesetzten etwas anderes mit ihm vor. Sie schickten ihn im Oktober 1936 auf die gerade eingerichtete Generalstabsakademie nach Moskau. Dort traf er seinen ehemaligen Chef der Wolga-Kaspi-Flottille Panzerschanskij wieder, der die Marinefakultät leitete.

Lange dauerte der Aufenthalt nicht, denn nach einem halben Jahr, im April 1937, ging es nach Spanien. Ob sich Basistij dazu freiwillig meldete oder man ihn delegierte, geht aus den Quellen nicht hervor. Anzunehmen ist, dass ihm dieser Einsatz sehr recht war, auch in der Hoffnung, wenigstens in der republikanischen Flotte zur See fahren zu können. Und er hatte sich nicht getäuscht. Er kam als Berater in eine Zerstörerflottille und avancierte später zum Berater des Befehlshaber des Mittelmeergeschwaders, Miguel Buica, der seine Flagge auf dem Kreuzer »Libertad« gesetzt hatte. Im Mittelmeer war Basistij, der sich großer Hochachtung der Spanier erfreute, oft in See. Die republikanischen Schiffe sicherten die sowjetischen Transporter, die aus dem Schwarzen Meer Nachschubgüter in die südspanischen Häfen brachten. Bei diesen Einsätzen roch es für den »companero russo« und »capitan de corveta« Basistij nach Pulver, was seiner Meinung nach nun einmal zum Handwerk eines Seeoffiziers gehörte.

Nach seiner Rückkehr aus Spanien und zum Kapitän 2. Ranges (Fregattenkapitän) befördert, kam er zurück ans Schwarze Meer und wurde Leiter der operativen Abteilung im Stab der Schwarzmeerflotte. Wiederum Stabsarbeit und kein eigenes Schiff, das er so gern als Kommandant geführt hätte. Bald aber bot sich die Gelegenheit, sein Anliegen vorzubringen. Im Zusammenhang mit den neuen Richtlinien für die Gefechtsbereitschaft, die der Volkskommissar Kusnezow bei seinem Amtsantritt im Frühjahr 1939 eingeführt hatte, trug Basistij in einem Gespräch mit Kusnezow, den er aus Spanien kannte, seinen Wunsch vor. Die Freude war groß, als ihm der Volkskommissar das Kommando über den Kreuzer »Tscherwona Ukraina« übertrug, auf dem er selbst vor seiner Reise nach Spanien als Kommandant gefahren war. Auf dem Kreuzer erlebte Basistij am 22. Juni 1941 den Beginn des deutschen Überfalls.

Mit seinem Schiff machte er, inzwischen zum Kapitän 1. Ranges befördert, einige Fahrten nach Odessa, das von deutschen und rumänischen Truppen berannt wurde. Dorthin brachte er Verstärkungen und auf der Rückfahrt Verwundete, Frauen und Kinder aus der belagerten Basis mit. Als Odessa am 16. Oktober 1941 aufgegeben werden musste, evakuierte der Kreuzer mehr als 1.000 Mann auf die Krim. Während dieser Fahrt befand sich auch der Chef des Geschwaders der Schwarzmeerflotte, Konteradmiral Wladimirskij, an Bord. Etwa eine Woche später, am 24. Oktober 1941, übernahm Basistij die Abteilung leichter Kräfte, zu der die modernen Kreuzer »Molotow« und »Woroschilow« sowie eine Abteilung Zerstörer gehörten. Mit seinen Schiffen kreuzte Basistij im Oktober/November mehrmals vor Sewastopol, um die deutschen Stellungen rund um die Stadt und den Hafen zu beschießen. Dabei wurde er Zeuge, wie der Kreuzer »Tscherwona Ukraina«, auf dem er vor nicht allzu langer Zeit Kommandant gewesen war, durch deutsche Fliegerbomben versenkt wurde. Von dem Schiff waren nur noch die Mastspitzen zu sehen.

Angesichts der bedrängten Lage Sewastopols hatte sich die Oberste Führung entschlossen, Ende Dezember 1941 eine Seelandung auf der Halbinsel Kertsch durchzuführen, um die Verteidigung der Hauptbasis der Schwarzmeerflotte zu entlasten. Das Vorhaben bestand darin, die Landung gleichzeitig an mehreren Stellen durchzuführen, wobei die im Nordosten angelandeten Truppen (vom Asowschen Meer her) und die an der Ostküste (von Noworossisk her) die auf der Halbinsel stationierten deutschen Truppen zurückzudrängen hatten. Um aber deren Rückzug in Richtung Sewastopol zu verhindern, sollten an der schmalsten Stelle der Halbinsel bei Feodossja starke Kräfte an Land gehen und von da aus quer über die Halbinsel vorstoßen, um dem Feind den Rückzug abzuschneiden und diesen, nunmehr in die Zange geraten, zu vernichten.

Die Gesamtleitung der Landungsoperation oblag dem Befehlshaber der Schwarzmeerflotte, Oktjabrskij, die Deckungsgruppe wurde vom Chef des Geschwaders Wladimirskij geführt. Die Landung in Feodossja aber, dem zentralen Punkt der Operation, hatte man Basistij übertragen. Von Oktjabrskij stammte die Idee, die Landung in Feodossja direkt im Hafen durchzuführen, was natürlich riskant war, weil sich dort starke deutsche Verteidigungskräfte befanden. Am wichtigsten für den Erfolg des Gesamtunternehmens war, dass die Anlandungen an den verschiedenen Punkten der Halbinsel Kertsch gleichzeitig erfolgten, um dem Feind keine Gelegenheit zu geben, die Landungstruppen einzeln und nacheinander zu zerschlagen. Es zeigte sich jedoch, dass die Rechnung des sowjetischen Oberkommandos nicht aufging.

Die Landungen im Norden und Osten der Halbinsel erfolgten bereits ab dem 25. Dezember, während die Landungsabteilung von Basistij erst am 28. Dezember in den Hafen von Feodossja eindrang. Dabei setzten der Kreuzer »Krasnij Kawkas« und drei Zerstörer die Truppen direkt im Hafen an den Piers ab, während weitere von Bord des auf Reede liegenden Kreuzers »Krasnij Krim« mit Barkassen an Land gebracht wurden. Es gelang, die deutschen Verbände unter heftiger Gegenwehr aus dem Hafen und der Stadt zurückzudrängen. Bis zum 31. Dezember war die gesamte 44. Armee mit 23.000 Mann, 133 Geschützen, 34 Panzern, 334 Kraftfahrzeugen, 1.150 Pferden und etwa 1.000 Tonnen an Nachschubgütern durch Kampfschiffe und Transporter nach Feodossja gebracht worden. Basistij konnte sich mit seinem Stab in der Stadt einrichten und die Zufuhr an Truppen und Material leiten. Jedoch gelang es in der Folgezeit nicht, die deutschen Truppen wie vorgesehen zu vernichten, denn die vom Osten her angelandete 51. Armee kam viel zu langsam voran. Den deutschen Truppen gelang es dadurch, noch bevor die von Feodossja her vorstoßenden Truppen der 44. Armee ihnen den Weg abschneiden konnten, der Umklammerung zu entweichen und sich vom 30. Dezember 1941 bis zum 1. Januar 1942 in Richtung Sewastopol zurückzuziehen.

Die Landung sowjetischer Truppen auf der Halbinsel Kertsch brachte die deutsche Führung zwar zeitweilig in ernste Schwierigkeiten und bedeutete für die Verteidigung Sewastopols kurzfristig eine Entspannung, jedoch gelang es anschließend der durch zwei Divisionen verstärkten 11. deutschen Armee, Feodossja am 15. Januar 1942 zurückzuerobern. Basistij und sein Stab verließen die Stadt auf dem letzten Transporter, als der Gegner bereits zum Hafen vorstieß. Mit der Aufgabe von Feodossja hatte sich auch die Lage der im Osten der Halbinsel angelandeten Truppen der 51. Armee verschlechtert. Es gelang in der Folgezeit nicht mehr, die deutschen Stellungen zu durchstoßen und den Verteidigern von Sewastopol auf dem Landweg Hilfe zu bringen. Die Kämpfe auf der Halbinsel Kertsch zogen sich bis zum 20. Mai 1942 hin. Dann musste die sowjetischen Truppen in Stärke von über 120.000 Mann, darunter 23.000 Verwundete, an die kaukasische Küste evakuiert werden. Für seinen selbstlosen Einsatz in Feodossja wurde Basistij am 3. Januar 1942 zum Konteradmiral befördert. Die deutsche Führung konnte nach der Vertreibung der sowjetischen Truppen von der Halbinsel Kertsch sämtliche Kräfte gegen Sewastopol werfen. Für die Schwarzmeerflotte wurde es fast aussichtslos, der belagerten Stadt zu helfen. Deutsche Schnellboote und Fliegerkräfte hatten einen dichten Blockadering um die Basis gezogen. Trotzdem gelang es Konteradmiral Basistij, noch dreimal mit seinen Schiffen ohne Verluste nach Sewastopol vorzudringen. Das erste Mal am 27. Mai 1942 von Batumi aus mit dem Kreuzer »Woroschilow« und zwei Zerstörern, mit der 9. Marineinfanteriebrigade an Bord. Auf der Rückreise wurden Verwundete, Frauen und Kinder mitgebracht. Der zweite Durchbruch erfolgte am 11. und 12. Juni mit dem Kreuzer »Molotow« und einem Zerstörer, der die 138. Schützenbrigade als Verstärkung heranführte. Am 15. Juni erfolgte die letzte Reise mit der »Molotow« und einem Zerstörer, die 4.000 Mann Verstärkung nach Sewastopol beförderten. Trotzdem musste die Hauptbasis Anfang Juli 1942 aufgegeben werden, wobei es nicht mehr gelang, alle Verteidiger zu evakuieren. Im Sommer 1942 unterstützte die Abteilung leichter Kräfte unter dem Befehl von Basistij mit ihren beiden Kreuzern und Zerstörern die sowjetischen Truppen bei der Verteidigung der Halbinsel Taman und der Basis Noworossisk.

Am 9. August 1942 führte der Konteradmiral mit dem Kreuzer »Molotow« und dem Großzerstörer »Charkow« einen Feuerüberfall auf den Hafen Feodossja durch. Basistij hatte zwar seinen Flottenchef Oktjabrskij davon abgeraten, weil dem Gegner – abgesehen von der deutschen Luftherrschaft in diesem Raum – auch das oft schablonenhafte Vorgehen der sowjetischen Führung bekannt war. Gewöhnlich kam zuerst in der Dämmerung ein Angriff der sowjetischen Luftwaffe, dann am nächsten Abend zur gleichen Zeit der Einsatz von Artillerieträgern der Flotte. So war es auch in diesem Fall. Als Basistij mit seiner Streitmacht vor Feodossja auftauchte, geriet er nicht nur in das Feuer der deutschen Küstenartillerie und in einen Luftangriff, gegen den sich die Schiffen mangels eigener Fliegerdeckung nur mit ihrer Flakartillerie wehren konnten, sondern sie wurden auch von deutschen Schnellbooten angegriffen. Es gelang zwar, drei Flugzeuge abzuschießen und zwei Schnellboote zu versenken, jedoch bekam der Kreuzer »Molotow« einen Torpedotreffer ins Heck und fiel für längere Zeit aus. Für Basistij war dieser Misserfolg sehr schmerzlich, wo er doch seinen Vorgesetzten gewarnt hatte. Er wollte aber nicht als Feigling gelten und hatte deshalb den Befehl ausgeführt. Der Admiral nahm sich jedoch vor, in ähnlichen Fällen selbständig seine Entscheidungen zu treffen, um vor allem unnötige Verluste zu vermeiden.

Eine solche Situation sollte sich Basistij im Februar 1943 bieten, als sich das sowjetische Oberkommando entschlossen hatte, mit den Kräften der Nordkaukasischen Front und der Schwarzmeerflotte zu versuchen, Noworossisk und die Taman-Halbinsel zu befreien. Die Idee des Oberkommandos bestand darin, vom Osten her mit Truppen der Transkaukasischen Front die deutsche Verteidigung vor Noworossisk zu durchbrechen und gleichzeitig durch eine Seelandung im Rücken den Gegner in die Zange zu nehmen. Durch die Eroberung von Noworossisk als Hauptverteidigungsknoten des Gegners erhoffte man sich günstige Voraussetzungen für die Befreiung der gesamten Taman-Halbinsel.

Konteradmiral Basistij führte die Abteilung, die im Rücken des Gegners bei Jushnaja-Oserejka anzulanden hatte. Dabei kam es wiederum darauf an, dass die Landungen sowie der Vorstoß der Transkaukasischen Front gleichzeitig erfolgten, um die Kräfte des Gegners zu verzetteln. Wie schon bei der Landungsoperation Kertsch-Feodossja im Dezember 1941 traten aber auch diesmal wieder Ungleichmäßigkeiten im Zusammenwirken der sowjetischen Land-, Luft- und Seestreitkräfte auf. Die deutsche Verteidigung konnte vom Osten her nicht durchbrochen werden. Und als sich Basistij am 4. Februar 1943 mit seiner Armada aus bunt zusammengewürfelten Schiffen und Booten nur mühsam mit 6 Knoten fortbewegen konnte, kam trotz seiner Meldung über die Verspätung an den Befehlshaber der Flotte keine Abstimmung mit der Luft- und Artillerievorbereitung zustande. Die Folge war, dass Basistij beim Anlanden seiner Abteilung auf einen derartigen Widerstand des Gegners stieß, der ihn veranlasste, die Truppen eigenmächtig wieder an Bord zu nehmen und das Landungsgebiet unter Vermeidung unnötiger Verluste zu verlassen. Der Admiral übernahm hierfür die volle Verantwortung.

Es gelang jedoch südwärts von Noworossisk einen Erfolg beim Anlanden zu erzielen und damit einen Brückenkopf zu schaffen, der fortan als »Kleines Land« bezeichnet wurde. Damit bestätigte sich, wie richtig Basistij entschieden hatte. Allerdings mussten die Truppen im Brückenkopf des »Kleinen Landes« bis zum September 1943 ausharren, bis sich günstigere Bedingungen für die Befreiung von Noworossisk und der Taman-Halbinsel ergaben. Die im Februar 1943 missglückte Operation hatte noch ein Nachspiel: Admiral Oktjabrskij wurde im März als Befehlshaber der Schwarzmeerflotte abgelöst und im Mai 1943 in den Fernen Osten als Chef der Amur-Flotille versetzt. An seine Stelle trat der bisherige Chef des Geschwaders, Admiral Wladimirskij. Basistij wurde dessen Stabschef und bald darauf Chef des Geschwaders. In dieser Funktion wirkte er an der Befreiung von Noworossisk und der Taman-Halbinsel sowie bei der Landungsoperation Kertsch-Eltigen im Herbst 1943 mit. Letztere schuf einen Brückenkopf auf der Halbinsel Kertsch, der für die spätere

Befreiung der Krim von Bedeutung war. Bei dieser Operation ereilte den Flottenchef, Vizeadmiral Wladimirskij, das gleiche Schicksal wie seinem Vorgänger Oktjabrskij: Im März 1944 wurde er wegen Unstimmigkeiten im Zusammenwirken mit den Landstreitkräften als Flottenchef abgelöst, zum Konteradmiral degradiert und in die Baltische Flotte versetzt. Basistij diente als Chef des Geschwaders unter Admiral Oktjabrskij weiter, den man aus dem Fernen Osten zurückgeholt und wieder als Befehlshaber der Schwarzmeerflotte eingesetzt hatte. Solche Turbulenzen im Wechsel der Kommandos gab es während des Krieges nicht selten.

Basistij nahm mit seinem Geschwader im Mai 1944 an der Befreiung der Krim teil und konnte seine Schiffe im November 1944 wieder nach Sewastopol verlegen. Vom Herbst 1944 bis zum Herbst 1948 wirkte der Vizeadmiral als Chef des Stabes der Schwarzmeerflotte, wobei er 1945 zeitweilig die Führung der Flotte übernehmen musste, da Oktjabrskij wegen einer Operation für längere Zeit im Lazarett lag. Als dann im November 1948 die Versetzung von Oktjabrskij erfolgte, wurde Basistij dessen Nachfolger. Während seiner Amtszeit als Befehlshaber der Schwarzmeerflotte erlebte er den Wiederaufbau der Basis Sewastopol, die fast nur noch aus Trümmern bestanden hatte, vor allem aber den Zuwachs an Schiffen, darunter auch mehrere italienische Beuteschiffe, wie das Schlachtschiff »Cesare«, welches in »Noworossisk« umbenannt wurde.

Mit seiner Beförderung zum Volladmiral im August 1951 wurde Basistij als 1. Stellvertreter des Marineministers nach Moskau versetzt. Während seiner Dienstzeit dort war der Admiral von 1952 bis 1956 Kandidat des Zentralkomitees der Kommunistischen Partei. Als Anfang 1953 das Marineministerium und die Bezeichnung Marineminister abgeschafft wurden und Flottenadmiral Kusnezow sich wieder Oberbefehlshaber der Sowjetflotte nennen durfte, wurde im April 1953 die Dienststellung Basistijs in Erster Stellvertreter des Oberbefehlshabers umbenannt. Nachdem Kusnezow 1956 als Oberbefehlshaber abgelöst worden war und Admiral Gorschkow nachrückte, den Basistij von der Schwarzmeerflotte her als Untergebenen kannte, fungierte Basistij noch bis 1958 als dessen Stellvertreter für wissenschaftliche Arbeit. Im September 1958 wechselte er dann in das Ministerium für Verteidigung über und arbeitete dort als Berater für die Inspektionsgruppe.

Im September 1960 erfolgte seine Versetzung in den Ruhestand. Admiral Nikolaj Jefremowitsch Basistij verstarb am 20. Oktober 1971 in Moskau. Auf das Ordenskissen im Ehrengeleit waren viele Auszeichnungen geheftet, die der Admiral für seine Verdienste erhalten hatte, darunter zwei »Lenin-Orden«, vier »Rotbanner-Orden«, der »Uschakow-Orden« 2. Klasse und der »Kutusow-Orden« 2. Klasse.

Charlamow, Nikolaj Michailowitsch (1905–1983)

An seinem Lebensabend stellte er sich oft die Frage, ob es sinnvoll und vor allem für die jüngere Generation von Interesse wäre, aus der eigenen persönlichen Vergangenheit zu berichten, wo doch jeder Mensch seine eigenen Sorgen und Probleme hat? Würden Charlamow und viele der alten Generation heute noch leben, könnten sie angesichts der gegenwärtigen Verhältnisse und Tendenzen in der Entwicklung der großen und kleinen Reste der ehemaligen Sowjetunion eine solche Antwort finden: wohin es auch gehen mag, die Vergangenheit darf man niemals vergessen, vor allem nicht jene Zeit, in der die Alten lebten und ehrlichen Herzens glaubten, für eine glückliche Zukunft ihres Landes zu leben, zu kämpfen und Opfer zu bringen.

Charlamows Weg war typisch für viele seiner Generation, die den Großteil ihres Lebens in der sowjetischen Marine verbrachten. Am 19. Dezember 1905 wurde er auf der Station Schurkowa, im Gebiet Brjansk als Sohn eines Eisenbahnschaffners geboren. Den Vater verlor er 1917 und musste mit 12 Jahren als Ältester schon recht früh für den Unterhalt der Mutter und seiner drei Geschwister sorgen. Neben dem Lernen arbeitete der Bursche daher während der Saison in einem Sägewerk. Nach der Oktoberrevolution 1917 gab es auch in der näheren Heimat der Charlamows noch keine friedliche Zeit. Weißgardistische Truppen und marodierende Banden terrorisierten das Land. Mit 15 Jahren schloss sich Charlamow 1920 einer Abteilung der Roten Armee an und nahm an Kämpfen teil. Nach einem Jahr kehrte er 1921 in die Heimat zurück und arbeitete in einer Fabrik als Bürogehilfe. In seiner Freizeit tat er Dienst in der örtlichen Miliz, die für die öffentliche Ordnung zu sorgen hatte und das Banden- und Schieberwesen bekämpfte. Bald gab er die Arbeit in der Fabrik auf und gehörte als stellvertretender Zugführer nunmehr zum Kaderstamm einer »Abteilung für besondere Verwendung«, die Polizeiaufgaben zu erfüllen hatte. Im Herbst 1922 wandte sich der Jugendverband Komsomol an seine Mitglieder mit dem Aufruf, eine Vorbereitungsschule für die Aufnahme an die Offiziersanstalt der Marine zu besuchen. Charlamow hatte zwar noch kein Meer gesehen, aber in den Komsomolversammlungen viel über die Baltische Flotte und ihre Matrosen gehört, die in der vordersten Reihe der Revolution und des Bürgerkrieges gestanden hatten. Das übte einen besonderen Reiz auf viele junge Burschen aus, so auch auf Charlamow. Er reiste nach Petrograd und nachdem er sich das nötige Wissen auf der Vorbereitungsschule angeeignet hatte, absolvierte er von 1925 bis 1928 die Ausbildung an der Seeoffiziersschule »Frunse«. Im Sommer 1928 ging es nach dem Süden auf das Kanonenboot »Krasnij Adscharistan« zum abschließenden Bordpraktikum. Der Kommandant des Bootes bescheinigte Charlamow in einer Beurteilung alle guten Eigenschaften, die ein künftiger Flottenoffizier braucht. Am 23. September 1928 war es endlich so weit, es folgte die Ernennung zum »Kommandeur der Roten Arbeiter- und Bauernflotte«, ein Dienstgrad, der dem Leutnant entsprach. Charlamow erinnerte sich später immer wieder gern an seine Offiziersschulzeit, die er zusammen mit den späteren Admiralen Golowko, Drosd und Sosulja verbrachte. Vor allem aber waren es die Lehrer, denen seine Hochachtung gehörte, meist ehemalige Offiziere der alten zaristischen Flotte, die mit ihrem umfangreichen Wissen und Kriegserfahrungen den künftigen Offizieren der Roten Flotte das notwendige Rüstzeug beibrachten, darunter auch eine gewisse seemännische Kultur, die zu einer Flotte wie das Amen in der Kirche gehörte. Letztere nahm sich Charlamow besonders an und vielleicht waren es auch seine auffallend »kulturvollen Umgangsformen«, die ihm später seine diplomatische Verwendung einbrachten? Zunächst aber ging es für den dreiundzwanzigjährigen Offizier nach Nikolajew an das Schwarze Meer, um im Oktober 1928 seine erste Dienststellung als Wachoffizier auf dem Zerstörer »Dzershinskij« anzutreten. Es war ein Schiff der ehemaligen Zarenflotte, das in der Zemesski-Bucht (vor Noworossisk) gehoben worden war und das zu dieser Zeit von dem späteren Admiral I. Jumaschew kommandiert wurde. Seine erste Bekanntschaft mit dem Kommandanten verlief recht lakonisch, denn Jumaschew hatte nur eine Frage und eine Anweisung: die Frage war, ob der Neuankömmling verheiratet sei, worauf nach der Verneinung folgte, dass Charlamow vor drei Jahren nicht mit einer Bitte nach einer Dienstwohnung kommen solle, da kein Wohnraum vorhanden sei. Die Anweisung lautete aber, nachdem ihm Jumaschew ein dickes Schreibheft hatte aushändigen lassen, dass er innerhalb eines Monats und nicht länger sich mit dem Schiff von oben bis unten vertraut zu machen und dann einer Prüfung zu unterziehen habe. Genau nach Ablauf der gesetzten Frist ließ Jumaschew seinen neuen Wachoffizier rufen und veranstaltete mit ihm ein zweistündiges Examen, das zu beider Zufriedenheit verlief. Charlamow erinnert sich, dass ihm bereits damals der Scharfsinn, das Gespür für den Menschen und das psychologische Talent Jumaschews auffielen. Beide ahnten nicht, dass sie sich später in höheren Dienststellungen noch einige Male treffen und zusammenarbeiten sollten. Viel hatte er seinem ehemaligen Kommandanten in der Aneignung der Schiffsführung zu verdanken, auch die Fürsprache für den Besuch eines Sonderlehrganges für Kommandeure der Seestreitkräfte, den er 1930 absolvierte. Im Frühjahr 1931 kehrte Charlamow nach Sewastopol zurück, wurde Artillerieoffizier auf dem Zerstörer »Frunse« und im Herbst bereits 1. WO des Schiffes. Sein erstes selbständiges Kommando 1933 als Kommandant des Zerstörers »Dzershinskij«, auf dem er als Wachoffizier angefangen hatte, bekam er auf Empfehlung Jumaschews, der zu dieser Zeit Chef der Zerstörerbrigade war. Auch bei Koschanow, dem damaligen Befehlshaber der Schwarzmeerflotte, hatte er einen Stein im Brett. So kam es, dass man ihm im Oktober 1936 den neuen Zerstörer »Bodry« als Kommandant anvertraute, den er bis August 1937 befehligte. Danach war er bis Oktober für eine kurze Zeit Kommandant auf dem leichten Kreuzer »Woroschilow«. Als man im August 1937 den Flottenchef Koschanow, den er sehr achtete und verehrte, nach Moskau holte und dieser nicht wieder kam, tat dies Charlamow sehr weh. Er verstand nicht, warum Koschanow ein Feind der Sowjetmacht sein sollte und es erschütterte ihn, als er ein Jahr später erfahren musste, dass dieser nach langer Haft exekutiert worden war. Jedoch das Leben ging weiter, die Schwarzmeerflotte brauchte fähigen Nachwuchs. Charlamow vergaß nicht, als er im Herbst 1937 zum Leiter der Operativabteilung im Stab der Schwarzmeerflotte avancierte, dass er in seiner Entwicklung den »alten Kadern« nicht wenig zu verdanken hatte. Im Februar 1938 wurde er Chef des Stabes der Schwarzmeerflotte und arbeitete damit eng mit dem neuen Befehlshaber, seinem Lehrmeister und Gönner Jumaschew zusammen. Er war traurig darüber, dass dies nur für kurze Zeit war, denn Jumaschew wurde im März 1939 in den Fernen Osten versetzt, um die Pazifik-Flotte zu übernehmen. Diese war bis dahin von Kusnezow geführt worden, der nunmehr zum Volkskommissar der Seekriegsflotte ernannt worden war. Jumaschew und Charlamow kamen sich bis zum Ende des Krieges in Europa 1945 aus den Augen, sie sollten sich aber dann wieder treffen. Dazwischen lagen für beide nicht nur große räumliche Entfernungen, sondern dem Charakter nach recht verschiedene Tätigkeiten. Charlamow blieb, nachdem er am 4. Juni 1940 Konteradmiral geworden war, noch bis Ende des Jahres in der Schwarzmeerflotte. Dann besuchte er ab Ende 1940 einen fünfmonatigen Lehrgang für höhere Offiziere an der Marineakademie in Leningrad. Danach blieb er ab April 1941 als Chef der Verwaltung Gefechtsausbildung im Volkskommissariat der Seekriegsflotte in Moskau. In dieser Funktion hielt er sich gerade in der Baltischen Flotte zu einer Überprüfung auf, als diese am 22. Juni 1941 den Kampf gegen die deutschen Eindringlinge aufnehmen musste. Nur drei Tage konnte er sich dort an der Ostsee aufhalten, denn man rief ihn am 25. Juni nach Moskau zurück. Hier übertrug man ihm eine völlig neue und für ihn fremde Aufgabe: er wurde im Herbst 1941 Marine-Attachè in London und kurze Zeit nach seinem Amtsantritt Chef der Sowjetischen Militärmission in Großbritannien, die neben diplomatischen Aufgaben auch eine direkte Verbindung mit den Führungsstellen der britischen Streitkräfte, vor allem mit der Royal

Navy zu unterhalten hatte. Zu den Obliegenheiten Charlamows gehörte auch die Regelung und Beaufsichtigung der gegenseitigen Lieferungen im Rahmen der Bündnisverpflichtungen in der Anti-Hitlerkoalition, wie des Geleitzugverkehrs zwischen England und den nördlichen Häfen der UdSSR, der Besuch von Werften und anderen Rüstungsbetrieben und die Organisation der Abnahme von entsprechenden Waffen und Gerät. Dazu gehörten auch die 1944 an die UdSSR zu liefernden Schiffe, die von sowjetischen Besatzungen unter Vizeadmiral Lewtschenko von Mai bis August 1944 vorbereitet und nach Murmansk in die Nordflotte überführt wurden. Es war erstaunlich, wie schnell sich der Seemann und Admiral, der vorher fast ausschließlich Schiffe kommandiert hatte, auf dem oft schlüpfrigen Parkett der Diplomatie zurechtfand und klug wie geschickt mit den Regierungs- und Militärinstanzen zu verhandeln vermochte. Der damalige sowjetische Botschafter in Großbritannien Maiskij war mit seinem Missionschef sehr zufrieden und äußerte sich lobend über dessen Arbeit. Wie man aus der Geschichte weiß, verlief in den britisch-sowjetischen Beziehungen während des Zweiten Weltkrieges nicht immer alles glatt. Oft musste auch gemahnt werden, ohne den Partner zu verärgern und die lebenswichtigen Beziehungen zu gefährden. Charlamow wurde damit gut fertig, immer darauf bedacht, die Interessen seines Landes wahrzunehmen. Ein eindrucksvolles Erlebnis hatte der Admiral, als er im Juni 1944 Augenzeuge bei der Eröffnung der lange angekündigten zweiten Front der westlichen Alliierten durch die Landung in der Normandie sein durfte. Seine Zeit im diplomatischen Dienst hat Charlamow in seinem Buch »Trudnaja missija« (»Eine schwierige Mission«), das 1983 im Militärverlag Moskau erschien, beschrieben.

Nach seiner Rückkehr in die UdSSR im Oktober 1944 wurde er zum Vizeadmiral befördert und war bis April 1945 wieder als

Chef der Verwaltung Gefechtsausbildung tätig. In dieser Funktion hielt er sich im Dezember 1944 für eine Zeit in der Nordflotte auf und nahm auf dem Zerstörer »Gremjaschtschij« an der Überführung eines Geleitzuges teil, wobei auch deutsche U-Boote gejagt wurden. Als er dann ab April 1945 Stellvertreter des Chefs des Hauptstabes und Chef der Operativen Verwaltung der Sowjetflotte wurde, führte ihn bald sein Weg in den Fernen Osten zur Pazifik-Flotte.

Dort traf er nach sechs Jahren seinen früheren Vorgesetzten in der Schwarzmeerflotte Admiral Jumaschew wieder. Charlamow hatte den Auftrag, sich über die Vorbereitungen der Pazifik-Flotte und Amur-Flottille auf die Auseinandersetzung mit Japan zu informieren, die im Sommer 1945 bevorstand und wozu sich die UdSSR den westlichen Alliierten gegenüber nach dem Sieg über Hitlerdeutschland verpflichtet hatte. Hier im Fernen Osten blieb der Admiral dann auch während der Kampfhandlungen im August 1945, wobei er sich vornehmlich in der Amur-Flottille aufhielt.

Anfang 1946 arbeitete er wieder in Moskau, diesmal als ein Stellvertreter des Chefs des Generalstabes der Sowjetarmee und verantwortlich für die Seestreitkräfte. In dieser Funktion, die er bis 1950 innehatte, kümmerte er sich nicht nur um die Umsetzung der Erfahrungen des Vaterländischen Krieges und Lehren im Zusammenwirken der Flotte mit den Landstreitkräften, sondern er war auch an den Diskussionen über die Schiffsbauprogramme beteiligt, die der Sowjetflotte ein neues Profil geben mussten. Hier arbeitete er wieder mit Admiral Jumaschew zusammen, der seit 1947 nach der Ablösung Kusnezows das Volkskommissariat übernommen hatte und sich seit der Schaffung eines Marineministeriums 1950 Marineminister nannte.

Zu den unangenehmsten Erlebnissen seiner gesamten Dienstzeit gehörte für Charlamow die Mitgliedschaft in einem Ehrengericht, das der damalige Minister für Verteidigung Bulganin im Dezember 1947 im Auftrag Stalins bilden ließ, um die Admirale Kusnezow, Alafusow, Galler und Stepanow, die während des Krieges die Führung des Volkskommissariats der Flotte gebildet hatten, wegen angeblichen Verrats militärischer Geheimnisse an die westlichen Verbündeten zur Rechenschaft zu ziehen. Neben Charlamow gehörten zu diesem Ehrengericht als Vorsitzender Marschall Goworow und als Mitglied Armeegeneral Sacharow, Generaloberst Golikow, Admiral Lewtschenko und die Vizeadmirale Abankin und Kulakow. Letzterer war damals Chef der Politischen Hauptverwaltung der Sowjetflotte und tat sich während der Verhandlungen gegen die angeklagten Admirale durch besondere Schärfe seiner Anschuldigungen hervor. Obwohl Charlamow wie die meisten Anwesenden wusste, dass die Verdächtigungen gegenüber den Beschuldigten an den Haaren herbeigezogen und haltlos waren, fiel ihm am 12. Januar 1948 die fatale Aufgabe zu, die Anklageschrift zu verlesen. Welch eine Tragik. Charlamow äußerte später seinem Sohn gegenüber, dass er mit Kusnezow zwar nicht immer gut zurechtgekommen sei, aber sollte dieser Mann, der so viel für den Aufbau der Flotte getan und sie im Krieg geführt hatte und deshalb zum Flottenadmiral, den höchsten Dienstgrad befördert worden war, der Sowjetunion einen solchen Schaden zugefügt haben? Es war der Wille des Obersten Staats- und Parteichefs, diese Leute zu verurteilen und für Charlamow wäre es leichter gewesen dem Feind im Krieg die Stirn zu bieten, als sich Stalin zum Feind zu machen. Viele Beispiele der Vergangenheit hatten das schmerzhaft deutlich werden lassen. Die Untersuchung vor dem Ehrengericht und die anschließende Verurteilung der Admirale durch das Militärkollegium des Obersten Gerichtes der UdSSR waren der Beginn einer erneuten Welle stalinistischer Repressalien in der Flotte, die zwar nicht wie vor dem Kriege zu Todesurteilen führte, jedoch wiederum nicht wenige bewährte Offiziere aus der Flotte entfernte. Für Charlamow selbst, der diese entwürdigenden Ereignisse fortan nicht vergessen konnte, sollte es nach einigen Jahren auch einmal größeren persönlichen Ärger geben.

Noch 1950 zum Volladmiral befördert, wirkte er bis 1956 als Chef der 8. Baltischen Flotte, die nach der Aufteilung der Baltischen Flotte in die 4. und 8. Flotte entstanden war. Als man ab 1956 die beiden Teilflotten wieder vereinigte, wurde er Befehlshaber der Baltischen Flotte. Diese Funktion hatte er bis 1959 inne. Obwohl ihm Admiral Gorschkow, der 1956 als Nachfolger von Kusnezow den Oberbefehl über die Sowjetflotte übernommen hatte, noch 1957 in einer Beurteilung ein gutes Zeugnis ausgestellt und unter anderem sein schöpferisches Herangehen an die Lösung der Aufgaben bescheinigt hatte, war der Oberbefehlshaber dann 1959 in einer neuerlichen Beurteilung völlig anderer Meinung. Darin hieß es plötzlich, dass Charlamow den modernen Erfordernissen nicht mehr gewachsen sei und dieser vor allem nichts von U-Booten verstehe, die neuerdings als die Hauptkräfte der Flotte galten. Daher sei es notwendig, Charlamow eine andere verantwortungsvolle Aufgabe zuzuweisen. Der Admiral fiel aus allen Wolken. Auf eine solche Art und Weise abgeschoben zu werden, war für ihn einfach nicht zu begreifen, denn wenn schon U-Boote (Gorschkow hatte sicher Atom-U-Boote im Auge), dann doch nicht in der Baltischen Flotte, die Charlamow befehligte. Solche U-Boote wurden in der Folgezeit vornehmlich in der Nordflotte stationiert, wo diese Unterwasserriesen freien Zugang zu den Ozeanen haben. Charlamow litt sehr unter dieser Art des Abschiebens und er führte seine Versetzung darauf zurück, dass er bei Diskussionen über das Schiffbauprogramm und die künftige Entwicklung der Flotte nicht immer der gleichen Meinung wie seine Vorgesetzten war und auch nicht hinter dem Berg gehalten hatte, was er in Punkto Flottenentwicklung über die Führung im Kreml dachte. So schickte man ihn von 1959 bis 1961 in die Volksrepublik China als Berater für die chinesische Flottenführung. Nach seiner Rückkehr von dort leitete er von 1961 bis September 1971 das Wissenschaftliche Komitee beim Hauptstab der Sowjetflotte. In dieser Zeit promovierte er am 27. Januar 1970 im Alter von fünfundsechzig Jahren zum Kandidaten (Dr.) der Seekriegswissenschaften. Im Herbst 1971 trat Admiral Charlamow in den Ruhestand. In den folgenden Jahren arbeitete er noch als Mitglied des Redaktionskollegiums der Marine-Fachzeitschrift »Morskoj sbornik« und beschäftigte sich mit seinen Memoiren.

Das Leben dieser interessanten Persönlichkeit der Sowjetflotte vollendete sich am 9. April 1983 in Moskau. Sein Andenken wird unter anderem durch die Verleihung seines Namens an ein großes U-Jagdschiff der russischen Flotte bewahrt.

Drosd, Valentin Petrowitsch
(1906 – 1943)

Sein Leben war kurz und doch hinterließ der tapfere Seemann und findige Admiral in der jüngeren Geschichte der Flotte markante Spuren. Als Sohn eines weißrussischen Eisenbahners am 3. September 1906 in der Station Suda-Koschelewskaja (Gouvernement Minsk) geboren, lebte er dort bis zu seinem 18. Lebensjahr, fernab von den Brennpunkten der Revolution.

Im Herbst 1924 zog die Familie nach Leningrad, wo der Dorfbursche eine Lehre als Schlosser in den Putilow-Werken begann. Die neue Umgebung führte Drosd in den Leninschen Jugendverband Komsomol, der zu dieser Zeit die Patenschaft über die sich im Aufbau befindliche Rote Flotte übernommen hatte. Auf diese

Weise gelangte der Schlosserlehrling 1925 an die Seeoffiziersschule in Leningrad, die er 1928 erfolgreich abschloss.

Seine Bordlaufbahn begann Drosd als Gehilfe des Wachoffiziers auf dem Schlachtschiff »Oktjabrskaja Revoluzija« in Kronstadt. Aus den überlieferten Quellen geht nicht hervor, warum er im April 1929 als Beobachter in der 62. Selbständigen Seefliegerbrigade zu finden war und im Oktober desselben Jahres einen Lehrgang an der Seefliegerschule besuchte. Vermutlich diente diese Ausbildung dazu, junge Seeoffiziere mit dem Marinefliegerwesen und seiner Bedeutung für die Flotte vertraut zu machen, denn Marineluftwaffe und Flotte bildeten in den sowjetischen Seestreitkräften eine untrennbare Einheit.

Im Januar 1930 kehrte er nach Abschluss des Lehrganges an Bord zurück und wurde Navigations-Offizier auf dem Zerstörer »Wolodarskij«. Da die Zerstörer der Flotte auch für das Legen von Minen vorgesehen waren, machte sich Drosd von Oktober 1930 bis Mai 1931 auf einem Lehrgang mit den Sperrwaffen vertraut. In dieser Zeit wurde er Mitglied der Kommunistischen Partei.

Nach Beendigung der Sperr-Ausbildung diente er bis Januar 1933 als Sperroffizier auf dem Zerstörer »Stalin«. Danach erhielt er erstmalig ein selbständiges Kommando: Er wurde Kommandant des Zerstörers »Wolodarskij«, den er bereits als Navigations-Offizier kennen gelernt hatte. Hier blieb er bis zum März 1935 und kam dann als 1. WO auf das Schlachtschiff »Marat«.

Als sich die spanische Republik gegen den Putschisten-General Franco sowie seine deutschen und italienischen Helfer wehren musste, meldete sich Drosd mit anderen Internationalisten freiwillig, um den republikanischen Streitkräften beizustehen. Von November 1936 bis Oktober 1937 wirkte er als Instrukteur in der Zerstörer-Abteilung der republikanischen Flotte. Für ihn war das keine passive Angelegenheit, sondern meistens überließ ihm der spanische Kommandeur, mit dem ihn ein kameradschaftliches Verhältnis verband, die Führung der Abteilung. Die Zerstörer hatten vor allem die Geleitzugtransporte zu sichern, die mit Hilfsgütern verschiedenster Art aus der UdSSR über das Mittelmeer in die südspanischen Häfen liefen. Oft kam es dabei zu Gefechten mit franco-spanischen Seestreitkräften und zur Abwehr von Luftangriffen. Drosd erhielt seine Feuertaufe und konnte die ersten Kriegserfahrungen sammeln, welche für seine spätere Tätigkeit nützlich sein sollten.

Nach der Rückkehr aus Spanien im Oktober 1937 übertrug man ihm das Kommando über die Zerstörerbrigade der Baltischen Flotte. Dort blieb er allerdings nur ein halbes Jahr. Die Nordflotte, deren Befehlshaber Duschanow man im Mai 1938 verhaftet hatte, brauchte einen erfahrenen Nachfolger. Die Wahl fiel auf den zweiunddreißigjährigen Flaggmann 2. Ranges (Konteradmiral) Drosd.

Während des sowjetisch-finnischen Winterkrieges 1939/40 unterstützte die Nordflotte die 14. Armee bei der Einnahme der Halbinseln Srednij und Ribatschij (Fischerhalbinsel) sowie der Häfen Petsamo (Petschenga) und Linachameri, welche von der finnischen Armee hartnäckig verteidigt wurden. Da die Finnen im hohen Norden keine Seestreitkräfte hatten, war seeseitig zwar keine Gefahr für die Nordflotte zu befürchten, dafür aber von den finnischen Küstenbatterien und den Flugzeugen. Während die sowjetischen Nachschubtransporte an Truppen und Material aus Murmansk ohne nennenswerte Verluste verliefen, waren die Anlandung von Truppen und die Einnahme der finnischen Stützpunkte und Häfen sehr verlustreich.

Da die Angriffe der Roten Armee im Süden der sowjetisch-finnischen Front (auf der Karelischen Landenge) ebenfalls unvorhergesehene Verluste brachten, ließ das Hauptquartier in Moskau eine Reihe von Befehlshabern ihres Postens entheben.

Unverständlicherweise traf das auch den Befehlshaber der Nordflotte Drosd. Man versetzte ihn im Herbst 1940 an das Schwarze Meer nach Sewastopol als Chef der Seeoffiziersschule »Admiral Nachimow«. Erst im Februar 1941 durfte er an die Ostsee zurückkehren und übernahm dort die Abteilung leichter Kräfte. Diese war neu formiert worden und bestand aus den beiden Kreuzern »Kirow« und »Maxim Gorki« sowie aus zwei Zerstörer-Divisionen mit insgesamt neun Zerstörern (nach 1934 gebaut und mit einer Höchstgeschwindigkeit von 39 Knoten).

Für den Kriegsfall legten die Richtlinien für diesen Verband fest, feindliche Überwasserkräfte vor einer Minen-Artillerie-Position (in die auch Schlachtschiffe einbezogen waren) anzugreifen und den feindlichen Seeverkehr zu stören.

Drosd suchte seine Abteilung darauf vorzubereiten, wobei er aufgrund seiner Erfahrungen in Spanien besonders auf die Gefahr aus der Luft aufmerksam machte. Die Zerstörer seiner Abteilung waren für das Legen von Minensperren ausersehen, denn die Vorschriften besagten ebenfalls, dass angesichts einer unmittelbaren Kriegsgefahr Verteidigungsminensperren zum Schutz der Zugänge zu den Flottenstützpunkten und zur Behinderung feindlicher Bewegungen zu legen seien.

Seit dem Frühjahr 1941 mehrten sich die Anzeichen eines bevorstehenden deutschen Überfalls. Allerdings teilten die meisten Offiziere der Marine sowie die der Armee diese Befürchtungen nicht. Man hielt sich vielmehr an die in den Vorschriften getroffenen Aussagen, wonach Verteidigungshandlungen kaum in Frage kommen würden, da ein feindlicher Überfall bereits an den Grenzen rechtzeitig zu vereiteln sei.

Solche Fehleinschätzungen sollten bittere Folge haben. Doch Drosd blieb Realist, denn er ließ aus Leningrad Sperrspezialisten von der Marineakademie kommen und Vorträge über das Legen von Verteidigungsminensperren halten. Das sollte bald von

Nutzen sein. Während des deutschen Überfalls, am 22. Juni 1941, befand sich Drosd mit seiner Abteilung in der Rigaer Bucht und lief am nächsten Tag zum Legen einer Sperre in die Irben-Straße aus. Diese bestand aus 270 Minen. Die Zerstörer wurden hierbei von dem Kreuzer »Maxim Gorki« gedeckt. Zwar konnten Angriffe deutscher Flugzeuge und Schnellboote abgewehrt werden, der Kreuzer geriet jedoch selbst auf eine Mine und wurde beschädigt, während der Zerstörer »Gnewnij« auf einer Mine sank. Es erwies sich als Nachteil, dass die mittleren und schweren Überwasserschiffe über keinen eigenen Minenschutz verfügten. Das einzige, was Drosd tun konnte, war, künftig keine schweren Einheiten mehr zur Deckung beim Minenlegen einzusetzen.

Als die deutschen Truppen unmittelbar Riga bedrohten und die Küste der Rigaer Bucht besetzten, mussten die Schiffe der leichten Abteilung aus der Bucht herausgebracht werden, um sie nicht aufs Spiel zu setzen. Der Weg durch die Irben-Straße war durch Minen versperrt, und dort herrschte außerdem die deutsche Luftwaffe. Es blieb nur der Ausgang über den Moon-Sund, der für den Kreuzer »Kirow« aber teilweise zu flach war.

Drosd war sich mit Tribuz, dem Befehlshaber der Flotte, darin einig, dass man nur den Weg über den Moon-Sund nehmen konnte, wozu die seichten Stellen mit entsprechendem Gerät aus Tallinn auszubaggern waren. Dies geschah, und in der Nacht zum 1. Juli 1941 konnte der geleichterte Kreuzer mit Schlepperhilfe nach Tallinn gebracht werden, wobei lediglich zweimal eine leichte Grundberührung zu verzeichnen war. Für die Zerstörer und einige U-Boote bedeutete die Passage ohnehin kein Problem.

Drosd wollte durch die Verlegung seiner Abteilung nach Tallinn die Rigaer Bucht nicht als Operationsgebiet aufgeben, denn nunmehr liefen über dieses Gewässer die deutschen Geleitzüge mit Nachschubgütern für die Heeresgruppe Nord, die für den

Vormarsch nach Leningrad dringend benötigt wurden. Faktisch bis in den August 1941 hinein griffen die Zerstörer der leichten Abteilung, von Tallinn über den Moon-Sund kommend, gemeinsam mit Schnellbooten und Flugzeugen von der Insel Ösel die deutschen Nachschublinien in der Rigaer Bucht an. Der Erfolg war derartig, dass zeitweilig der Nachschub unterbrochen werden konnte und das zu einer Zeit, als die Heeresgruppe Nord sich anschickte, Leningrad aus der Bewegung heraus einzunehmen.

Die Aktionen der Zerstörer wurden zum Ärger von Drosd mehrmals durch die viel zu spät eintreffenden Meldungen der Luftaufklärung beeinträchtigt. In einem Fall kamen die Meldungen sogar mit einer sechsstündigen Verspätung, sodass ein Geleitzug erst kurz vor seinem Einlaufen in den schützenden Zielhafen erreicht und dadurch nicht vernichtet werden konnte. Die Meldungen der Luftaufklärung liefen erst über mehrere Instanzen und kamen faktisch auf Umwegen zu denen, für die sie eigentlich bestimmt waren.

Als Frontoffizier setzte Drosd dann eine Direktverbindung mit den Fliegerkräften durch. Da aber die sowjetischen Aktionen in der Rigaer Bucht nach der Aufgabe Tallinns Ende August 1941 eingestellt werden mussten, kam diese Maßnahme nicht mehr zur Wirkung. Mit Bitterkeit musste Drosd erleben, wie die Inseln Ösel und Dagö aufgegeben wurden. Zwar konnten sich die Verteidiger von Dagö noch bis Oktober halten, seiner Meinung nach hätte aber die Baltische Flotte wirksamer eingreifen können, wenn bereits vor dem Krieg das Zusammenwirken mit der Armee bei Verteidigungshandlungen geübt worden wäre.

Die Ursachen für ein solches Versäumnis lagen auf beiden Seiten: Die Armee hielt nicht viel von der Verteidigung, die in den Vorschriften wenig Raum einnahm, und in der Flotte war die Ansicht verbreitet, dass alles, was mit dem Land zu tun hatte – so auch die landseitige Verteidigung der Flottenbasen – eine Angelegenheit der Armee sei. So kam es, dass in der Anfangsphase des Krieges noch nicht einmal klar war, wer mit wem zusammenzuwirken hatte und wer wem zu unterstellen war. Das war mit eine der Ursachen dafür, dass vorgeschobene Basen, wie beispielsweise Libau, früher aufgegeben werden mussten.

Drosd suchte diesen Mangel bei der Verteidigung von Tallinn der Hauptbasis der Baltischen Flotte, dadurch zu vermeiden, indem er den Einsatz seiner Schiffsartillerie mit den Kommandeuren der Armee koordinierte. Die Schiffsartillerie war durch vorgeschobene Beobachter in der Lage, Panzer- und motorisierte Infanteriekolonnen an den Zugängen nach Tallinn wirksam zu bekämpfen.

Als Tallinn am 28. August 1941 aufgegeben werden musste, und sich die Evakuierungsgeleitzüge auf den Weg nach Kronstadt und Leningrad begaben, leitete Drosd von Bord seines Flaggschiffes »Kirow« aus die gefährliche überfahrt durch die Minensperren. Die empfindlichsten Verluste gab es entweder durch Minen im Fahrwasser (Mangels an Räumkräften oder fehlender Mineneigenschutz der Schiffe) oder aber durch das Ausweichen der Schiffe vor deutschen Bombenangriffen, wodurch sie aus dem schmalen Fahrwasser und in die Minensperren gerieten. Wie Admiral Tribuz, so machte auch Drosd aus dem »Himmelfahrtkommando« kein Heldenepos oder Musterbeispiel sowjetischer Seekriegskunst. Heldenmut zeigten eher jene Matrosen und Offiziere, die von Rettungsbooten aus oder, an Leinen gebunden, mit bloßen Händen treibende Minen von den Schiffsrümpfen fernhielten.

Nach der Ankunft der Geleitzüge in Kronstadt und Leningrad übertrug man Drosd am 3. September 1941 das Kommando über ein Geschwader, zu dem die beiden Schlachtschiffe »Marat« und »Oktjabrskaja Revoluzija« gehörten. Dieser Verband umfasste somit alle schwimmenden schweren Artillerieträger der Baltischen Flotte, die entweder in Kronstadt oder auf der Newa lagen. Sie wurden in verschiedene Artilleriegruppen unterteilt, wobei jede einen bestimmten Sektor und bestimmte Feueraufgaben zugeteilt bekam.

Da die Schiffe mit ihrer weitreichenden Artillerie eine wesentliche Stütze der Leningrader Verteidigung bildeten, wurden sie bald zum Hauptangriffsziel für die deutsche Luftwaffe. Einen der ersten Angriffe erlebte Drosd am 19. September 1941 an Bord des Kreuzers »Kirow«. Eine Bombe, die unmittelbar neben der Bordwand einschlug, konnte das Schiff zwar nicht beschädigen, aber der Admiral wurde durch einen Splitter leicht am Kopf verwundet. Etwa eine Woche später setzten deutsche Fliegerbomben das Schlachtschiff »Marat« auf Grund. Die schwere Artillerie des Schiffes konnte jedoch weiterhin genutzt werden.

Im Oktober 1941 erhielt Drosd aus dem Hauptquartier in Moskau den Auftrag, die Garnison der Halbinsel Hanko, die bis dahin den finnischen Angriffen standgehalten hatte, zu evakuieren. Im Gegensatz zu Tallinn hatte sich das sowjetische Oberkommando diesmal entschlossen, die Evakuierung rechtzeitig zu veranlassen, um unnötige Verluste zu vermeiden. Drosd wurde deshalb als Verantwortlicher für die Evakuierung ausgewählt, weil er mit den Gewässern des Finnischen Meerbusens vertraut war, und weil er als umsichtiger, kaltblütiger Kommandeur galt. Diese Aktion, die Vizeadmiral Drosd von Bord des Zerstörers »Stoikij« aus leitete, erfolgte in insgesamt neun Geleitzügen vom 26. Oktober bis zum 2. Dezember 1941. Dabei kamen 23.000 Mann samt ihrer Technik und Bewaffnung nach Leningrad, wo sie in die Verteidigung eingegliedert werden konnten.

Ab Februar 1942 bereitete die deutsche Führung eine spezielle Luftoperation, genannt »Eisstoß«, vor, um die schweren Überwasserschiffe der Baltischen Flotte durch massierte Luftangriffe zu vernichten. Nach erheblicher Verzögerung wurden die Luftangriffe mit über zweihundert Flugzeugen Anfang April 1942 durchgeführt. Infolge der starken Luftabwehr waren nur geringe Schäden zu verzeichnen. Einige Schiffe wurden zwar getroffen, blieben aber weiterhin kampffähig. Das ursprüngliche Ziel, die schweren Artillerieträger auszuschalten, wurde nicht erreicht.

Das ganze Jahr 1942 über konzentrierte sich Drosd mit seinem Geschwaderstab auf den koordinierten Einsatz seiner Artillerie. Der damalige Artillerie-Befehlshaber der Leningrader Front, Generalleutnant Odinow, bezeichnete diese Zusammenarbeit in seinen Memoiren als ein »einzigartiges Beispiel für den klassischen Einsatz von Marineartillerie zur Unterstützung des Heeres«.

Das Leben von Vizeadmiral Drosd endete auf tragische Weise. Am 29. Januar 1943 geriet er mit seinem Kraftfahrzeug, das ihn über eine Eistraße nach Kronstadt bringen sollte, in ein durch Schneeverwehungen verdecktes Eisloch (durch eine Bombe entstanden) und ertrank.

1943 erhielt der Zerstörer »Stoikij«, auf dem Drosd die Evakuierung der Halbinsel Hanko geleitet hatte, seinen Namen. Heute trägt ein großes U-Jagdschiff in der russischen Flotte den Namen »Vizeadmiral Drosd«.

Frolow, Alexander Sergejewitsch
(1902 – 1952)

In Gatschina, unweit von St. Petersburg, wurde Alexander Sergejewitsch Frolow am 21. August 1902 geboren. Über seine Kindheit und frühen Jugendjahre ist nichts bekannt. Die erste Kunde stammt aus dem Jahr 1918, als der sechzehnjährige Soldat in einer Nachrichtenabteilung der Roten Armee wurde. Mit dieser nahm er an den Kämpfen gegen die Truppen des weißgardistischen Generals Judenitsch teil, die Petrograd mit Unterstützung britischer Flottenkräfte zu erobern versuchten und dabei scheiterten. Von 1920 bis 1922 diente er bei der »Tscheka« (Abkürzung für »Allrussische Sonderkommission« – Staatssicherheitspolizei unter Feliks Dzierzynski), die vor allem gegen Banden, Schieber und

Konterrevolutionäre eingesetzt wurde und 1921 auch an der Niederschlagung der Matrosenrevolte in Kronstadt beteiligt war.

Ob freiwillig oder delegiert, jedenfalls kam Frolow 1922 in die Flotte und absolvierte bis 1927 die Seeoffiziersschule »Frunse« in Leningrad. Während seiner Ausbildung trat er 1925 in die Partei der Bolschewiki ein. Seine erste Offiziersdienststellung erhielt er 1927 als Kompanieführer in der Ausbildungsabteilung der Schwarzmeerflotte, einer Art Schiffstammabteilung. Danach war er 1. WO auf einem Minensucher.

Ein Sonderlehrgang für Offiziere der U-Bootwaffe führte ihn 1930 nach Leningrad, wo er erstmals mit dieser Schiffsklasse und ihren Einsatzmöglichkeiten vertraut gemacht wurde. Nach erfolgreichem Abschluss des Lehrgangs kam Frolow als Gehilfe des Kommandanten (1. WO) auf ein U-Boot der Schwarzmeerflotte, reiste aber 1932 bereits wieder nach Leningrad, um einen Sonderlehrgang für Taktik an der Marineakademie zu absolvieren. Im selben Jahr kehrte er nach Sewastopol zurück und wurde zunächst Kommandeur einer U-Bootsabteilung. Bis 1940 kletterte er auf der Karriereleiter nach oben, die ihn vom Stabschef einer U-Bootsbrigade bis zum Brigadechef führte. Die Unterwasserkräfte der Schwarzmeerflotte waren bis dahin zahlenmäßig sowie qualitativ bedeutend angewachsen.

Als Frolow 1930 seinen Dienst als U-Bootoffizier in der Schwarzmeerflotte begonnen hatte, waren zu den bis dahin vorhandenen fünf veralteten Booten drei neue des Typs »Dekabrist« hinzugekommen. 1940 aber, als er bereits Brigadekommandeur war, existierten drei U-Bootsbrigaden mit über 40 Booten verschiedener Größen und Typen. Zehn Jahre Dienst bei den U-Booten ließen ihn zu einem ausgezeichneten Kenner dieser Waffe werden, allerdings musste er vor Beginn des Krieges mit Deutschland eine andere Dienststellung übernehmen. Im September 1940 übergab er die 3. U-Bootsbrigade an seinen Nachfolger Cholostjakow und wurde Stellvertreter des Stabschefs der Schwarzmeerflotte. In diesem Amt erlebte er den Beginn des deutschen Überfalls am 22. Juni 1941, der unter anderem mit einem massiven Angriff der deutschen Luftwaffe auf die Hauptbasis der Schwarzmeerflotte, Sewastopol, eingeleitet wurde.

Bereits im Juli 1941 erhielt Kapitän 1. Ranges Frolow das Kommando über die Marinebasis Noworossisk. Dort traf er als Chef seines Stabes Cholostjakow wieder, der 1940 sein Nachfolger als Chef der 3. U-Bootbrigade gewesen war. Die Marinebasis Noworossisk war eigentlich mit einer selbständigen Flotte »en miniature« vergleichbar, denn dazu gehörten nicht nur eigene Schiffe und Boote, die für die Sicherung des Küstenvorfeldes und des Hafens gebraucht wurden, sondern auch die Küstenbatterien der Umgebung, Luftabwehr- sowie Pioniereinheiten und Versorgungseinrichtungen, also ein weit verzweigter Apparat, der zu führen war. Außerdem hatten im Sommer 1941 bereits Kreuzer und Zerstörer von Sewastopol nach Noworossisk verlegt, um von dort aus Einsätze zur Feuerunterstützung der Verteidiger Sewastopols und zu deren Versorgung durchzuführen. Zudem herrschte im Hafen von Noworossisk und in der vorgelagerten Zemesskij-Bucht ein reger Verkehr von Handelsschiffen und Fischereifahrzeugen. In Noworossisk selbst erfolgte die Einschiffung von Truppen und Technik, die zur Verstärkung auf die Krim und die Halbinsel Kertsch gebracht wurden.

Mitte September 1941 ließ der Befehlshaber der Schwarzmeerflotte, Vizeadmiral Oktjabrskij, den inzwischen zum Konteradmiral beförderten Frolow zu sich rufen. Er teilte diesem mit, dass ihn Volkskommissar Kusnezow zum Befehlshaber der Donau-Flottille ernannt habe und sein erster Auftrag darin bestünde, die Flottille aus dem Seeraum vor Odessa nach Sewastopol zu überführen. Das war leichter gesagt als getan. Die Donau-Flottille, die bis dahin von Konteradmiral Abramow geführt worden war, hatte sich mit den von den Grenzen zurückweichenden sowjetischen Truppen bis zum 19. Juli 1941 ohne eigene Verluste nach Odessa durchgeschlagen. Als der Aufenthalt in und vor Odessa für die zumeist aus Flusskanonenbooten sowie Panzer- und Räumbooten bestehende Flottille zu riskant wurde, hatte sie sich weiter nach Osten zurückgezogen und unterstützte eine Schützendivision, die sich auf der Landzunge Tenderowskaja gegen die zur Krim vorstoßenden deutschen Truppen verteidigte. Da die Flottille in diesem Seegebiet keine Basierungsmöglichkeit hatte und nicht mehr versorgt werden konnte, sollte sie von Frolow nach Sewastopol gebracht werden.

Als der Konteradmiral in der Flottille ankam, stand diese mitten im Kampf. Ohne Zeit zu verlieren, wurden die Boote zur Überfahrt nach Sewastopol zusammengefasst. Einige mussten aber zurückbleiben und von den Besatzungen versenkt werden. Am 24. September 1941 kam die Flottille in Sewastopol an. Von dort aus wurden die Boote nach Taman auf der gleichnamigen Halbinsel überführt und in die nach dort verlegte Flottenbasis Kertsch eingegliedert. Damit hörte die Donau-Flottille auf zu existieren.

Frolow blieb in der neuen Flottenbasis als deren Kommandeur. Von hier aus beteiligten sich die Boote der Basis Kertsch an der Evakuierung der auf die Halbinsel Kertsch zurückgewichenen 51. Armee, die nun über die Straße von Kertsch auf die Halbinsel Taman gebracht wurde. Frolow war für die Evakuierung verantwortlich und hielt während der Aktion vom Hafen Kertsch aus Verbindung mit der Asow-Flottille, die ebenfalls an der Evakuierung beteiligt war.

Hatte Frolow bis dahin eigentlich nur Rückzüge erleben müssen, so erfüllte es ihn und seine Mitstreiter mit Genugtuung, als das Oberkommando für Ende Dezember 1941 anwies, die Landungsoperation Kertsch-Feodossja durchzuführen, um die Verteidiger Sewastopols zu entlasten. Im Rahmen dieser Landungsoperation, deren Hauptlast die Schwarzmeerflotte trug, war neben der Asow-Flottille unter Konteradmiral Gorschkow auch die Marinebasis Kertsch unter Konteradmiral Frolow beteiligt. Dieser hatte die Aufgabe, mit seinen Booten Truppen und Technik im Abschnitt Kamysch-Burun (unterhalb der Stadt Kertsch) an Land zu setzen und für Nachschub zu sorgen. Die Anlandung im Verantwortungsbereich Frolows begann wie an einigen anderen Abschnitten im Osten und Norden der Halbinsel Kertsch am 26. Dezember 1941 und ging trotz stürmischen Wetters erfolgreich vonstatten. Die erste Welle von etwa 1600 Mann konnte in der Folge verstärkt werden, auch durch Truppen, deren Landung weiter südlich nicht möglich war und die nun umdirigiert werden mussten.

Die sowjetischen Streitkräfte konnten sich zwar in Stärke von zwei Armeen im Ostteil der Halbinsel Kertsch festsetzen, der ursprüngliche Plan aber, die deutschen Truppen auf der Halbinsel abzuschneiden und zu vernichten, misslang. Die sowjetischen Truppen hielten sich einige Monate, wurden aber von Mai bis Juni 1942 durch übermächtige deutsche Truppen wieder von der Halbinsel Kertsch verdrängt und mussten an die kaukasische Schwarzmeerküste evakuiert werden. Trotz ununterbrochener Angriffe der deutschen Luftwaffe wurden allein durch Kräfte der Marinebasis Kertsch 11.000 Mann mitsamt der Technik aus dem Kampfgebiet herausgebracht.

Konteradmiral Frolow, der diese Aktion unmittelbar vor Ort leitete, wurde verwundet und musste für kurze Zeit pausieren. Nach seiner Genesung übernahm er noch im Juni 1942 als Chef die Rückwärtigen Dienste der Schwarzmeerflotte und übte diese Funktion bis zum Januar 1943 aus. Dann berief man ihn nach Moskau und übertrug ihm die Verwaltung Unterwasserkräfte im Volkskommissariat der Sowjetflotte. Dort hielt es ihn jedoch nicht am Schreibtisch, denn meistens war er in den Flotten, um dort an Ort und Stelle Erfahrungen im Einsatz der U-Boote auszuwerten und Unterstützung durch den zentralen Apparat zu veranlassen.

Im Herbst 1943 allerdings harrte auf Frolow eine für ihn völlig neue und bis dahin unbekannte Tätigkeit. Auf Vorschlag des Volkskommissars Kusnezow und mit Einverständnis Stalins schickte man ihm im November 1943 nach Algier – als Sachverständiger für Marineangelegenheiten beim Vertreter der UdSSR im Alliierten Konsultativrat für Italien. Dieses Kollektivorgan war auf Beschluss der Außenminister der Anti-Hitler-Koalition im Oktober 1943 mit Sitz in Algier geschaffen worden. In der Folgezeit verlegte man den Sitz nach Palermo, sowie nach Neapel und Rom und folgte damit den Fronten. Die Aufgaben des Konsultativrates, zu denen anfänglich Vertreter der USA und Großbritanniens, später auch aus Frankreich, Griechenland und Jugoslawien gehörten, bestanden darin, alle Fragen und Probleme, die mit der Kriegsführung im Mittelmeerraum zusammenhingen, angefangen von militärischen Operationen bis hin zu politischen Nachkriegsregelungen, zu klären. Die Arbeit in dieser Institution erforderte besonderes diplomatisches Geschick, da die westlichen Alliierten, voran die Briten, versuchten, eine Vormachtstellung im Mittelmeerraum zu erlangen.

Für Frolow als Marinevertreter bezog sich der Aufgabenbereich auf die alliierten Streitkräfte, insbesondere auf die Flotten. Daher hielt er sich oft in den Marinestäben der Alliierten auf und nahm auch an Einsätzen auf Kriegsschiffen im Ligurischen und Tyrrhenischen Meer teil. Im Januar 1944 war er Augenzeuge bei der Landung der Alliierten in Anzio-Nettuno, südlich von Rom, welche das Ziel verfolgte, die nördlich von Neapel verlaufende deutsche Front vom Rücken her aufzubrechen. Als Landungstruppen wurde ein ganzes Armeekorps herangebracht, und als Feuerunterstützungskräfte fungierten vier Kreuzer und mehrere

Zerstörer. Es gelang zwar, die Truppen an Land zu bringen und einen Brückenkopf zu bilden, dabei gingen jedoch zwei Kreuzer verloren. Der Ausbruch aus dem Brückenkopf gelang wegen des deutschen Widerstandes erst vier Monate später, nämlich im Mai 1944.

Zu dieser Zeit war Frolow bereits wieder in Moskau. Dort gab es für ihn einigen Ärger, denn als Volkskommissar Kusnezow mit Stalin über Frolows weitere Verwendung sprach, zeigte sich der Partei- und Staatsführer recht zurückhaltend. Irgendwelche Informanten hatten ihm zukommen lassen, dass Frolow während seines Aufenthaltes bei den westlichen Alliierten allzu oft engere Kontakte gepflegt habe. Stalin war daher misstrauisch geworden, und es dauerte eine Weile, bis er sich eines anderen belehren ließ und sich schließlich einverstanden zeigte, Frolow als Chef des Stabes in die Pazifikflotte zu schicken, die von Admiral Jumaschew geführt wurde und sich auf einen Kriegseintritt gegen Japan vorbereitete.

Frolow wurde zum Vizeadmiral befördert und noch im Juni 1944 in Marsch gesetzt. Im Stab der Pazifikflotte befasste er sich vor allem damit, die Kräfte auf die gegen Japan wahrscheinlichsten Operationen vorzubereiten und das waren Seelandungen, von denen er ja auch im Westen einiges kennen gelernt hatte. Als dann die UdSSR am 9. August 1945 die Kampfhandlungen gegen Japan eröffnete, erlebte Frolow unter anderem die Landungen in den Häfen Nordkoreas, auf Südsachalin und auf den Kurilen.

Nach Beendigung des Krieges im Fernen Osten wurde die Pazifikflotte im Januar 1947 in zwei Teile, in die 5. und 7. Flotte, aufgeteilt. Die 5. Flotte mit ihrer Hauptbasis in Wladiwostok übernahm Vizeadmiral Frolow, die 7. Flotte mit der Basis in Sowjetskaja Gawan am Tatarensund Vizeadmiral Bajkow.

Während seiner Amtszeit als Flottenbefehlshaber wählte man Frolow zum Abgeordneten in den Obersten Sowjet der UdSSR.

Nach drei Jahren gab er das Kommando der Flotte im Februar 1950 an seinen ehemaligen Vorgesetzten, Konteradmiral Kusnezow, ab, der wieder einmal strafversetzt und degradiert worden war. Frolow reiste nach Moskau und lehrte ab 1951 an der Generalstabsakademie.

Seit Jahren bereits gesundheitlich stark angegriffen, verstarb der Vizeadmiral am 9. August 1952, kurz vor Vollendung seines fünfzigsten Lebensjahres in Moskau. Für seine Verdienste waren ihm ein »Lenin-Orden«, drei »Rotbannerorden«, der »Uschakow-Orden« 1. Klasse, der Orden »Roter Stern« und zahlreiche andere Auszeichnungen verliehen worden.

Golowko, Arsenij Grigorijewitsch (1906–1962)

Seine Vorfahren waren ukrainische Kosaken, die sich im Nordkaukasus niedergelassen hatten. Dort wurde Arsenij Golowko am 10. Juni 1906 in der Kosakenstaniza Prochladnaja als Sohn eines armen Bauern geboren. Die Mutter war wie viele Landfrauen damals Analphabetin. Der Familie gehörte ein kleines Stück Land. Aber da kein eigenes Gespann vorhanden war, mussten Arsenij und seine Schwester zusammen mit dem Vater oft bei reicheren Nachbarn und Verwandten arbeiten, um als Gegenleistung Hilfe für die eigene Wirtschaft zu bekommen. Golowko besuchte die Grundschule und ein Jahr lang die höhere Grundschule.

Nach dem Bürgerkrieg trat der Vierzehnjährige 1920 in den Jugendverband Komsomol ein. Dieser schickte ihn 1923 auf die Arbeiterfakultät (eine Vorstudieneinrichtung zur Erlangung der Hochschulreife) an der Universität Rostow am Don. Dort verdiente sich Golowko wie viele seiner Studienkameraden den Lebensunterhalt durch körperlich schwere Arbeit als Schauermann im Rostower Hafen. Nach Beendigung der Arbeiterfakultät wollte er eigentlich Bauer werden, denn die Landwirtschaft sollte unter der Sowjetmacht eine große Zukunft haben.

Er nahm daher 1925 ein Studium an der Timirjasew-Akademie für Landwirtschaft in Moskau auf. Dort sollte sich aber sehr bald eine völlige Wende in seinem Leben vollziehen. Seinem Sohn Michail erzählte er später, dass eines Tages ein hochgewachsener klotziger Mann in Seemannskluft aufgetaucht sei und die Studenten in einer flammenden Rede aufgefordert habe, als Komsomolzen in die Marine zu kommen und die Revolution zu schützen. In der Raucherpause setzte der Mann aus der Flotte noch ein Lob auf die gute Verpflegung in der Marine hinzu, die mit der sonst üblichen nicht vergleichbar sei. Die Folge einer solch eindrucksvollen Werbung war, dass fast alle Studenten zur Marine wollten. Man einigte sich aber darauf, dass das Los entscheiden sollte. Und es traf auch Golowko, der bis dahin keinerlei Ambitionen für die Seefahrt gehabt hatte.

Noch im selben Jahr kam er als Kursant an die Seeoffiziersschule »Frunse« in Leningrad. Als Offiziersschüler trat er 1927 in die Bolschewistische Partei ein. Nach Abschluss der Schulzeit kam Golowko 1928 als Wachoffizier auf den Zerstörer »Frunse« der Schwarzmeerflotte, avancierte aber bald zum 1. WO. Von 1929 bis 1930 diente er als Navigationsoffizier auf dem Kanonenboot »Lenin« und anschließend als Flagg-Navigationsoffizier der Kanonenbootabteilung in der Kaspi-Flottille. Nachdem er 1931 einen Lehrgang für Sperrwesen absolviert hatte, wurde er Sperroffizier und anschließend 1. WO auf dem Zerstörer »Urizki« in der Baltischen Flotte. Bis 1933 hatte er sich zum Flagg-Sperroffizier einer Zerstörerabteilung hochgearbeitet. Eine Zeit lang bildete er sogar als Lehrer Minenspezialisten aus.

Von der Ostsee kam er 1933 in die Pazifik-Flotte die sich gerade im Aufbau befand. Dort wurde Golowko Chef des Stabes der Torpedoschnellbootbrigade. Die Marineakademie in Leningrad besuchte er von 1934 bis 1937. Nach deren Abschluss meldete er sich freiwillig nach Spanien und wirkte dort bis 1938 als Berater des Chefs der Marinebasis Cartagena. In den Kämpfen mit franco-spanischen sowie deutschitalienischen Flieger- und Flottenkräften erhielt er seine Feuertaufe. Für seine Verdienste in Spanien bekam Golowko den »Rotbannerorden«.

Nach seiner Rückkehr aus Spanien wurde er in die Nordflotte versetzt und übernahm das Kommando über die Zerstörerabteilung. Kurz darauf avancierte er zum Chef des Stabes der Nordflotte. Nach seiner ersten kurzen Bekanntschaft mit einem bis dahin unbekannten Seeschauplatz kam es für ihn noch einmal von 1939 bis 1940 zu Zwischenkommandierungen als Chef der Kaspi-Flottille und Chef der Amur-Flottille.

Im Juli 1940 wurde Golowko vom Fernen Osten nach Moskau geholt, wo ihn Stalin im Beisein von Mitgliedern der Parteiführung zum Befehlshaber der Nordflotte ernannte.

Am 7. August 1940 trat er, inzwischen zum Konteradmiral befördert, die Nachfolge von Konteradmiral Drosd an über den sich Stalin abwertend geäußert hatte. Angeblich hatte sich dieser mehr mit widerspenstigen Fischern herumgeschlagen, als für Ordnung und Disziplin in der Nordflotte zu sorgen.

Für den vierunddreißigjährigen Befehlshaber war der neue Aufgabenbereich eine riesige Herausforderung, so riesig wie das Seegebiet, für das seine Flotte nunmehr verantwortlich war und das für sechs Jahre sein Wirkungsbereich werden sollte. Stalin hatte ihn bei seiner Ernennung daran erinnert, dass der nördliche Seeweg im Falle eines Krieges die einzige freie Verbindung zur Außenwelt sein würde, und es daher galt die nötigen Voraussetzungen für dessen Sicherung zu schaffen. Golowko erschien das richtig, aber auch leicht dahin gesagt, wenn er bedachte, über welch geringe Flottenkräfte er zur Zeit seines Amtsantritts verfügte und wie wenige Stützpunkte, Werftkapazitäten und Versorgungseinrichtungen vorhanden waren. Als er die Flotte übernahm, lagen in Murmansk und in dem neuen Stützpunkt Poljarnoje insgesamt nur acht, zum Teil in Reparatur befindliche Zerstörer, 15 U-Boote, 7 Küstenschutzschiffe, 2 Minensucher, 1 Minenleger und 14 kleine U-Boot-Jäger. Die Hälfte aller Überwasserschiffe waren umgerüstete Fischereifahrzeuge. Zur Nordflotte gehörten außerdem 116 Flugzeuge, größtenteils veraltete Typen.

Golowko gefiel der Norden, der ihn schon bei seinem ersten kurzen Aufenthalt 1938 fasziniert hatte. In seinen Memoiren äußerte er sich fast poetisch darüber: »Am Anfang stand der überwältigende Eindruck, den die raue Schönheit des Polargebietes auf mich machte. Alles hier übermannte uns durch seine Wucht und düstere Erhabenheit: die Granitfelsen, die sich nackt oder moosbedeckt und mit Zwergbirken bestanden über der See erhoben; die grandiose Weite des Meeres, das fast ständig bewegt und oft sturmgepeitscht war; die Dauer und das Fantastische der Polarnacht mit dem wundervoll aufzuckenden Nordlicht das den halben Himmel über der kochenden Gischt am Fuße der schwarzen Klippen einnahm; die Grimmigkeit des Unwetters auf See; das Panorama der bläulich schimmernden arktischen Eisfelder unter der monatelang nicht untergehenden Sonne; die Härte und Klarheit all dessen. was den Menschen umgab, ihn anfangs niederdrückte und dann zur Anpassung zwang, zur Suche nach neuen Lösungen. Doch wer allem standhielt, wurde ein echter Seemann.«

Mochten diese Eindrücke für den Betrachter noch zu freudigen Erlebnissen in Friedenszeiten gehört haben, im Krieg wurde die Arktis zu einer harten Belastungsprobe und das in zweifacher Hinsicht: Einmal war es die Auseinandersetzung mit den Naturgewalten, die für Mensch und Schiff nicht selten schon einer wagemutigen Tat gleichkam, und zum anderen war es der Kampf mit einem anfänglich überlegenen Gegner.

Golowko blieb wenig Zeit, um seine Flotte auf die Abwehr des deutschen Angriffs vorzubereiten, obwohl er sich dieser Aufgabe vom ersten Tag seines Amtsantritts an widmete. Im Norden gab es einen freien Zugang zu den Häfen der UdSSR, z.B. nach Murmansk, und von dort aus war es möglich, den Gegner auf seinen Zufahrtswegen mit U-Booten anzugreifen. Golowko erinnerte sich auch daran, was ihm Stalin über die Bedeutung der nördlichen Seewege gesagt hatte. Er war davon überzeugt, dass die deutschen Truppen in Nordnorwegen im Falle eines Krieges gegen die UdSSR unbedingt auf den Nachschub über See angewiesen sein würden. Demzufolge versuchte er in erster Linie, die U-Boote durch Übungen frontklar zu machen. Nach dem Unfall eines seiner U-Boote, das bei einem Tauchmanöver über die maximale Tauchtiefe hinausgeraten und verloren gegangen war, wurde ihm verboten, Tauchübungen in Gewässern durchführen zu lassen, die tiefer als die zulässige Tauchtiefe der U-Boote waren. Für den Vorfall erhielt er einen Verweis. Aber wo gab es in der Barentsee solche seichten Gewässer? Golowko brachte die Zivilcourage auf und überging die Weisung aus Moskau. Das Ergebnis war, dass die U-Boote der Nordflotte bereits am 19. Juni 1941, also drei Tage vor Beginn des Krieges mit Deutschland, einsatzbereit waren.

Wie auf anderen Schauplätzen, so standen auch den Aktionen der Nordflotte strikte Weisungen aus Moskau entgegen, sich angesichts der verschärfter Lage zurückzuhalten und »nicht provozieren zu lassen«. Daher musste sich beispielsweise die

Luftabwehr der Nordflotte oft zähneknirschend zurückhalten, wenn deutsche Flugzeuge ständig den Luftraum verletzten.

Der deutsche Überfall traf die Nordflotte nicht unvorbereitet. In der Anfangsphase wurde allerdings die deutsche Luftwaffe zum Hauptgegner der Flotte. Die Angriffe richteten sich vornehmlich gegen die Basen Murmansk und Poljarnoje. Große Sorge bereitete Golowko daher die Ansammlung von 35 Transportschiffen und etwa 40 Fischereifahrzeugen in der Kola-Bucht, die ein lohnendes Ziel für die deutsche Luftwaffe boten. Es gelang jedoch, sämtliche Schiffe – unter Nutzung der Angriffspausen – einzeln sowie ohne Sicherungsschiffe aus der Bucht herauszubringen und in das Weiße Meer nach Archangelsk zu überführen, wo sie ohne Verlust ankamen.

Die Kräfte der Roten Armee im Hohen Norden waren völlig unzureichend. Trotzdem versuchten sie, den nach Murmansk vordringenden Feind in harten Abwehrkämpfen aufzuhalten. Ohne die Unterstützung der Nordflotte war das jedoch nicht möglich. Auf Weisung Golowkos wurden daher Marine-Infanterieverbände gebildet, deren Stärke durch Freiwillige aus der Flotte und aus den Landdienststellen bald auf 12.000 Mann gebracht werden konnte. Eingesetzt wurden sie an den gefährlichsten Verteidigungsabschnitten, wie auf der Fischerhalbinsel und auf der Halbinsel Srednij. Die Marineinfanteristen, die beim Sturmangriff den Stahlhelm abwarfen und mit Bändermütze sowie in gestreiftem Matrosenhemd aufrecht vorgingen, waren von den deutschen Gebirgsjägern gefürchtet. Große Verluste blieben aber nicht aus.

Golowko, der den Opfermut seiner Marineinfanteristen schätzte, schmerzte es jedoch tief, dass die Flotte dadurch viele gute Leute verlor, die als Spezialisten fehlten. Es dauerte geraume Zeit, um die faktisch über Nacht zu Infanteristen gewordenen Marineangehörigen, die zudem noch in ungewohnten Gebirgsregionen zu kämpfen hatten, an entsprechende Regeln und Kampfesweisen zu gewöhnen und damit unnötige Verluste zu vermeiden. Die Flotte unterstützte die Abwehrkämpfe im Sommer 1941 auch mit Artillerieeinsätzen der Zerstörer und Küstenschutzschiffe, durch Seelandungen im Rücken des Gegners sowie durch den Transport von Menschen und Material. Auf diese Weise gelang es den Truppen der 14. Armee den Gegner mit Hilfe der Nordflotte vor Murmansk zum Stehen zu bringen. Damit war im Norden der deutsche Blitzkrieg gescheitert.

Eine Zeit des Stellungskrieges an der Landfront schloss sich an, die faktisch bis zum Oktober 1944 währte. Die Nordflotte musste sich währenddessen anderen Aufgaben zuwenden, die im Verlauf des Krieges an Bedeutung gewannen: Dazu gehörten die Störung der deutschen Seeverbindungen nach Nordnorwegen sowie die Sicherung der äußeren und inneren Seetransporte. Zur Störung der deutschen Versorgungstransporte längs der nordnorwegischen Küste gelangten sowohl U-Boote als auch Fliegerkräfte der Nordflotte zum Einsatz. In den ersten beiden Kriegsjahren geschah dies noch isoliert voneinander und kostete daher Lehrgeld. In den letztens beiden Kriegsjahren wirkten beide Waffengattungen der Flotte in gemeinsamen Operationen gegen die deutschen Geleitzüge zusammen. Von 1941 bis 1944 konnten durch die U-Boote insgesamt 59 Transporter mit 184.475 BRT versenkt werden.

Mit der Eröffnung des alliierten Geleitzugverkehrs zwischen Island und den Häfen Murmansk und Archangelsk seit Sommer 1941 waren der Nordflotte neue und schwierige Aufgaben erwachsen. Die Transportschiffe wurden zwar im Verlauf des Krieges zunehmend von verbündeten Seestreitkräften gegen die in Nordnorwegen stationierten deutschen Seestreitkräfte und Flugzeuge gesichert, jedoch hatte die Nordflotte in ihrem mit den westlichen Alliierten vereinbarten Zuständigkeitsgebiet ab der Bären-Insel bis in die eigenen Häfen die Hauptverantwortung für die Sicherheit der ankommenden und ablaufenden Geleitzüge zu tragen. Golowko wurde mit seiner Streitmacht, die in den ersten beiden Kriegsjahren einen ernsthaften Mangel an Sicherungskräften hatte, dieser Aufgabe zunehmend gerecht. Das vor allem, nachdem seit 1943 die Überwasserkräfte der Nordflotte durch Zuführungen aus der Pazifikflotte und der Baltischen Flotte, vor allem aber durch den enormen Zuwachs an Flugzeugen aus einheimischer Produktion, verstärkt worden war. Hinzu kamen Überwasserschiffe und Flugzeuge amerikanischer und britischer Herkunft.

Die Nordflotte beteiligte sich an der Sicherung von 40 alliierten Geleitzügen in die nördlichen Häfen der UdSSR und an 36 Geleitzügen, die nach Westen zurückliefen. Die Verluste durch Kräfte der deutschen Kriegsmarine und Luftwaffe waren, insgesamt gesehen, gering und erfüllten nicht die Erwartungen des deutschen Oberkommandos. Die geringsten Verluste waren in dem Verantwortungsbereich der Nordflotte zu verzeichnen. Die Tragödie des Geleitzuges PQ 17, der im Juli 1942 durch deutsche U-Boote und Flugzeuge zwei Drittel seines Bestandes verlor, ereignete sich außerhalb der Operationszone der Nordflotte und war dem Abzug der britischen Deckungskräfte – aus Respekt vor schweren deutschen Überwasserschiffen – zuzuschreiben. Der sowjetischen Seite blieb es lediglich vorbehalten, die heilgebliebenen 11 Transporter aufzusammeln, die in den Bereich der Nordflotte hatten entweichen können.

Abgesehen von diesem tragischen Ereignis, hatte sich während des Krieges eine enge Zusammenarbeit der Führung der Nordflotte mit den verantwortlichen Marinestäben Großbritanniens und der USA entwickelt. Zwischen den Besatzungen der alliierten Kriegs- und Transportschiffe und den Angehörigen der Nordflotte sowie den Hafenarbeitern von Murmansk und

Archangelsk entstanden freundschaftliche Beziehungen. Auf beiden Seiten herrschte die Überzeugung, für eine gemeinsame Sache zu kämpfen und zu arbeiten. Golowko selbst hatte als Befehlshaber der Flotte von Anfang an persönlichen Kontakt mit Vertretern der verbündeten Flotten, von denen sich einige für längere Zeit im Stab der Nordflotte aufhielten, um die Aktionen bei den Geleitüberführungen zu koordinieren.

In seinem Buch »Zwischen Spitzbergen und der Tiksibucht« erinnerte sich Golowko auch an den Besuch zweier hochgestellter Persönlichkeiten des britischen Empires. Als erstes an den britischen Außenminister Eden, der am 13. Dezember 1941 auf dem Kreuzer »Kent« in Murmansk ankam und nach einem kurzen Gespräch mit Golowko per Bahn nach Moskau zu Verhandlungen weiterreiste. Die zweite Persönlichkeit, mit der er Bekanntschaft machte, war der Chef der britischen Homefleet Flottenadmiral Fraser, der am 16. Dezember 1943 mit dem Schlachtschiff »Duke of York«, dem Kreuzer »Jamaica« und vier Zerstörern in Poljarnoje festmachte.

Golowko wunderte sich zunächst, was den Admiral herführte. Zwar hatte er im Oktober 1943 anlässlich eines Rapports bei Stalin erfahren, dass die nach dem Desaster von PQ-17 über einige Monate ausgebliebenen Geleitzüge wieder aufgenommen würden und man sich darauf einzustellen habe. Was aber sollte neben den bereits auf Abruf liegenden Geleitsicherungs- und Deckungsfahrzeugen dieser zusätzliche britische Flottenverband? Admiral Fraser hielt sich diesbezüglich Golowko gegenüber bedeckt. Als der britische Flottenchef dann mit seinem Verband auslief und zu Weihnachten vor dem Nordkap das Schlachtschiff »Scharnhorst« versenkte, das auf einen Geleitzug angesetzt worden war, wurde Golowko klar, was Fraser eigentlich bezweckt hatte.

Die Sicherung der äußeren Seeverbindungswege war eine Haupteinsatzrichtung der Überwasser- und Fliegerkräfte der

Nordflotte. Die inneren Seewege, die über das nördliche Eismeer nach Osten verliefen, waren zwar in der Hauptsache der Weißmeer-Flottille anvertraut, diese wurde aber in vielen Fällen von Kräften der Nordflotte verstärkt und unterstützt.

Im Oktober 1944 hatte die Nordflotte einen sehr wichtigen Auftrag im Zusammenwirken mit den Landstreitkräften zu erfüllen. Der Stellungskrieg im Norden war beendet und das Hauptquartier in Moskau stellte die Aufgabe, die deutsche Gruppierung aus dem Transpolargebiet zu vertreiben. Während der eigens dafür geplanten Petsamo-Kirkenes-Operation machte die Nordflotte zur Unterstützung der Armee alle verfügbaren und geeigneten Kräfte mobil. Zu den Aktionen der Nordflotte gehörten die Störung des deutschen Nach- und Abschubes längs der nordnorwegischen Küste durch U-Boote und Seefliegerkräfte, die Feuerunterstützung der Armee durch Kriegsschiffe, Seelandungen im Rücken des Gegners sowie die Einnahme von Häfen. Hinzu kamen Angriffe von Seefliegerkräften auf Häfen und Feuernester sowie auf Flugplätze und der Transport von Truppen, Technik und Versorgungsgütern. Allein in der Vorbereitungsphase der Operation brachte die Flotte mit fünf Geleitzügen 5.842 Tonnen Munition, über 100 Panzer und Selbstfahrlafetten sowie 153 Geschütze und anderes Material in das Kampfgebiet. Während der Operation wurden über 15.000 Mann und fast 16.000 Tonnen an Nachschubgütern über See herangeschafft.

Die Petsamo-Kirkenes-Operation, an deren Erfolg die Nordflotte einen entscheidenden Anteil hatte, führte zur Befreiung des Petsamo-Gebietes sowie Nordnorwegens und beendete damit den Landkrieg im Hohen Norden.

Die Nordflotte, die 1944 durch die Übernahme eines britischen Schlachtschiffes, eines US-amerikanischen schweren Kreuzers sowie mehrerer mittlerer und kleiner Kampfschiffe verstärkt worden war, beteiligte sich noch bis Ende Mai an der Begleitung alliierter Transportschiffe, die jedoch von den deutschen See- und Luftstreitkräften kaum behelligt wurden.

Golowko, der Ende März 1944 zum Volladmiral befördert worden war, konnte auf seine Flotte stolz sein, denn sie hatte sich im Kampf bewährt. Nie aber konnte er die großen Opfer vergessen, die seine Flotte gebracht hatte. Für den Admiral selbst waren die Jahre als Befehlshaber eine harte und lehrreiche Schule gewesen. Seinem Sohn Michail gegenüber äußerte er später rückblickend, dass er Spanien und den Hohen Norden als die wichtigsten Stationen seines Lebensweges betrachte. Im August 1946 übergab der mit vierzig Lebensjahren noch relativ junge Admiral die Nordflotte seinem Nachfolger, Admiral W. I. Platonow und übersiedelte nach Moskau. Dort arbeitete er bis Februar 1947 als Stellvertreter des Chefs des Hauptstabes der Sowjetflotte und anschließend bis 1950 als Chef des Hauptstabes. Gleichzeitig war er Stellvertreter des Oberbefehlshabers der Sowjetflotte Jumaschew, der den Volkskommissar Kusnezow abgelöst hatte. Als letzterer 1951 wieder in sein Amt zurückgeholt wurde und dem neugeschaffenen Marineministerium vorstand, bekleidete Golowko bei ihm bis 1952 die Funktion des Chefs des Generalstabes der Marine und war gleichzeitig Erster Stellvertreter des Marineministers.

Golowko tat seine Arbeit zwar gewissenhaft und mit gewohntem Engagement, jedoch fühlte er sich fern von der Flotte in einem Ministerium, in dem sich der Papierkrieg breit machte, nicht wohl. Als man ihm daher vorschlug, die Hauptverwaltung der Eismeerschifffahrt zu übernehmen, lehnte er aber ab, weil das eine Zivildienststellung war und er, der sein Leben lang Soldat gewesen war, darin absolut keine Befriedigung sah.

In diesem Zusammenhang muss es wohl dazu gekommen sein, dass man ihm im Sommer 1952 einen Teil der inzwischen in zwei Flotten aufgespaltenen Baltischen Flotte als Befehlshaber übertrug. Dieses Amt übte er bis November 1956 aus.

In diese Zeit fiel im Oktober 1955 ein Freundschaftsbesuch, der Golowko mit einer Schiffsabteilung nach Großbritannien führte. Überrascht und tief bewegt war der Admiral darüber, dass man in der britischen Flotte die Jahre des gemeinsamen Kampfes im Nordmeer nicht vergessen hatte und den sowjetischen Seeleuten mit hohem Respekt und freundschaftlichen Gefühlen begegnete. Das kam nicht nur in der Begrüßungsrede des Befehlshabers der Marinebasis Portsmouth zum Ausdruck, sondern auch in der herzlichen Aufnahme der sowjetischen Schiffsbesatzungen durch die Bevölkerung. Golowko hatte – entgegen den Weisungen aus Moskau – den freien Landgang erlaubt, was die englische Presse dazu veranlasste, einen Vergleich zum sowjetischen Flottenbesuch im Juni 1953 anlässlich der Krönungsfeierlichkeiten von Elisabeth II. herzustellen. Damals hatten die Besatzungen der sowjetischen Schiffe in den Autobussen bleiben müssen und jeder Kontakt mit der Bevölkerung war vermieden worden. Golowko wurde für seine Eigenmächtigkeit gerügt. Der sowjetische Botschafter in Großbritannien, J. A. Malik, meldete jedoch dem Kreml zur Entlastung des Admirals, dass der Flottenbesuch mehr für die sowjetisch-britischen Beziehungen bewirkt habe, als dies die Botschaft bewerkstelligen könne.

Im November 1956 wurde Golowko zum ersten Stellvertreter des Oberbefehlshabers der Sowjetflotte, Gorschkow berufen. In Moskau starb der verdienstvolle Admiral am 17. Mai 1962 kurz vor Vollendung seines 56. Lebensjahres. Der Name »Admiral Golowko« steht am Bug eines russischen Raketenkreuzers.

Gorschkow, Sergej Grigorijewitsch
(1910 – 1988)

Noch zu seinen Lebzeiten galt er unter Zeitgenossen des In- und Auslandes als eine der bedeutendsten Persönlichkeiten der sowjetischen Marine. Scherzhaft und respektvoll nannten ihn einige den »russischen Nelson«. Gemeint waren damit nicht in erster Linie die Verdienste Gorschkows als Kommandeur von Flotteneinheiten im Krieg mit Hitlerdeutschland. Hier stach er sicherlich nicht unter all den anderen Admiralen der Sowjetischen Seekriegsflotte hervor. Vielmehr war es der kluge, weitsichtige und resolute Staatsmann und Stratege in Sachen Marine, der nach dem Krieg drei Jahrzehnte lang entscheidend für den Aufbau einer modernen Flotte wirkte, die neben der Weltseemacht

USA zu einer zweiten Flottenkapazität wurde und seitdem auf allen Ozeanen ihre Flagge zeigte. Wer war dieser Mann, dessen Name selbst der jüngeren Generation von Marineleuten noch frisch im Gedächtnis haftet?

Sergeij Grigorijewitsch Gorschkow wurde am 13. Februar 1910 in Kamenez – Podolsk (Ukraine) als Sohn eines russischen Gymnasiallehrers für Mathematik und Physik geboren. Schon dem Schüler der Mittelschule sagte man nach, dass er das rationale logische Denken und die Fähigkeit, schnell und ohne Umschweife zum Kern einer Sache vorzudringen, vom Vater geerbt habe. Sein Drang zu wissenschaftlichem Denken mag ihn veranlasst haben, 1926 ein Studium an der Physikalischen Fakultät der Leningrader Universität aufzunehmen. Nach Beendigung des ersten Studienjahres aber meldete er sich als Mitglied des Jugendverbandes Komsomol freiwillig zur Ausbildung an die Seeoffiziersschule »M. W. Frunse«. Seine Bordpraxis absolvierte er auf dem Kreuzer »Aurora«. Als Leutnant und Navigationsoffizier kam er 1931 an das Schwarze Meer auf den Zerstörer »Frunse«. In einer Beurteilung aus dieser Zeit wurden seine Tüchtigkeit, seine strengen Maßstäbe für sich und seine Unterstellten, seemännisches Können und Besonnenheit in schwierigen Situationen hervorgehoben. Als seit 1932 der Aufbau der Pazifikflotte vorangetrieben wurde, gehörte Gorschkow zu den jungen Offizieren, die dorthin geschickt wurden, um Kommandos zu übernehmen. Gorschkow tat zuerst Dienst als Navigationsoffizier auf dem Minenleger »Tomsk«, bald danach als Flagg-Navigationsoffizier der Küstenschiff-Brigade. In seiner siebenjährigen Dienstzeit bei der Pazifikflotte durchlief er bis 1939 mehrere Kommandoposten, so als Kommandant eines Küstenschutzschiffes, Kommandant eines Zerstörers und zuletzt als Chef einer Zerstörerbrigade. Als Kapitän 2. Ranges (Fregattenkapitän) kam er 1939 an das Schwarze Meer zurück und übernahm hier ebenfalls eine Zerstörerbrigade. Nach einem

Jahr wurde ihm bereits das Kommando über die Kreuzerbrigade übertragen, die er von seinem Vorgänger Wladimirskij übernahm, der zum Chef des Geschwaders aufrückte und nun sein Vorgesetzter war. Gorschkow verwandte viel Energie, um seine Brigade auf einen Ernstfall vorzubereiten, denn in Europa tobte bereits der Krieg und mit einem Überfall Hitlerdeutschlands und seiner Verbündeten war zu rechnen. Die Schiffe der Brigade übten vor allem die Bekämpfung von Seezielen und die Luftabwehr; alles, was zur damaligen Zeit zur klassischen Zweckbestimmung der schweren Überwasserschiffe als Artillerieträger gehörte, weniger aber den Einsatz der Schiffsartillerie gegen Landziele. Hier gab es kaum Erfahrungen und es fehlte dementsprechend an Vorschriften und Regeln. Sobald jedoch in der Anfangsphase des Krieges mit Hitlerdeutschland klar wurde, dass für die schweren Überwasserschiffe vor allem das unmittelbare Zusammenwirken mit der Armee bei der Verteidigung der Küstenregionen und der landseitigen Verteidigung der Flottenbasen zu einer Hauptaufgabe wurde, drängte Gorschkow auf eine schnelle Organisation des Zusammenwirkens, auf die Festlegung von entsprechenden Regeln für den Artillerie-Einsatz gegen Landziele, wie auf die Einführung unterschiedlicher Signale zur Anforderung der Schiffsartillerie. Er war dafür, dass im Falle eines Einsatzes seiner Artillerieträger der Kommandeur der Landstreitkräfte dem Schiffsverband die Ziele zuweisen sollte. All das brach eigentlich mit den bis dahin geltenden Regeln. Der Krieg stellte neue, bis dahin ungewohnte Aufgaben. Gorschkow gehörte zu denen, die neue Situationen schnell erkannten und flexibel darauf reagierten. Das zeigte sich schon im September 1941 bei der Verteidigung der Flottenbasis Odessa, wo die Schiffe seiner Brigade neben der Anlandung von Truppen an den Flanken des Gegners bei Grigorijewka auch mit ihrer Artillerie in die Abwehrkämpfe eingriffen. Hier wurde das Feuer von Artilleriebeobachtern geleitet, die zusammen mit den Landungstruppen vorgingen. Noch während der Aktion im Raum von Odessa wurde Kapitän 1. Ranges (Kapitän zur See) Gorschkow zum Konteradmiral befördert. Im Oktober 1941 übernahm er als Chef die Asow-Flottille, mit der er während der Landungsoperation Kertsch-Feodossja im Dezember 1941 die Anlandung von etwa 6.000 Mann im Norden der Halbinsel Kertsch sicherstellte. Während des Winters 1941/42 führten die Schiffe seiner Flottille über 80 Einsätze gegen die von deutschen Truppen besetzten Küstenabschnitte des Asowschen Meeres durch. Die Notwendigkeit eines Zusammenwirkens mit der Roten Armee veranlasste Gorschkow, sich intensiv mit den Einsatzgrundsätzen und taktischen Verfahren der Armee vertraut zu machen, denn nur so konnte die Flotte mit der Armee effektiv zusammenarbeiten. Es kam ihm hierbei darauf an, dass der Lage entsprechend entweder dem Befehlshaber der Armee oder der Flotte das Oberkommando einer Aktion zu übertragen war.

Gorschkows Kenntnisse und Befähigung in der Führung von Kampfhandlungen an Land erwiesen sich von Vorteil, als seine Flottille mit der Armee im August 1942 an der Verteidigung der Taman-Halbinsel teilnahm. Er war auch Stellvertreter des Befehlshabers des Noworossisker Verteidigungsraumes und als seine Flottille nach der deutschen Besetzung der Halbinsel Taman aus dem Asowschen Meer an die Kaukasusküste verlegt werden musste, führte Gorschkow im November 1942 zeitweilig sogar das Kommando über die 47. Armee, die bei der Verteidigung des Kaukasus eingesetzt war. Im selben Jahr 1942 wurde der Konteradmiral Mitglied der Kommunistischen Partei der Sowjetunion. Im Februar 1943, als erste Offensiv-Aktionen der Roten Armee auch im Süden der sowjetisch-deutschen Front durchführbar wurden, übernahm Gorschkow erneut das Kommando über die Asow-Flottille, die sich im Herbst 1943 an der Befreiung von Noworossisk, an der Landungsoperation Kertsch-

Eltingen und seit dem Frühjahr 1944 an der Befreiung der Halbinsel Krim beteiligte. Seit April 1944 hatte er allerdings schon nicht mehr das Kommando über die Flottille. Er übernahm die Donau-Flottille, die Ende November 1941 aufgelöst und nun wieder neu formiert worden war, als die sowjetischen Truppen den Dnestr erreicht hatten. Zur Flottille gehörten Panzerboote, Werferboote (Raketenwerfer des Typs »Katjuscha«, die deutscherseits als »Stalin-Orgel« gefürchtet waren), Minenräumboote, Flak-Einheiten und ein Bataillon Marine-Infanterie. Die Donau-Flottille begleitete den Vormarsch der Roten Armee über Rumänien bis nach Wien, wobei sie von Mai bis Dezember 1944, zwanzig taktische Landungen durchführte und die Truppen mit Artillerie unterstützte. Über die Donau und andere Flüsse wurden fast eine Million Mann mit Technik, darunter 1.500 Panzer und Selbstfahrlafetten, mehr als 7.000 Geschütze und Granatwerfer, sowie 450.000 Tonnen Nachschubgüter übergesetzt.

Auf der Donau allein legte die Flottille 2.000 Kilometer zurück und hatte hierbei etwa 600 Minen zu vernichten. Für seine Verdienste als Chef der Donau-Flottille wurde Gorschkow am 25. September 1944 zum Vizeadmiral befördert. Im Januar 1945 gab er das Kommando über die Flottille ab und übernahm als Chef das Geschwader der Schwarzmeer-Flotte. Hier sorgte er u.a. für die Einführung neuer Regelungen in der Qualifizierung seiner Unterstellten, angefangen von den Kommandeuren der Einheiten bis zum Matrosen-Spezialisten. Eine solche Regelung besagte beispielsweise, dass sämtliche Posten erst dann eingenommen werden durften, wenn eine dementsprechende Eignungsprüfung abgelegt worden war, so z. B. die Prüfung zur selbständigen Führung eines Kampfschiffes, eines Gefechtsabschnittes, bis hin zur Bedienung von Maschinen- oder Waffensystemen. Ein solches Reglement existiert noch heute in der russischen Flotte. Unter Gorschkows Leitung entstanden auch neue taktische Einsatzverfahren, vor allem im Zusammenwirken von verschiedenen Schiffsgattungen und Klassen sowie von Flottenkräften mit Fliegerkräften und der Armee. Bereits in seinem Geschwader wuchsen unter seinen Fittichen einige spätere Flottenbefehlshaber heran, darunter Admiral Michailin, der 1967 die Baltische Flotte befehligte und Flottenadmiral Lobow, der 1964 das Kommando über die Nordflotte führte.

Gorschkow avancierte im November 1948 zum Chef der Schwarzmeer-Flotte und war seit 1951 deren Befehlshaber. Im Juli 1955 begann für den Admiral der entscheidenste Abschnitt seines Lebensweges, er wurde 1. Stellvertreter des Oberbefehlshabers der Sowjetflotte Kusnezow und nahm nach dessen Ablösung im Januar 1956 seine Stelle ein. Damit stand Gorschkow auf der höchsten Stufe seiner militärischen Laufbahn, jedoch gleichzeitig an der Schwelle einer qualitativ völlig neuen Etappe in der Entwicklung der sowjetischen Seestreitkräfte. Noch unter seinem Vorgänger war es gelungen, die Führungsspitzen der Partei und des Staates zu veranlassen, über die neuen Perspektiven der Streitkräfte nachzudenken. Das war notwendig angesichts der veränderten Weltlage und der neuen Gegnerschaften, die sich während des kalten Krieges nach 1945 bis zur Mitte der fünfziger Jahre zwischen den Westmächten, mit den USA an der Spitze und den sozialistischen Staaten des Ostens, mit den Großmächten UdSSR und China, verschärft hatten. Für die sowjetische Seekriegsflotte, die während des Vaterländischen Krieges im Wesentlichen zur Unterstützung der Landstreitkräfte in den Küstenregionen gekämpft hatte und in weniger Fällen, wie im Norden, weiter entfernt von den Basen auf den Seeverbindungen gewirkt hatte, standen neue Gegner gegenüber. Das waren vor allem die Seeweltmacht USA und ihre europäischen Verbündeten, die mit ihren Seestreitkräften und einem weltumspannenden Netz von Marine- und Luftwaffenstützpunkten eine völlige Umstellung in der Militärstrategie und im Profil der Streitkräfte, vor allem der Seestreitkräfte, erforderten. Gorschkow musste bei seinem Amtsantritt zwei entscheidende Veränderungen durchleben, die in ihrer Zeitdauer unterschiedlich waren: Die erste Veränderung, die in den Köpfen der Partei- und Staatsspitzen bezüglich des neu zu schaffenden Profils der Seestreitkräfte zu bewirken war, konnte von kürzerer Zeitdauer sein. Die zweite, die Entwicklung einer qualitativ neuen Flotte, durfte zwar im Rüstungswettbewerb mit den westlichen Seemächten nicht zögerlich vonstatten gehen, war aber angesichts der zunächst begrenzten Möglichkeiten der sowjetischen Industrie wenige Jahre nach Beendigung des Zweiten Weltkrieges und seiner Folgen für die UdSSR keine leichte Angelegenheit. Als Gorschkow sein Amt als Oberbefehlshaber der Marine angetreten hatte, schien zwar mit dem Beschluss des Zentralkomitees der KPdSU, der bereits im Mai 1955 über den Aufbau von Raketen-Kernwaffenstreitkräften gefasst worden war, das Wesentliche über die Entwicklungsrichtung der sowjetischen Streitkräfte geklärt zu sein. Auch der Weg zu deren Um- und Neuaufbau schien geebnet. Was die Seestreitkräfte anging, musste Gorschkow aber erst eine ganze Reihe von falschen Vorstellungen und Hemmnissen ausräumen. Einzusehen war, dass alles bisher Vorhandene in der Flotte, ob Schiffe, Technik oder Kriegserfahrung, trotz der neuen Situation nicht sofort über Bord geworfen werden konnte. Die neue Entwicklung musste sich in einem längeren Prozess vollziehen. Ein typisches Beispiel für den Übergangsprozess war unter anderem, dass 1955/56 an den sowjetischen Marinelehranstalten noch Artillerie-Duelle zwischen schweren Überwasserschiffen durchgespielt wurden, während bereits Lehrveranstaltungen über die Grundlagen der Kernphysik, über Raketentechnik und den Schutz vor Massenvernichtungswaffen stattfanden. Mitte der fünfziger Jahre gab es nicht wenige führende Politiker und

Militärs der UdSSR, die angesichts der gewaltigen Vernichtungskraft nuklearer Waffen und deren Reichweite zur Auffassung gelangten, man könne daher auf eine Flotte verzichten. Einige meinten, kernkraftgetriebene Unterwasserschiffe bestückt mit interkontinentalen ballistischen Raketen, die zu den strategischen Raketenkräften des Landes zu zählen waren, würden genügen. Alles andere, was bisher zu den Seestreitkräften gehörte, wie schwere Überwasserschiffe, marineeigene Fliegerkräfte, die Luftabwehr der Marine und die Marineinfanterie, könnten abgeschafft werden. Solche extremen und wirklichkeitsfremden Auffassungen gab es in den Führungsspitzen der Partei und des Staates und wurden auch von einigen hohen Militärs, wie Marschall Shukow, dem damaligen Verteidigungsminister, geteilt. Den Meinungen folgten in der Tat voreilige Weisungen, wie die Verschrottung schwerer Überwasserschiffe, die Eingliederung der Marinefliegerkräfte in die Luftstreitkräfte des Landes, die Abschaffung der Marineinfanterie u.a. Für Gorschkow und seine Mitstreiter in der Führung der Sowjetflotte bedurfte es einer großen Überzeugungskraft und Beharrlichkeit, um in der Auseinandersetzung mit sowohl veralteten traditionellen Auffassungen, als auch mit irrealen futuristischen Vorstellungen über den Platz der Seestreitkräfte und ihre Aufgaben im System der Landesverteidigung aufzuräumen. Wenn es Gorschkow noch relativ schnell gelang, Marschall Shukow von der Notwendigkeit einer modernen Seestreitmacht zu überzeugen, einen Mann, der eigentlich nicht viel für die Flotte übrig hatte, so dauerte die Durchsetzung der Ansichten der Flottenführung bei den Partei- und Regierungsspitzen länger. Seit 1961 hatte Gorschkow hierfür bessere Möglichkeiten, denn er war seit dieser Zeit Mitglied des Zentralkomitees der KPdSU und damit in nächster Nähe des damaligen Parteiführers Chruschtschow und seines späteren Nachfolgers Breschnew. Dem persönlichen Einfluss des Admirals war es zu verdanken, dass sich die Seestreitkräfte der UdSSR bis zum Ende der sechziger Jahre und Anfang der siebziger Jahre von einer Streitmacht des Küstenvorfeldes zu einer Raketen-Kernwaffenstreitmacht entwickelten, die neben Unterwasser- und Überwasserträgern von Kernwaffen, eine eigene Luftwaffe und Marineinfanterie, auch über Artillerieschiffe, kurzum über alle Gattungen und Schiffsklassen, vom Flugzeugträger bis zum Torpedoschnellboot, verfügte. Gorschkow war ein Anhänger der ausgewogenen Flotte, deren wahrscheinliche Einsatzräume bereits in der Projektierung und beim Bau der Schiffe Beachtung zu finden hatten.

Der Oberbefehlshaber der sowjetischen Seekriegsflotte, seit 1965 Flottenadmiral der Sowjetunion, drängte auch stets darauf, dass beim Bau der Schiffe an eine zweckmäßige wie zumutbare Unterbringung der Besatzungen gedacht wurde, was für längere Seeaufenthalte, weit entfernt von den Heimatstützpunkten, außerordentlich wichtig ist. Die Seestreitkräfte erhielten auch neue Führungssysteme, wie überhaupt die gesamte Technik und Organisation mit den neuesten Errungenschaften der elektronischen Steuerungs- und Kommunikationstechnik einherging. Während seines Amtes in einer Zeit des Übergangs vom Kalten Krieg mit seinen Unsicherheiten für den Weltfrieden und angesichts des forcierten Rüstungswettbewerbs zwischen den Militärblöcken in Ost und West und der folgenden Herstellung des militärischen Gleichgewichts zwischen der USA und der UdSSR seit den siebziger Jahren, beschäftigte sich Gorschkow mit einer Reihe militärtheoretischer und praktischer Fragen der Seestreitkräfte. Seine Ansichten fanden ihren Niederschlag in dem Buch »Die Seemacht des Staates« und in mehreren Artikeln für die Marine-Zeitschrift. Sein Interesse für die Seekriegsgeschichte als Quelle für Erfahrungen zeigte sich in seiner Arbeit als verantwortlicher Redakteur für den dritten Band des Marine-Atlas, der das Kartenwerk über die Seekriegsgeschichte vom Altertum bis zur Neuzeit enthält.

Gorschkow war nie Anhänger einer expansionistischen Zweckbestimmung seiner Streitmacht. Vielmehr dienten die Seestreitkräfte der UdSSR gleichermaßen wie die der USA über eine lange Zeit als Mittel atomarer Abschreckung und zur Wahrung des militärstrategischen Gleichgewichts. So war zu Gorschkows Zeiten die Flottenpräsenz der UdSSR auf allen Weltmeeren zu verstehen. Er war ein Staatsmann und Marine-Stratege, der nur das im Rahmen der damals geltenden Militärdoktrin der Sowjetunion tat, was in einer konkreten historischen Situation als notwendig erschien. Ihn beherrschte die Überzeugung, die er nicht selten gegen Vorurteile einiger Kollegen von den Landstreitkräften verteidigen musste, dass die Seestreitkräfte nie als ein Anhängsel der Landstreitkräfte oder lediglich als deren Gehilfe zu betrachten sind. Große Aufmerksamkeit widmete Gorschkow einer hochqualifizierten Ausbildung aller Angehörigen der Marine, angefangen vom Kommandeur bis zum Matrosen. Persönlichen Anteil nahm er an der Erstellung der Lehrpläne, besonders an den zahlreichen Hochschulen der Marine, wie der Akademie, an denen er auch selbst Vorträge hielt.

Seit der Gründung des Warschauer Paktes im Mai 1955 erhielten die im Aufbau befindliche Volksmarine der DDR, die Polnische Seekriegsflotte, die Rumänische und Bulgarische Marine Schiffe und Technik aus der UdSSR. Mehrere Offiziere dieser Marinen wurden an Akademien und Hochschulen in Leningrad, Moskau, Kiew und Baku ausgebildet. Mit den Seestreitkräften des Warschauer Paktes fanden zahlreiche gemeinsame Übungen und Manöver statt. In der Ostsee kam es sogar zur Bildung einer »Vereinten Ostseeflotte«, zu der die Baltische Flotte der UdSSR, die Seekriegsflotte Polens und die Volksmarine der DDR gehörten.

Nach dreißigjähriger Amtszeit als Oberbefehlshaber der Sowjetflotte schied der nunmehr zweifache »Held der Sowjetunion« und mit vielen anderen Orden des In- und Auslands hochdekorierte Admiral der Sowjetunion 1985 im Alter von fünfundsiebzig Jahren faktisch aus dem aktiven Dienst. Gorschkow wirkte noch einige Zeit in einer Gruppe von Generalinspekteuren des Ministeriums für Verteidigung mit. Er verstarb am 13. Mai 1988 in Moskau.

Zum Andenken an ihn trägt ein Flugzeugträger der russischen Flotte seinen Namen.

Isakow, Iwan Stepanowitsch
(1894 – 1967)

Flottenadmiral der Sowjetunion Isakow war eine der herausragendsten Persönlichkeiten der sowjetischen Seekriegsflotte. Er war Militär-Stratege, Wissenschaftler und Literat zugleich, ein Mensch von vorzüglichen moralischen Qualitäten. Nach einer bösartigen Kriegsverwundung wirkte er über zwei Jahrzehnte lang, körperlich schwer behindert, tatkräftig und nachhaltig auf den verschiedensten Gebieten für die Sowjetflotte weiter, denn in ihr war er groß geworden, an ihrem Aufbau hatte er mitgearbeitet und hatte zu ihrer Bewährung im Krieg beigetragen.

Als Sohn eines armenischen Eisenbahntechnikers am 10. August 1894 in der Siedlung Adschikent, im Gebiet Berg-Karabach

(Aserbaidschan) geboren, war ihm keine Marinetradition in die Wiege gelegt worden. Isakow erinnerte sich später daran, in seiner Jugend, faktisch bis zu seinem 19. Lebensjahr, kaum Neigungen zur Seefahrt verspürt und sich nur oberflächlich für die Technik interessiert zu haben. Nachdem die Familie 1903 nach Tiflis umgezogen war, besuchte Iwan Stepanowitsch die dortige Realschule und reiste 1913 nach St. Petersburg, wo er sich als Student in das Technologische Institut einschreiben ließ.

Als 1914 Russland in den Krieg gegen Deutschland eintrat, erfasste ihn wie viele seiner Altersgenossen der patriotische Taumel, an der Seite der französischen Verbündeten für die Ehre Russlands zu kämpfen.

Sicher mag es die Nähe seines Studienortes zur See und zur Marine gewesen sein, die ihn bewog, sich als Seeoffizier ausbilden zu lassen und möglichst bald an den Feind zu kommen. Neu war, dass angesichts des gestiegenen Bedarfs an Offizieren im Kriegsfall auch in der Marine Schulen für Angehörige unterer sozialer Schichten zugänglich waren. Isakow empfand das als Glücksfall, denn wie viele seiner Mitschüler hatte er eine Abneigung gegen die meist arroganten Sprösslinge des Adels, die den größten Teil des Offizierskorps bildeten. Seine Ausbildung begann er an der Seeoffiziersschule noch am 18. November 1914 und absolvierte 1915 bereits sein Bordpraktikum auf dem Zerstörer »Wlastnik« sowie auf dem Transporter »Ksenija« in der Pazifik-Flotte. Auch die Bekanntschaft mit U-Booten gehörte zum Ausbildungsprogramm. Während der Februar-Revolution 1917 stand Isakow, nun bereits zum Marinefeldwebel befördert, kurz vor dem Abschluss der Offiziersschule. Bis dahin hatte er kaum eine engere Berührung zur Politik.

Im April 1917 wurde der frischgebackene Fähnrich Isakow nach Reval (Tallinn) kommandiert, um sich zum Dienst auf dem fertiggestellten Zerstörer »Isjaslaw« vorzubereiten. Mit diesem

Schiff nahm er als Wachoffizier im Oktober 1917 an den Kämpfen gegen deutsche Schiffe bei den Moonsund-Inseln teil. Danach stand der Zerstörer als Vorposten im Finnischen Meerbusen. Die Oktoberrevolution 1917 und den Sturz der Kerenski-Regierung erlebte Isakow in Helsingfors (Helsinki). Dort wählte ihn die Besatzung seines Zerstörers zum 1. WO, nachdem der größte Teil der Schiffsoffiziere das Weite gesucht hatte.

Im Frühjahr 1918 verlegte der Zerstörer, zusammen mit dem Großteil der ehemaligen zaristischen Ostseeflotte, durch den stark vereisten Meerbusen nach Kronstadt. Dort nahm Isakow 1919 an einem Ausbildungskurs für das Minenräumen teil und wurde anschließend als 1. WO auf das Küstenschutzschiff »Kobtdschik« versetzt, das sich während der Offensive des weißgardistischen Generals Judenitsch gegen Petrograd im Vorpostendienst auf dem Finnischen Meerbusen befand.

Das Vorgehen weißgardistischer Truppen auf Petrograd wurde von See her durch britische Überwasserkräfte und U-Boote unterstützt. Am gefährlichsten waren die britischen Schnellboote, die versuchten, zur Reede von Kronstadt durchzubrechen, um dort Schiffe der Baltischen Flotte anzugreifen.

Am 18. August 1919 wehrte das Küstenschutzschiff Isakows zusammen mit dem Zerstörer »Gawriil« einen Angriff der Schnellboote ab. Isakow erhielt zum Andenken ein Wrackteil eines Angreifers, der von beiden Schiffen versenkt werden konnte. Ende 1919 waren die Kämpfe auf und an der Ostsee beendet. Der Schwerpunkt der Auseinandersetzungen mit den Weißgardisten und den ausländischen Interventionstruppen hatte sich nach dem Süden des Landes verlagert. Dorthin wurde auch Isakow beordert. Fast das ganze Jahr 1920 über blieb das Kaspische Meer sein neuer Wirkungskreis. Dort war er zunächst als Kommandant des Zerstörers »Dejadelnij« und gleichzeitig als Flaggspezialist für Sperrwaffen (Legen und Räumen von Minensperren im

Operationsbereich der Wolga-Kaspi-Flottille) tätig. Im Mai 1920 gehörte Isakows Zerstörer zu dem Schiffsverband, der für die Anlandung von Truppen und die Einnahme des persischen Hafens Enseli (an der Südküste des Kaspischen Meeres) zu sorgen hatte, um die dorthin geflüchteten feindlichen Truppenreste zu vertreiben. Noch im selben Jahr kehrte Isakow an die Ostsee zurück. Dort durchlief er verschiedene Kommandos, zuerst als Kommandant des Minensuchers »Jakor«, dann als 1. WO auf dem Zerstörer »Pobeditelnij«.

Auch auf dem Zerstörer »Isjaslaw« war er für eine Zeit lang sowie als Leiter des Minensprengkommandos auf dem Eisbrecher »Purga«. Im Finnischen Meerbusen lauerten noch zahlreiche Minen aus dem Weltkrieg, die nunmehr geräumt oder durch Sprengung vernichtet werden mussten. Bei dieser Arbeit hatte sich Isakow eine gefährliche Erkältungskrankheit zugezogen und wurde daher auf Anraten der Ärzte im März 1922 nach Süden, an das Schwarze Meer, versetzt. Dort übernahm er einen für ihn bis dahin völlig fremden Verantwortungsbereich, er wurde Chef der Küstenverteidigung an der Kaukasusküste und war gleichzeitig für den Nachrichten- und Beobachtungsdienst zuständig. Als vielseitig interessierter und vor allem pflichtbewusster Mensch fand er sich bald in diesem Metier zurecht. Ein Jahr später, 1923, übernahm er die Operativ-Abteilung im Stab der Schwarzmeer-Flotte. Neben dieser Funktion kümmerte sich Isakow insbesondere um die Arbeit in der Gesellschaft für Militärwissenschaft, die sich unter anderem mit der Erforschung und Auswertung früherer Seekriege beschäftigte. Hierbei entdeckte und entwickelte er seine Neigung zur wissenschaftlichen und publizistischen Tätigkeit.

Trotzdem zog es ihn immer wieder an Bord von Schiffen. Daher übernahm er 1924 als Kommandant den soeben fertiggestellten Zerstörer »Korfu«, der später in »Schelesnjakow« umbenannt wurde und 1925 den Zerstörer »Petrowskij«.

Isakow gehörte damals bereits zu den bekannten Persönlichkeiten in der Flotte, denen ob ihrer Führungsqualitäten eine steile Karriere bevorstand. Auf einer Tagung des Obersten Militärrates im Jahre 1926, zu der er als Referent geladen war, hatte er durch einen Vortrag über die Verteidigung von Marinebasen auf sein Talent als Militär und Wissenschaftler aufmerksam gemacht.

Der spätere Marschall Schaposchnikow, damals Truppen-Befehlshaber des Moskauer und des Leningrader Militärbezirks, hatte sich den Namen des begabten Offiziers gemerkt. Als Schaposchnikow ab 1928 Stabschef der Roten Armee wurde, holte er Isakow, der von 1927 bis Juni 1928 einen Lehrgang für höhere Offiziere an der Marineakademie in Leningrad absolviert hatte, als Mitarbeiter seiner Operativ-Abteilung nach Moskau. Dort eignete sich Isakow Fertigkeiten und Erfahrungen bei der Erarbeitung und im Umgang mit Stabsdokumenten an und konnte sich vor allem seinem Steckenpferd, der Organisation des Zusammenwirkens zwischen Armee und Flotte widmen. Gerade diese Erkenntnisse nutzte er später im Krieg als Beauftragter des Hauptquartiers für die Koordinierung von Handlungen der Teilstreitkräfte und Waffengattungen. Seine Neigung zur wissenschaftlichen Betätigung und der Wunsch, sein umfangreiches Wissen weiterzugeben, führte ihn nach etwa zweijähriger Stabsarbeit 1932 als Lehrer an die Marineakademie nach Leningrad. Dort lehrte er bis 1933 Strategie und operative Kunst. Während seiner Lehrtätigkeit interessierte ihn auch die Bedeutung des seit 1930 im Bau befindlichen Ostsee-Weißmeerkanals. Die Vorteile einer volkswirtschaftlichen und militärstrategischen Nutzung dieses Bauwerks beschrieb Isakow 1932 in der Zeitschrift »Morskoj sbornik«. Nicht zu übersehen war, dass sich durch das neue Wasserstraßensystem die Wegstrecke von der Ostsee bis in die Barentsee und das Weiße Meer um 4.000 Kilometer verkürzte und sich damit die Möglichkeit eröffnete, vom Nördlichen Eismeer quer durch die UdSSR bis zum Kaspischen Meer zu gelangen, ohne den weiten Weg um Skandinavien herum wählen zu müssen.

Noch während der letzten Arbeiten zur Fertigstellung des Kanalsystems wurden im Mai 1933 nacheinander zwei Schiffskolonnen aus der Ostseeflotte zur Nordflotte überführt, die den Grundstock für den Aufbau der Nordflotte bildeten. Verantwortlicher Leiter der beiden Überführungen (bekannt unter der Bezeichnung EON-1 und EON-2) war Isakow, der für die erfolgreiche Aktion den Orden »Roter Stern« erhielt.

1933 wurde Isakow Chef des Stabes der Baltischen Flotte, die zu dieser Zeit M. Galler befehligte. Beide verstanden sich vorzüglich und arbeiteten gut zusammen. Besonders kümmerte sich Isakow um die Schulung der untergeordneten Stäbe und Kommandeure. Während der Sommerübung kam es am 25. Juli 1935 zu einem bedauerlichen Vorfall. Isakow befand sich zusammen mit dem Volkskommissar für Verteidigung Woroschilow an Bord des Schlachtschiffes »Marat«, als in geringer Entfernung vor dem Bug das U-Boot »B-3« auftauchte, das ursprünglich den Auftrag hatte, den Kurs des Schlachtschiffes zu kreuzen, um es von der anderen Seite her anzugreifen. Woroschilow drängte den Kommandanten der »Marat«, den Kurs beizubehalten, obwohl dieser Hartruder gehen wollte, um eine Kollision zu vermeiden. Das U-Boot wurde gerammt, es sank mit 55 Mann, darunter Offiziers-praktikanten. Isakow, der dem als »eisernen Klim« bekannten Volkskommissar und seemännischen Laien Unannehmlichkeiten ersparen wollte, nahm als ältester Seeoffizier die Schuld auf sich und wurde als Stabschef abgelöst.

Woroschilow vergaß dies Isakow nicht. Seitdem zeigte der sonst schwer zugängliche Volkskommissar und Marschall seinem Helfer gegenüber freundschaftliche Gefühle. Beide wirkten später im Krieg an der Nordwest-Front bei der Verteidigung

Leningrads zusammen. Zunächst aber nahm Isakow nach seiner Ablösung als Stabschef am 20. August 1935 erneut eine Tätigkeit als Lehrer, dann als Leiter des Lehrstuhls Strategie und operative Kunst an der Marineakademie in Leningrad auf, die bis zum Januar 1937 währte. Während dieser Zeit promovierte er mit einer Arbeit über die Operation der Japaner zur Einnahme der deutschen Flottenbasis Tsingtau (China) 1914. Damit erwarb er den Titel eines Kandidaten der Seekriegswissenschaften (entspricht dem Doktor eines Wissenschaftszweiges) und wurde zum Dozenten berufen. Neben der Dissertation entstanden mehrere Arbeiten, unter anderem »Der deutsche Admiralstab und sein Erbe«, meistens aber Artikel für Zeitschriften. Außerdem beteiligte er sich an der Erarbeitung einer Vorläufigen Gefechtsvorschrift der Flotte (»Vremennij ustav woennomorskich sil 1937«).

Am 25. Januar 1937 übernahm Isakow wieder den Stab der Baltischen Flotte und wurde bald darauf, am 15. August 1937, deren Chef. Den Dienstgrad Flaggmann 2. Ranges (Konteradmiral) erhielt er vierzehn Tage später, am 1. September 1937. Im selben Jahr gehörte er zu den Abgeordneten des Leningrader Gebietes im Obersten Sowjet der UdSSR. Bereits im Januar 1938 avancierte Isakow zum Stellvertreter des Chefs der Sowjetflotte und wurde damit gleichzeitig Mitglied des Obersten Militärrates. Am 17. Februar 1938 erhielt er seine Beförderung zum Flaggmann 1. Ranges (Vizeadmiral) und etwa eine Woche später den Lenin-Orden. Bis April 1939 übernahm er als Chef die Marineakademie in Leningrad und wurde, nachdem N. G. Kusnezow das Volkskommissariat der Sowjetflotte übernommen hatte, dessen Erster Stellvertreter. Offensichtlich war ihm dieses Amt übertragen worden, um Kusnezow unmittelbar zur Seite zu stehen, der als jüngerer Offizier in einer solch verantwortungsvollen Position noch nicht die Übersicht besaß.

Im Mai 1939 reiste Isakow an der Spitze einer Regierungsdelegation in die USA, und sah sich dort in der Werftindustrie um. Nach seiner Rückkehr trat er im August 1939 in die Kommunistischen Partei ein. Als Erster Stellvertreter des Volkskommissars oblag ihm die Aufsicht über alle Verwaltungen des Volkskommissariats, die für die verschiedensten Fach- und Sachbereiche der Seestreitkräfte verantwortlich waren. Sein besonderes Augenmerk galt dem Schiffbau sowie der Kontrolle aller Lehreinrichtungen, insbesondere der Marineakademie, an der er vorher gewirkt hatte.

Der Beginn des Zweiten Weltkrieges und die Okkupation Polens im September 1939 hatten der sowjetischen Führung die Möglichkeit eröffnet, auf der Grundlage des geheimen Zusatzabkommens zum Nichtangriffspakt mit Deutschland vom August 1939, Verhandlungen mit den Regierungen der Baltischen Republiken zu führen, um die militärstrategischen Positionen der UdSSR durch die Gewinnung vorgeschobener Stützpunkte für die Flotte und zur Stationierung von Truppen zu verbessern.

Isakow verhandelte im Oktober 1939 mit der estnischen Regierung über die Stationierung von Einheiten der Baltischen Flotte in Tallinn. Dieser Hafen konnte damit bereits als Flottenbasis genutzt werden, noch bevor Estland Anfang August 1940 völlig in die UdSSR einverleibt wurde.

Während des sowjetisch-finnischen Winterkrieges von Dezember 1939 bis März 1940 schickte das Hauptquartier Isakow als Beauftragten nach Kronstadt, um von dort aus die Aktionen der Baltischen Flotte und der Roten Armee zu koordinieren. In Anerkennung seines Einsatzes erhielt er den Rotbanner-Orden und wurde am 4. Juli 1940 zum Volladmiral befördert. Im November desselben Jahres übernahm er als Chef den Hauptstab der Sowjetflotte und leitete nebenbei die Redaktion für die Gefechtsvorschrift der Seestreitkräfte 1941, die auch den trüben

Erfahrungen des sowjetisch-finnischen Winterkrieges Rechnung zu tragen versuchte.

Mit dem Überfall Deutschlands und seiner Verbündeten am 22. Juni 1941 begann auch für Isakow ein völlig neuer und verantwortungsvoller Aufgabenbereich. Als Chef des Hauptstabes fungierte er ab diesem Zeitpunkt eigentlich nur noch formal. Vorwiegend war er als Vertreter und Beauftragter des Hauptquartiers, oft auf persönliche Weisung Stalins, an den Brennpunkten der Fronten unterwegs, um die Handlungen der Roten Armee mit den Flotten auf den verschiedenen Schauplätzen zu koordinieren. So hielt er sich im Sommer und Herbst 1941 an der Nordwestfront auf, die Marschall Woroschilow befehligte. Dort verlor er am 25. September in der vordersten Linie bei Schlüsselburg am Ladoga-See durch eine Verwundung das Gehör auf dem linken Ohr.

Als Leningrad von deutsch-finnischen Truppen ringsum eingeschlossen war, organisierte Isakow zusammen mit dem Stab der Baltischen Flotte die legendäre »Straße des Lebens« über den Ladoga-See, über die im Sommer mit Schiffen und im Winter bei starkem Eis mit Kraftfahrzeugen die Versorgung der Stadt an der Newa mit Lebensmitteln, Waffen und Munition erfolgte und auf dem auch Evakuierungs- und Verwundetentransporte in das Hinterland stattfanden.

Im Dezember 1941 versuchten Truppen der Roten Armee sowie Schiffe der Schwarzmeer-Flotte und der Asow-Flottille einen Plan zu verwirklichen, an dessen Idee Isakow mitgewirkt hatte. Sie landeten an verschiedenen Abschnitten der Halbinsel Kertsch, die Hauptkräfte aber direkt im Hafen von Feodossja, um die Verteidigung der Hauptbasis Sewastopol zu entlasten. Das gelang allerdings nur zeitweilig und unter empfindlichen Verlusten an Menschen. Solange die Versorgung Sewastopols über Seeaufrechterhalten werden konnte und sich schwere Artillerieträger der Schwarzmeer-Flotte an den Abwehrkämpfen beteiligten, konnte sich die Seefestung behaupten.

Sie trotzte mehreren Sturmangriffen, bis sie Anfang 1942 aufgegeben werden musste, als der Gegner im Sommer 1942 begann, nach der Niederlage vor Moskau (Dezember 1941) und dem Scheitern seiner Blitzkriegsstrategie, seine Hauptstoßrichtung nach Süden zu verlegen, um an das Erdölgebiet am Kaspischen Meer zu gelangen.

Seit dieser Zeit hielt sich Isakow im Auftrag des Hauptquartiers an der kaukasischen Front auf. Mit dem Vordringen der deutschen Truppen über die Taman-Halbinsel bis in den Kaukasus wähnte sich der deutsche Generalstab seinem Ziel sehr nahe. Die Verteidigung des Hafens Noworossisk mit zwei Armeen, einer Schützendivision sowie mit Kräften der Schwarzmeer-Flotte und der Asow-Flottille gegen die deutsche 5. Armee und ein rumänisches Kavallerie-Korps ließ den Plan des deutschen Oberkommandos scheitern, von Noworossisk aus längs der Schwarzmeerküste nach Batumi vorzustoßen. Die Angreifer mussten am 26. September 1942, nachdem sie bis zur Südostgrenze von Noworossisk vorgestoßen waren, zur Verteidigung übergehen. Kurz danach erlitt Isakow am 4. Oktober bei einem Aufenthalt in der vordersten Linie eine schwere Verwundung am linken Oberschenkel. Da Wundbrand hinzugekommen war, blieb als einzige Überlebenschance die Amputation des linken Beines. Der Admiral schwebte lange Zeit in Lebensgefahr und die Ärzte, die ihn schon aufgegeben hatten, wunderten sich, dass Isakow alles überstand. Nach einer längeren Genesungsphase erhielt der Admiral, der nicht ein ins Abseits gestellter Invalide sein wollte, den Auftrag, als Mitglied einer Regierungskommission den Seekrieg auszuwerten. Dieser bot ja ab September 1939 bis zum Sommer 1943 auf allen Seeschauplätzen in Europa, auf dem Atlantik und im Pazifik genügend Ereignisse, die man einer kritischen Betrachtung unterziehen konnte. Unter anderem entstanden auf diese Weise Isakows Beiträge »Das Abenteuer der deutschen Seestrategie« und »Die Landung in Dieppe« (jener misslungene Versuch der westlichen Alliierten im August 1942, an der französischen Kanalküste einen Brückenkopf zu bilden und so die Stärke der deutschen Landungsabwehr zu testen). Isakow, der im Juli 1944 für seine Leistungen während des Krieges zum Flottenadmiral befördert worden war, beschäftigte sich bis nach dem Krieg hauptsächlich mit militärwissenschaftlichen Arbeiten. Von 1944 bis 1945 entstand sein Buch »Die Seekriegsflotte der UdSSR im Vaterländischen Krieg«, das lange Zeit an den Ausbildungsstätten der Sowjetflotte als Lehrbuch diente. Nicht minder wichtig war für ihn die Mitarbeit in einer Regierungskommission, die sich mit den Bedingungen beschäftigte, die sowjetischerseits an Deutschland im Falle einer Kapitulation zu stellen waren.

Am 11. Februar 1946 kehrte Flottenadmiral Isakow nochmals für ein Jahr als Chef in den Hauptstab der Sowjetflotte zurück, wurde dann aber am 19. Februar 1947 aus gesundheitlichen Gründen von dieser Funktion entbunden. Er blieb jedoch im Hauptstab als Stellvertreter des Oberbefehlshabers der Sowjetflotte, verantwortlich für das neueingerichtete Ressort »Erforschung und Nutzung der Lehren des Zweiten Weltkrieges«.

Im April 1947 wurde er Mitglied der Geographischen Gesellschaft der UdSSR und im Mai Chefredakteur für die Erarbeitung des dreibändigen Marineatlasses. Von Ende 1947 bis Anfang 1950 wirkte der Flottenadmiral in verschiedenen anderen Positionen, angefangen von einer Professur für Strategie und operative Kunst an der Marineakademie über die Mitgliedschaft im Militärrat beim Oberbefehlshaber der Sowjetflotte bis hin zur Arbeit im wissenschaftlich-technischen Rat der Flotte. So hoch auch seine wissenschaftlichen Leistungen einzuschätzen waren – im März

1951 erhielt er für den Marine-Atlas den Staatspreis der UdSSR –, frei von Fehleinschätzungen war auch Isakow nicht. Von den Flugzeugträgern beispielsweise, die sich während des Zweiten Weltkrieges vielfältig bewährt hatten, hielt er gar nichts und bezeichnete sie als »schwimmende Särge«. Damit teilte er zwar die Meinung Stalins und dessen Mitarbeiter, stand aber im Gegensatz zur Mehrheit der sowjetischen Flottenführung unter Kusnezow.

Am 28. Februar 1950 trat Isakow aus gesundheitlichen Gründen in den Ruhestand. Als Pensionär befasste er sich zwar weiterhin mit wissenschaftlicher Arbeit, hielt es aber trotz seiner angeschlagenen Gesundheit nicht zu Hause aus. Seine ungewöhnliche Lebensenergie und die feste Überzeugung, noch gebraucht zu werden, ließen ihn 1952 das Amt eines Stellvertreters des Ministers für die Handelsflotte übernehmen. Ab Oktober 1954 arbeitete er als Mitglied in der Geographischen Kommission der Akademie der Wissenschaften der UdSSR. Nach seiner Beförderung zum Flottenadmiral der Sowjetunion im März 1955 bekleidete dieser außergewöhnlich tatkräftige Mensch noch einige wichtige Funktionen: Von Februar 1956 bis 1958 war er Mitarbeiter im Ministerium für Verteidigung der UdSSR; ab 1958 leitete er eine Inspektionsgruppe des Ministeriums für Verteidigung; im selben Jahr wurde er korrespondierendes Mitglied des Schriftstellerverbandes, wofür über einhundertsiebzig Publikationen sprachen. Sein Lebenswerk im Dienste der Marine sowie der Wissenschaft und Literatur wurde am 7. Mai 1965 mit dem Titel »Held der Sowjetunion« gewürdigt. Iwan Stepanowitsch Isakow verstarb am 11. Oktober 1967 in Moskau.

Seinen Namen trägt heute ein großes U-Jagdschiff der russischen Flotte.

Jumaschew, Iwan Stepanowitsch (1895 – 1972)

Die wenigste Zeit seiner militärischen Laufbahn verbrachte er an Land. Er war ein Seemann von der Pike auf und besaß große praktische Erfahrung. In der Theorie der Seekriegswissenschaften bezeichnete er sich selbst als Autodidakten, da er weder an einer Seeoffiziersschule noch an der Marineakademie einen vollen Kurs durchlaufen hatte, und trotzdem führte seine Karriereleiter bis zum Marineminister der UdSSR.

Iwan Stepanowitsch Jumaschew wurde am 27. September 1895 in der georgischen Hauptstadt Tbilissi geboren. Der Vater war Eisenbahnbeamter, verstarb aber früh. Iwan, der bereits fünf Jahre auf dem Gymnasium absolviert hatte, musste diese Einrichtung daher mangels Schulgeld verlassen und sich in einem Zementwerk sein Brot verdienen. Bald aber verließ er Tbilissi und reiste nach Kapustin Jar im Gebiet Astrachan, der Heimat seiner Mutter. in der Hoffnung, sich dort besser durchschlagen zu können. Als er aber erfuhr, dass man in Kronstadt zum Schiffsjungen ausgebildet werden konnte, reiste er 1912 dorthin und wurde in die Schiffjungenschule aufgenommen.

Er erhielt vor allem eine Ausbildung als Artillerist und war beim Ausbruch des Ersten Weltkrieges bereits Maat. Während des Krieges diente er als Kommandant eines Geschützturmes auf dem Kreuzer »Bogatyr«. Jumaschew war ein vielseitig interessierter Mann, der sich nicht mit Kenntnissen über die Artillerie begnügte. Er kannte sich auch in Schiffsmaschinen und in der Schiffselektrik aus. Sehr frühzeitig hatte er sich politisch engagiert.

Wegen seiner Autorität sowie seiner Beliebtheit unter den Matrosen wählte man ihn während der Februarrevolution 1917 zum Vorsitzenden eines Schiffskomitees. Nach der Oktoberrevolution trat er in die Partei der Bolschewiki ein, musste aber wegen Krankheit erst einmal die Marine verlassen und reiste nach Kapustin Jar, von wo er 1912 nach Kronstadt aufgebrochen war. Dort angekommen hielt es ihn jedoch nicht lange zu Hause. Sobald er wieder auf den Beinen war, beteiligte er sich an der Niederschlagung der Konterrevolution in Astrachan und diente von 1919 bis 1920 als Freiwilliger in der Astrachan-Wolga-Flottille.

Nach Beendigung der Kampfhandlungen im Süden des Landes kehrte Jumaschew nach Kronstadt zurück, befehligte von Ende 1920 bis 1921 eine Batterie auf dem Schlachtschiff »Petropawlowsk«, und avancierte zum Zweiten Offizier des Schiffes. Die Meuterei eines Teils der Kronstadter Garnison im Frühjahr 1921 hatte auch das Schlachtschiff erfasst und Jumaschew gehörte zu denen, die von aufgebrachten Matrosen arretiert worden waren.

Der Gefahr, exekutiert zu werden, entging er nur dadurch, dass der Aufstand rasch niedergeschlagen werden konnte. Am 18. März 1921 konnte er seinen Dienst als Zweiter Offizier auf dem Schlachtschiff, das nunmehr in »Marat« umbenannt worden war, wieder aufnehmen.

In Gefolge der Kronstädter Meuterei wurden in der Baltischen Flotte umfangreiche Säuberungen unter den Besatzungen durchgeführt. Auf die Schiffe kamen jüngere Leute aus der Jugendorganisation Komsomol, die als politisch zuverlässig galten und frisches Blut in die Flotte bringen sollten. Auch auf der »Marat« zeigten sich neue Gesichter. Zu ihnen gehörte der spätere Admiral J. Pantelejew, der sich bereits während des Bürgerkrieges als Kommandeur einer Komsomolabteilung bewährt hatte und nun im April 1922 als Steuermann auf das Schlachtschiff versetzt wurde. Dort traf er erstmalig mit Jumaschew zusammen, der ihn in sein Amt einwies. In seinen Memoiren »Mein Leben für die Flotte« gibt Pantelejew seinen Eindruck von der Persönlichkeit Jumaschews folgendermaßen wieder: »Iwan Jumaschew war schlicht und zugänglich. Er hatte eine Donnerstimme und unglaublich starke Hände. Drückte er einem die Hand, so schienen dabei alle Knochen zu krachen. Er fasste sich stets kurz, äußerte sich klar und konnte kein Geschwätz vertragen. Jumaschew war der allgemeine Liebling der Besatzung. Der Erste Offizier und der Kommandant achteten ihn sehr.«

Diese Charakteristik Pantelejews könnte eigentlich für den gesamten Lebensweg Jumaschews gelten. Zu ergänzen wäre sie lediglich dadurch, dass sich das Wesen Jumaschews im Kern auch nicht veränderte, als er die höchsten Sprossen der Kommandeursleiter erklommen hatte. Er blieb der einfache, umgängliche Mensch, der durch Erfahrung reicher, aber sich nie als »einer von Oben« fühlte, der die »nötige Distanz« zu den Untergebenen spüren ließ. Typisch für ihn, der keine Offiziersschule absolviert hatte, war, dass er sich mit Verbissenheit mühte, das theoretische Rüstzeug für einen Seeoffizier zu erwerben. Das war ihm natürlich als Autodidakt nicht möglich.

Besonders bekümmerte Jumaschew der Mangel an nautischen Kenntnissen, sodass er es als ein Glück empfand, als er 1923 einen Sonderlehrgang für Schiffsoffiziere besuchen durfte, der zum Großteil Theorie und Praxis der Navigation beinhaltete. Die Ausbildung erfolgte viereinhalb Monate lang auf dem Schulschiff »Worowskij«, auf dem er – von Archangelsk aus – an einer Reise über den Atlantik, das Mittelmeer, den Suez-Kanal, über den Indischen Ozean und den Pazifik bis nach Wladiwostok teilnahm. Auch sein Navigationsoffizier von der »Marat« Pantelejew machte diese Reise mit.

Nach Beendigung des Sonderlehrgangs im Frühjahr 1925 fühlte sich Jumaschew auch in der Nautik sicher. Später erinnerte er sich gern an seinen Lehrer Sakellari, der die Navigationsausbildung geleitet hatte und durch dessen Schule ganze Generationen von Offizieren der Sowjetflotte gegangen waren. Von 1925 bis 1926 konnte Jumaschew nunmehr seine Kenntnisse als Navigationsoffizier auf den Zerstörern »Lenin« und »Wojkow« in der Baltischen Flotte anwenden. Im Juli 1926 wurde er als 1. WO auf dem Kreuzer »Komintern« in die Schwarzmeerflotte versetzt und bekam im Februar 1928 sein erstes selbständiges Kommando als Kommandant des Zerstörers »Dzierzynski«.

Für ein Fortkommen war eine taktische Weiterbildung notwendig und die bekam Jumaschew 1932 auf einem viermonatigen Lehrgang an der Marineakademie in Leningrad. Anschließend ging es zurück ans Schwarze Meer. Dort führte er ein Jahr lang den Kreuzer »Profintern« als Kommandant. Daran anschließend übertrug man ihm 1934 das Kommando über eine Zerstörerabteilung und von 1935 bis 1936 den Befehl über die Kreuzerbrigade. Damals bestand diese aus den Kreuzern »Krasnij Kawkas«,

»Tscherwona Ukraina« und »Profintern«. Zeitweilig war ihm auch der Kreuzer »Komintern« unterstellt, der ansonsten als Schulschiff diente. Die letzten beiden Schiffe kannte Jumaschew besonders gut, da er auf diesen als Erster Offizier bzw. als Kommandant gefahren war. Als Brigadechef war er der Vorgesetzte von Kusnezow, der zu dieser Zeit als Kommandant auf dem Kreuzer »Tscherwona Ukraina« fuhr.

Im Januar 1937 gab Jumaschew die Kreuzerbrigade ab, wurde Chef des Stabes und nach einem Jahr Befehlshaber der Schwarzmeerflotte. Zu dieser Zeit erhielt die Schwarzmeerflotte einen enormen Zuwachs an Schiffneubauten, an Kreuzern, Flottillenführern, Zerstörern, U-Booten und Seefliegerkräften. Auch Minensuchboote, U-Jäger und andere kleine Kampfschiffe kamen hinzu. Aus den Zerstörern konnte nunmehr eine zweite Brigade formiert werden, in der die modernen Typen zusammengefasst wurden. Allerdings musste die Schwarzmeerflotte auch Kräfte an die Pazifikflotte abgeben, darunter eine Brigade der kleinen U-Boote »M«, die per Bahn in den Fernen Osten gebracht wurden.

Lange währte seine Amtszeit als Befehlshaber der Schwarzmeerflotte nicht. Jumaschew hatte im Herbst 1938 mit dem Flottillenführer (Großzerstörer) »Moskwa« der Türkei einen Freundschaftsbesuch abgestattet. Als er im Frühjahr 1939, nach einem Jahr als Flottenchef, eine weitere Reise plante, bahnte sich eine Änderung an, die ihn für mehrere Jahre auf einen völlig anderen Schauplatz führen sollte. Auf der Rückreise von Moskau, wo er im März 1939 als Delegierter am XVIII. Parteitag der Kommunistischen Partei teilgenommen hatte, holt ihn schon bei Tula ein Telegramm zurück in den Kreml. Kusnezow, gerade von der Pazifikflotte gekommen und zum Volkskommissar der Sowjetflotte ernannt, hatte Stalin vorgeschlagen, Jumaschew, unter dem er als Kreuzerkommandant gedient hatte, zu seinem Nachfolger im Fernen Osten zu ernennen. Für Stalin war Jumaschew zwar noch ein unbeschriebenes Blatt, doch Kusnezow überzeugte ihn, dass dieser von allen Befehlshabern die größten Erfahrungen in der Führung großer Verbände habe und auch über die nötige Kondition verfüge, um mit einem solch riesigen Schauplatz wie dem Fernen Osten fertig zu werden. So reiste der Flaggmann 2. Ranges (Konteradmiral) Jumaschew, zusammen mit Kusnezow und dem hohen Parteifunktionär Shdanow nach Wladiwostok, um sich dort als neuer Befehlshaber der Pazifikflotte einführen zu lassen.

Die ersten Monate im neuen Amt nutzte Jumaschew, um sich mit dem schier endlosen Verantwortungsgebiet der Flotte vertraut zu machen. Zu diesem Zweck begab er sich mit dem Chef der Minensuch- und Räumbrigade, Kapitän 1. Ranges W. A. Andrejew, auf Erkundungsfahrt. Dieser gibt in seinen Erinnerungen dazu folgenden Bericht: »Iwan Stepanowitsch Jumaschew war ein außergewöhnlicher Mensch. Scharfer Verstand, starker Wille. Er vermochte alles nur durch seine beständige angestrengte Arbeit zu erreichen. Seine Energie, sein Wissen, seine Erfahrung im Flottendienst, sein aufmerksames Verhalten gegenüber den Menschen und seine ruhige energische Art brachten ihm Autorität und Achtung. Mit ihm sind wir nicht nur einmal die Bucht Peter des Großen abgefahren. Jumaschew interessierte sich für alles, ob Einheiten und Verbände, die Lage der Buchten und Küstenbatterien, die Kommandanten der Schiffe und das Leben der Besatzungen. Mir war nur zuerst nicht klar, warum er ausgerechnet mich mitnahm und ein sorgfältiges Studium des Gebietes verlangte. Das klärte sich aber etwa zwei Monate später auf, als mich der Befehlshaber rufen ließ und mir eröffnete, dass ich zum Kommandeur der Küstensicherung der Hauptbasis ernannt worden war.«

Zur Küstensicherung gehörten nicht nur die Minensuch- und Räumbrigade, die Andrejew bis dahin befehligt hatte, sondern es kamen die Küstenbatterien, eine Staffel Aufklärungsflugzeuge und kleine U-Boote des Typs »M« hinzu, die an den Zugängen zur Bucht als Vorposten zu fungieren hatten.

Seit im September 1939 der Krieg in Europa begonnen hatte, war auch für die Pazifikflotte erhöhte Wachsamkeit geboten. Japan war Mitglied des sogenannten Anti-Kominternpaktes Berlin-Rom-Tokio und galt damit als Verbündeter Deutschlands. Obwohl sie ihre Niederlage nach einer militärischen Provokation am Hassan-See im Sommer 1938 noch gut im Gedächtnis haben mussten, war den Japanern trotzdem nicht zu trauen. Die Flotte sowie der gesamte Fernöstliche Militärbezirk wurden daher in Alarmbereitschaft versetzt. Tatsächlich spielten die japanischen Militärs nach dem deutschen Überfall auf die UdSSR und den anfänglichen Erfolgen der Wehrmacht mit dem Gedanken, die Gunst der Stunde zu nutzen und in die Fernostgebiete der UdSSR einzufallen. Sie ließen das Vorhaben jedoch wieder fallen, als sich der deutsche Blitzkrieg vor Moskau festzufahren begann und der erwartete Sieg des deutschen Verbündeten in weite Ferne rückte.

Mit dem Überfall der Japaner auf Pearl Harbor am 7. Dezember 1941 wurde der sowjetischen Führung klar, dass deren strategischer Hauptstoß vorerst nicht gegen die UdSSR zielte. Für die sowjetische Pazifikflotte bedeutete dies in gewissem Sinne eine Entwarnung, und sie konnte demzufolge Tausende von Offizieren und Mannschaften zur Verstärkung der Front gegen Deutschland schicken, wo die Marineangehörigen vom Pazifik vor Moskau, Leningrad, am Schwarzen Meer, in Stalingrad und im Hohen Norden an der Murmansker Front kämpften. Auch zwei Zerstörer, fünf U-Boote und andere Einheiten sowie Bomben- und Jagdflugzeuge wurden geschickt. Jumaschew und sein Stab analysierten sehr genau die Ereignisse, die sich an der Ostsee, in der Barentsee und im Schwarzen Meer abspielten und zogen entsprechende Schlussfolgerungen aus der Verteidigung der Flottenbasen, aus dem Einsatz der Überwasser-und Unterwasserkräfte, sowie der Seefliegerkräfte zur Störung der Seeverbindungen des Gegners, aber auch aus den zahlreichen Seelandungen, insbesondere im Schwarzen Meer. Keiner der verantwortlichen Offiziere der Pazifikflotte zweifelte daran, dass diese Erfahrungen eines Tages gebraucht würden, denn sicher schien, dass einem Krieg mit Japan nicht auszuweichen war.

Am 9. August 1945 war es dann soweit. Die UdSSR war ihren Bündnisverpflichtungen gemäß – nach dem Sieg über Deutschland und der Beendigung des Krieges in Europa – in den Krieg gegen Japan eingetreten und hatte nach Abstimmung mit den westlichen Alliierten die Kampfhandlungen in ihrem Verantwortungsgebiet aufgenommen. Zwar besaßen die anglo-amerikanischen Kräfte bereits das strategische Übergewicht im Pazifik, sie beeilten sich jedoch nicht, zum japanischen Mutterland vorzustoßen und damit den Krieg schnell zu beenden. Auch der Abwurf der beiden Atombomben auf Hiroshima und Nagasaki am 6. und 9. August 1945, war mehr eine Demonstration der Stärke denn ein militärischer Erfolg, der die Kapitulation Japans herbeigeführt hätte. Die Besetzung der japanischen Insel Kyushu war für November 1945 und die der Hauptinsel Honshu sogar erst für März 1946 vorgesehen. Die UdSSR hingegen, der Leiden in einem verheerenden Krieg satt, beeilte sich, den in der Mandschurei noch unbeschadet starken Landstreitkräften der Japaner einen vernichtenden Schlag zu versetzen und damit möglichst schnell die Kapitulation herbeizuführen. Das war in der Hauptsache eine Angelegenheit der sowjetischen Armee und der Luftwaffe, wäre jedoch ohne die Hilfe der sowjetischen Pazifikflotte nicht möglich gewesen. Jumaschews Flotte mit ihren zwei Kreuzern, einem Flottillenführer, 10 Zerstörern, 10 Torpedobooten, 19 Küstenschutzschiffen, 78 U-Booten, 10 Minenlegern, 52 Minensuchern, 49 U-Jägern, 204 Torpedoschnellbooten und 1.549 Flugzeugen war gemeinsam mit der Amur-Flottille (8 Monitore,

11 Kanonenboote, 52 Panzerboote und 12 Räumboote) eine beachtliche Streitmacht.

Während die Amur-Flottille die vom Norden her in das Zentrum der Mandschurei längs des Flusses Sungari vorstoßende 2. Fernost-Front unterstützte, hatten Teile der Pazifikflotte die Aufgabe, vor allem mit Seefliegerkräften der 1. Fernost-Front Hilfe zu leisten, um vom Küstengebiet her in westlicher Richtung durch eine Zangenbewegung die Vereinigung mit der 2. Fernost-Front und der von der Mongolei aus anrückenden Transbaikal-Front herbeizuführen und damit die japanische Kwantung-Armee zu vernichten. Außerdem musste die Pazifikflotte die Sicherung der gesamten Küste des Operationsgebietes gewährleisten und etwaige japanische Seezufuhren unterbrechen. Auch musste sie Seelandungen an der Küste Nordkoreas, auf Südsachalin und auf den Kurilen durchführen.

Bis Mitte August 1945 waren die nordkoreanischen Häfen Juki, Rasin und Sejsin in sowjetischer Hand. Nach der Kapitulation der japanischen Streitkräfte in der Mandschurei am 19. August 1945 folgte mit Hilfe der Pazifikflotte, insbesondere der Nordflottille unter Vizeadmiral Andrejew, die Einnahme Südsachalins (25. August) und die Besetzung der Kurilen (1. September 1945). Historiker des Zweiten Weltkrieges wiesen nach, dass die Vernichtung der Kwantung-Armee, einer der Hauptstützen der japanischen Wehrmacht, zu einer schnelleren Kapitulation Japans und damit zur Beendigung des Zweiten Weltkrieges noch im Sommer 1945 führte. Die Pazifikflotte unter Admiral Jumaschew hatte daran einen nicht unbedeutenden Anteil. Für seine Verdienste wurde der Admiral am 14. September 1945 mit dem Titel »Held der Sowjetunion« ausgezeichnet. Im Januar 1947 übersiedelte er nach Moskau und übernahm nach der Ablösung Kusnezows dessen Stelle als Stellvertreter des Ministers für Verteidigung und Oberbefehlshaber der Sowjetflotte. In dieser Funktion fühlte sich Jumaschew nicht sonderlich wohl. Er war ein Mann, der am liebsten Schiffsplanken unter den Füßen spürte, anstatt in einem Ministerium zu sitzen und sich mit Regierungsstellen zu reiben. Unter Stalin war das besonders schwierig, denn es war bekannt, dass dieser nicht lange fackelte, wenn ihm etwas zuwiderlief.

Jumaschew gab sich zwar große Mühe, seine Amtspflichten zu erfüllen, als aber ab Februar 1950 eine Umorganisation in der Flottenführung erfolgte und ein Marineministerium geschaffen wurde, kamen Jumaschew immer mehr Zweifel, ob er seinen Aufgaben gewachsen war. Das blieb natürlich seiner Umgebung und damit Stalin nicht verborgen, sodass er 1951 abgelöst und Kusnezow, der inzwischen wieder den Partei- und Staatsführer versöhnlich gestimmt hatte, aus der »Verbannung« in der Pazifikflotte nach Moskau als Marineminister zurückgeholt wurde. Jumaschew übertrug man die Leitung der Marineakademie in Leningrad, die er bis 1957 innehatte.

Danach schied der Admiral wegen Krankheit aus und wurde in den Ruhestand versetzt. Für seine Verdienste war er neben dem »Helden der Sowjetunion« mit sechs »Lenin-Orden«, drei »Rotbannerorden« und einem Orden »Roter Stern« geehrt worden.

Jumaschew verstarb am 2. September 1972 in Leningrad.

Kasatonow, Wladimir Afanasewitsch (1910–1989)

Kasatonow kam erst 1927 als junger Komsomolze (Mitglied des Jugendverbandes Komsomol) zur Flotte, als andere, mit denen er später zusammen auf einer Kommandoebene stand, bereits hohe Dienstgrade erreicht hatten. Geboren am 8. Juli 1910 in Peterhof (Petrodworez) bei St. Petersburg in der kinderreichen Familie eines Angestellten, erlebte Wladimir Afanasewitsch die turbulenten Ereignisse der Februarrevolution und des Oktoberaufstandes 1917 im nahen Petrograd kaum siebenjährig als Schüler. Schon frühzeitig zog es ihn zur See, die vor der Haustür lag und zu den Schiffen, die in ferne Länder fuhren. Oft konnte er die imposanten Kriegsschiffe betrachten, die im Hafen von St. Petersburg lagen. Er hatte auch das Grollen ihrer Geschütze gehört, als der Sturm auf das Winterpalais begann und den Kampflärm, der von den Seefestungen am Finnischen Meerbusen und aus Kronstadt nach Peterhof gedrungen war.

Nach dem Bürgerkrieg gab es die ersten Anzeichen eines Neubeginns im Lande. Als sich Kasatonow 1927 zur Marine meldete, war gerade die erste Etappe bei der Wiederherstellung der aus der Zarenzeit stammenden Schiffe beendet und auch die ersten U-Boot-Neubauten des Typs »Dekabrist« waren zu sehen. Auf der Ostsee stand zu dieser Zeit schon eine verwendungsfähige, wenn auch noch kleine Flotte mit drei Schlachtschiffen sowie Kreuzern, Torpedobooten und anderen kleinen Kriegsfahrzeugen. Kasatonow wollte Offizier werden und auf Schiffen fahren. Daher absolvierte er bis 1931 die Seeoffiziersschule »Frunse« in Leningrad und 1932 die Kommandantenklasse an der U-Bootschule »S. M. Kirow«. Sein erstes Bordkommando hatte er als 1. WO auf einem U-Boot der Baltischen Flotte, und als 1. WO eines U-Bootes ging er 1933 zusammen mit Kameraden nach dem Fernen Osten in die Pazifikflotte. Dort wurde er bald Kommandant eines Bootes, das zur U-Bootsbrigade des späteren Admirals Cholostjakow gehörte. Unter dessen Obhut entwickelte sich Kasatonow zum Chef einer U-Bootsabeilung und musste 1938 die Verhaftung seines Brigadechefs miterleben, was er überhaupt nicht verstehen konnte. In einem Verhör durch Leute des NKWD, die von ihm gern etwas Belastendes über seinen Chef gehört hätten, stellte sich Kasatonow vor seinen Vorgesetzten, dem er nur Positives bescheinigen konnte. Die Beschuldigung Cholostjakows, ein »japanischer und polnischer Spion« gewesen zu sein, empfand er als völlig absurd. Eine solche aufrechte Haltung war zu dieser Zeit nicht ungefährlich, denn für die Häscher genügte es schon, dass ein Kamerad für den anderen eintrat, um beiden eine Mittäterschaft in einer Verschwörung anzulasten. Kasatonow bewies auch später in anderen Situationen seine aufrechte und furchtlose Haltung gegenüber Ungerechtigkeiten. Die Repressalien hielt er damals allerdings noch für Fehlgriffe und Irrtümer einiger Verantwortlicher im Kreml, die sich eines Tages aufklären würden. Er brachte die Vorgänge nicht in unmittelbare Verbindung mit der Partei, die schließlich viele ehrliche und aufrichtige Mitglieder hatte. Daher trat er auch 1939 in die Partei ein. Während seiner Dienstzeit in der Pazifikflotte lernte Kasatonow den späteren Volkskommissar Kusnezow kennen, der im August 1937 zunächst als Stellvertreter des Befehlshabers zur Flotte gekommen war und ab Januar 1938 den Befehl über diese übernahm. Dieser Persönlichkeit begegnete er mit großer Hochachtung und Zuneigung, die er sich für sein ganzes Leben bewahrte, insbesondere als Kusnezow später schwere Jahre überstehen musste. Es freute ihn, dass dieser talentierte und erfahrene Offizier Ende März 1939 zum Stellvertreter des Volkskommissars und bald darauf zum Volkskommissar der Sowjetflotte berufen wurde. Später sollten sich beide wieder treffen. Aber zunächst ging Kasatonow 1939 zum Studium an die Marineakademie nach Leningrad, das er im Mai 1941 erfolgreich abschloss.

Im Oktober 1941, als Leningrad von deutschen Truppen bedroht wurde, holte ihn Volkskommissar Kusnezow als Operativoffizier in den Hauptstab der Sowjetflotte nach Moskau. Dort wurde Kasatonow bald Leiter einer Abteilung in der Operativen Verwaltung, die vor allen Dingen mit der Planung und Koordinierung der Kampfhandlungen auf den verschiedenen Seekriegsschauplätzen befasst war. Vom Herbst 1941 bis zum Kriegsende 1945 war er im Hauptstab der Sowjetflotte, meistens unter Admiral Alafusow, tätig und sammelte reiche Erfahrungen in der Stabsarbeit. Ständig war er in den Flotten unterwegs, um Weisungen der Führung in die Tat umzusetzen, vor allem aber, um den Austausch und die Anwendung von Erfahrungen der Flotten zu organisieren. Im besonderen Maße befasste er sich in den letzten Kriegsjahren damit, der Pazifikflotte und der Amurflottille zu helfen, die Gefechtsausbildung unter Berücksichtigung der Erfahrungen aus den Kämpfen an der sowjetisch-deutschen Front voranzutreiben, um sie rechtzeitig auf die zu erwartende Auseinandersetzung mit Japan vorzubereiten.

Im Februar 1945 war Kasatonow deshalb als sachkundiger Vertreter des Hauptstabes, zusammen mit Volkskommissar Kusnezow, Teilnehmer an der Konferenz in Jalta, wo es unter anderem um die Abstimmung der Handlungen der Pazifikflotte mit den Aktionen der westlichen Alliierten im Krieg gegen Japan ging. Im Dezember 1945 kehrte Admiral Kasatonow an die Ostsee zurück und wurde Chef des Stabes des Kronstädter Verteidigungsraumes, wo es allerdings nichts mehr zu verteidigen gab, aber dafür viel anderes zu tun. Es kam darauf an, die Kriegsschäden zu beseitigen und für einen ordentlichen Übergang zum normalen täglichen Dienst in der Flotte zu sorgen.

Nach zwei Jahren wurde Kasatonow wieder nach Moskau versetzt und arbeitete dort von 1947 bis Oktober 1949 als Abteilungsleiter sowie als Gehilfe des Chefs der Hauptverwaltung des Generalstabes der Sowjetarmee. Dort konnte er weitere wertvolle Erfahrungen in der Stabsarbeit sammeln, diesmal aber auf noch höherer Ebene. Während dieser Zeit musste er erleben, wie sein früherer Vorgesetzter, Kusnezow, der schon seit Anfang 1947 unter fadenscheinigen Gründen seines Postens als Volkskommissar enthoben worden war, erneut in Schwierigkeiten geriet. Kusnezow war im Januar 1948 nach monatelangen Verhören wegen angeblichen Verrats militärischer Geheimnisse, zusammen mit den Admiralen Alafusow, Galler und Stepanow, vor ein Ehrengericht zitiert worden, das seine Mitarbeiter zu Gefängnisstrafen verurteilte und ihn zum Konteradmiral degradierte. Kasatonow gehörte zu den befohlenen Zuhörern, die sich in einem dichtbesetzten Saal die gegen die Admirale vorgebrachten Beschuldigungen anhören mussten. Die meisten der Anwesenden unterzeichneten eine Erklärung in der sie die »Taten« der Admirale missbilligten, offenbar um dem Urteil des Gerichtes mehr Gewicht zu verschaffen. Kasatonow weigerte sich und bewies auch diesmal wieder, dass ihm Unterwürfigkeit und Liebedienerei verhasst waren.

Zwei Jahre sollten vergehen, bis er den in Ungnade gefallenen Kusnezow in der Pazifikflotte wiedertraf. Dorthin war auch Kasatonow im Oktober 1949 als Chef des Stabes und Erster Stellvertreter des Befehlshabers der 5. Flotte (die Pazifikflotte war in die 5. und 7. Flotte geteilt worden) versetzt worden. Zu dieser Zeit wurde die 5. Flotte von Admiral Frolow geführt, der sie im Februar 1950 an Konteradmiral Kusnezow übergab. Mit ihm arbeitete Kasatonow bis zu dessen Versetzung nach Moskau – als Stellvertreter des Volkskommissars der Sowjetflotte – Anfang 1951 zusammen.

Während seiner gemeinsamen Tätigkeit mit Kusnezow in der 5. Flotte konnte sich Kasatonow erneut von der Lauterkeit und Geradlinigkeit Kusnezows überzeugen, der nicht alles hinnahm, was von oben angeordnet wurde. Während des 1950 ausgebrochenen Koreakrieges galt beispielsweise für die schweren Überwasserschiffe der Flotten das Verbot, mit den Geschützen der Hauptkaliber Schießübungen zu veranstalten, einfach deshalb, weil bei einer solchen Übung auf dem Kreuzer »Molotow« in der Schwarzmeerflotte ein Feuer in einem Geschützturm ausgebrochen war. Kusnezow ignorierte diese Weisung und ließ die Schießübungen durchführen, denn wer konnte wissen, ob sich der Koreakrieg unter den Verhältnissen des Kalten Krieges nicht zu einem »heißen« Krieg ausweiten würde. Offensichtlich machte sich Kusnezow bei einigen Leuten in der Flottenführung in Moskau durch seine Eigenmächtigkeiten unbeliebt, und bald schien sich die Gelegenheit zu bieten, ihm erneut eins auszuwischen. An der Pier war auf dem Minenleger »Woroschilowsk« Feuer ausgebrochen und dadurch die Minenladung in die Luft geflogen. Es gab zahlreiche Opfer und auch die umliegenden Gebäude waren durch die gewaltige Detonation zerstört worden. Wie sich herausstellte, hatte sich eine Mine im vollgepackten Laderaum des Schiffes – während einer stark besuchten Veranstaltung durch die vom Gewicht der zahlreichen Besucher verursachte Krängung – aus der Halterung gelöst. Beim Auftreffen auf andere Minen war dann ein Feuer ausgebrochen, was die Detonation der gesamten Ladung bewirkte. Eine aus Moskau angereiste Kommission unter Leitung des Admirals Abankin versuchte, in erster Linie Kusnezow und seinen Stabschef Kasatonow für den tragischen Vorfall verantwortlich zu machen. Eine Reihe von Offizieren, die unmittelbar mit dem Vorfall zu tun hatten, wie der Kommandant des Schiffes, der Leiter für die Verwaltung der Sperrwaffen und andere, wurden bestraft. Aber auch Kusnezow und sein Stabschef Kasatonow erhielten einen strengen Verweis. Der Leiter der Moskauer Kommission hatte jedoch in seinem Bericht an den Marineminister eine höhere Strafe für Kusnezow verlangt. Stalin muss allerdings anderer Ansicht gewesen sein, denn er hatte Kusnezow bereits wieder als Oberbefehlshaber der Sowjetflotte ins Auge gefasst. Kusnezow sollte Jumaschew ablösen, der offensichtlich in seiner Funktion als Marineminister überfordert war. Als Kusnezow dessen Posten übernommen hatte, ließ er einige zu unrecht Bestrafte aus der Pazifikflotte sofort rehabilitieren.

Kasatonow blieb unter dem neuen Flottenchef Admiral J. Pantelejew bis November 1954 in der 5. Pazifischen Flotte, hatte aber bereits im Sommer um ein Studium an der Generalstabsakademie gebeten. In Moskau angekommen, erfuhr er jedoch, dass aus dem Studium nichts werden würde, sondern er zum Befehlshaber der 8. Baltischen Flotte ernannt war, die ihren Hauptsitz in Tallinn hatte. Dort blieb er bis zum Dezember 1955. Für ihn war dieses Kommando trotz der Friedenszeit eine beschwerliche und oft ärgerliche Arbeit, denn in der Flotte (und nicht nur in dieser) mussten strenge Maßnahmen gegen Disziplinlosigkeit, Schlamperei in der Dienstdurchführung und vor allem gegen den Alkoholismus, verstärkt unter den Offizieren, ergriffen werden. Als Kasatonow, dessen ausgeprägter Ordnungssinn bekannt war, im Dezember 1955 das Kommando der 8. Flotte abgab, um die Schwarzmeerflotte als Befehlshaber zu übernehmen, herrschten in der Baltischen Flotte wieder ordentliche Zustände.

Dafür hatte er aber in der Schwarzmeerflotte mit neuen Schwierigkeiten zu kämpfen. Hier war am 29. Oktober das Schlachtschiff »Noworossisk« (ex »Cesare« der italienischen Flotte) angeblich auf einer Mine gesunken, die man beim Freiräumen des Hafens übersehen haben wollte. Die Folge war, dass man Kusnezow, der wegen eines Herzinfarktes sich nicht im Dienst befand, dafür verantwortlich machte. Im Dezember rief man ihn in den Kreml, wo ihn der Stellvertreter Chruschtschows, Mikojan, wegen »unbefriedigender Führung der Seekriegsflotte« seines Postens enthob. Im Februar 1956 folgte die Degradierung Kusnezows zum Vizeadmiral und seine Versetzung in den Ruhestand. Für Kasatonow war das schmerzlich, weil er wusste, dass nach Stalins Tod alte Widersacher fortfuhren, Kusnezow Schwierigkeiten zu bereiten, um ihn völlig kaltzustellen. Als Kasatonow die Schwarzmeerflotte übernahm, ließ er deshalb sofort genauere Untersuchungen über die Ursachen des Schiffsverlustes anstellen und kam zu dem Ergebnis, dass es auf keinen Fall eine übergangene Mine aus dem Krieg gewesen sein konnte. Vielmehr erhärtete sich der Verdacht, dass es sich um einen Diversionsakt gehandelt haben musste. Die Untersuchungen zum Zeitpunkt des Unterganges waren sehr oberflächlich geführt worden, mit der Absicht, unbedingt einen Hauptschuldigen zu finden. Kasatonow ließ in den folgenden Jahren nichts unversucht, durch Eingaben an die Partei und Staatsführung die Rehabilitation Kusnezows zu erreichen, bekam aber entweder nur abschlägige oder überhaupt keine Antworten.

Der Admiral durfte allerdings noch erleben, wie Kusnezow 1988, allerdings postum, rehabilitiert wurde.

Kasatonow blieb bis Februar 1962 in der Schwarzmeerflotte. Aus dieser Zeit sind einige Ereignisse bemerkenswert. Einmal, 1957, war ein U-Boot während eines Tauchmanövers auf Grund gesunken, hatte sich mit dem Heck in eine Sandbank gebohrt und konnte nicht mehr auftauchen. Kasatonow löste das Problem auf einfache Art. Er ließ durch Taucher Trossen am Havaristen befestigen und ihn durch einen starken Schlepper herausziehen. Da dies alles sehr schnell geschah, konnten Besatzung und Boot gerettet werden. 1958 machte er mit zwei Zerstörern einen Freundschaftsbesuch in Albanien, das zu dieser Zeit noch als zuverlässiges Mitglied des Warschauer Paktes galt. 1961 jedoch, als sich Albanien aus dem Vertrag gelöst hatte, bekam Kasatonow den Auftrag, die in albanischen Häfen als Basen für Patrouillen im Mittelmeer stationierten Schiffe der Schwarzmeerflotte wieder nach Sewastopol zurückzuholen. Dabei musste er ein U-Boot, das eine gemischte sowjetisch-albanische Besatzung hatte, den Albanern überlassen.

Im Februar 1962 wurde Kasatonow zum Befehlshaber der Nordflotte ernannt, die bis dahin Admiral Tschabanenko befehligt hatte. Die Hauptbasis der Nordflotte, Poljarnij, war bereits zu einem Zentrum der sich im Aufbau befindlichen neuen U-Bootflotte geworden, deren Kern Atom-U-Boote bildeten. Von hier aus waren bereits die ersten Erprobungsfahrten erfolgt, und zur Zeit Kasatonows unternahmen die Boote routinemäßige Fernfahrten in alle Weltmeere. Besonders erfreute den ehemaligen

U-Bootfahrer, dass das Atom-U-Boot »Leninskij Komsomol« im Juli 1962 unter Kapitän 2. Ranges L. M. Shilzow während einer Fahrt unter dem Eis zweimal den Nordpol passierte. 1963 tauchte ein weiteres Atom-U-Boot unter Kapitän 2. Ranges J. Sysojew am Nordpol auf und hisste dort die Staatsflagge der UdSSR. Besondere Aufmerksamkeit schenkte Kasatonow den Fernfahrten der ständig anwachsenden Atom-U-Bootflotte, wobei es jedoch auch zu Havarien kam. So hatte er einmal als Erster Stellvertreter Gorschkows, des Oberbefehlshabers der Sowjetflotte, damit zu tun. Auf diesen Posten war Kasatonow im Sommer 1964 versetzt worden und hatte 1965 den Dienstgrad Flottenadmiral erhalten. Auch der Titel »Held der Sowjetunion« war ihm 1966 für seine Verdienste um die Entwicklung der Atom-Unterwasserflotte verliehen worden. 1971 geschah es dann, dass auf einem Atom-U-Boot im Nordatlantik ein Feuer ausbrach, wobei achtundzwanzig Besatzungsmitglieder umkamen. Kasatonow leitete die Rettungsaktion. Es gelang den zu Hilfe geeilten Schiffen trotz stürmischen Wetters den Großteil der Besatzung zu bergen und das havarierte Boot in die Heimatbasis zu schleppen.

Während seiner Amtszeit als Stellvertreter Gorschkows war Kasatonow auch viel in diplomatischer Mission unterwegs, so in Jugoslawien, Albanien, Ägypten, Algerien, Bulgarien, Rumänien, Polen und der DDR. Dabei ging es vor allem um die Herstellung bzw. Festigung von Kontakten zwischen den Flotten, im Mittelmeerraum auch um die Nutzung von Flottenbasen für Schiffe der Schwarzmeerflotte, die sich neben denen der NATO-Flotte ständig im Mittelmeerraum aufhielten. Auch die USA wurden von Kasatonow besucht. Andererseits gehörte der Empfang und die Betreuung ausländischer Delegationen zu seinem Aufgabenbereich.

Nach zehnjähriger Tätigkeit als Stellvertreter Gorschkows wechselte der vierundsechzigjährige Flottenadmiral Kasatonow 1974 als Berater für die Gruppe der Hauptinspekteure in das

Verteidigungsministerium der UdSSR. Neben dieser Tätigkeit beschäftigte er sich mit den aus den Zweiten Weltkrieg gewonnenen Erfahrungen und war Mitglied eines Autorenkollektivs, das ein vierbändiges Werk über »Die Baltische Rotbannerflotte im Großen Vaterländischen Krieg 1941–1945«, herausbrachte.

Kasatonow verstarb am 9. Juni 1989, fast neunundsiebzigjährig, in Moskau.

Oktjabrskij, Filipp Sergejewitsch (1899–1969)

Zeitgenossen berichten über diese markante Persönlichkeit der sowjetischen Flotte recht unterschiedlich. Übereinstimmung herrscht aber darin, dass es ein Mann von außergewöhnlicher Willensstärke war. Die Anfänge eines solchen Charaktermerkmals lagen sicher in einer schweren Jugendzeit und wurden auf seinem späteren Lebensweg gefestigt, auf dem es nicht wenige Klippen zu umschiffen galt.

Filipp Iwanow, so lautete sein Familienname ursprünglich, wurde am 11. Oktober 1899 im Dorf Lukschino (Kalininsker Gebiet, nordwestlich von Moskau) in einer Bauernfamilie geboren.

Nach dem Besuch einer Grundschule verließ der fünfzehnjährige Bursche 1914 das Vaterhaus und kam nach Schlüsselburg an der oberen Wolga.

Hier fand er Arbeit als Heizerlehrling auf einem Flussdampfer. Drei Jahre lang schuftete er dort vor den Heizkesseln und hatte auch andere schwere Arbeiten zu verrichten. Die außergewöhnlichen Umstände seines Heizerdaseins bewirkten in ihm ein Standvermögen, das ihm half, Unbilden des Lebens zu überstehen.

Die Oktoberrevolution 1917, an der er sich aktiv beteiligte, hatte ihn derartig beeindruckt, dass er seinen Familiennamen ablegte und sich nunmehr Oktjabrskij nannte. Da er als Heizer gearbeitet hatte und sich in Maschinen auskannte, tat er bis Ende 1918 Dienst als Maschinist auf einem Schiff der Baltischen Flotte. Die Besatzung des Schlachtschiffes »Gangut« (später umbenannt in »Oktjabrskaja Revoluzija«) delegierte ihn 1921 auf einen Lehrgang für Kommandeure in Petrograd. Danach war er vier Jahre lang als Parteiarbeiter in der Flotte tätig. Im Oktober 1925 begann Oktjabrskij eine Ausbildung an der Seeoffiziersschule in Leningrad und beendete diese 1928.

Seine Mitschüler waren die späteren Admirale Golowko und Drosd. Später schrieb er über die Schulzeit, dass er, nachdem er an eine solch berühmte Lehreinrichtung gekommen war, sich vorgenommen hatte, die »erstrangigen Voraussetzungen für eine Karriere als Offizier und Kommandeur zu entwickeln, wie Willensstärke und Charakter«.

Seine erste Offiziersdienststellung trat er als Kommandant eines Torpedoschnellbootes in der Baltischen Flotte an, übernahm aber bald eine Bootsgruppe. Als Kommandeur einer Abteilung Torpedoschnellboote ging es 1932 auf die Reise über Land nach Wladiwostok zur Pazifikflotte, deren Aufbau in vollem Gange war und die mit Schiffen und Booten aus anderen Flotten aufgefüllt wurde.

Hier am Pazifik entstand aus dem Stamm von zwölf Schnellbooten, die er mitgebracht hatte, eine Brigade, und Oktjabrskij wurde deren Chef. Für seine Leistungen bekam er 1935 den Orden »Roter Stern« verliehen. Im Februar 1938 wurde er zum Kapitän 2. Ranges (Fregattenkapitän) befördert und übernahm als Chef die Amur-Flottille. Die neue Funktion erwies sich nicht nur als eine vorzügliche Schule für seine eigene Entwicklung zum späteren Befehlshaber größerer Verbände, sondern gab ihm auch die Möglichkeit, einen leistungsfähigen Stamm von Offizieren heranzubilden. Aus der Pazifikflotte und der Amur-Flottille gingen nicht weniger als dreißig spätere Admirale hervor, darunter Admiral Golowko, der von 1933 bis 1934 Chef des Stabes in der Schnellbootsbrigade von Oktjabrskij war und während des »Vaterländischen Krieges« die Nordflotte befehligte.

Im Frühjahr 1939 erhielt Oktjabrskij seine Versetzung an das Schwarze Meer und übernahm das Kommando über die Schwarzmeer-Flotte. Er löste damit seinen Vorgänger Jumaschew ab, der seinerseits die Pazifikflotte übernahm, die bis dahin Kusnezow befehligt hatte. Überhaupt gingen von 1938 bis 1939 zahlreiche personelle Veränderungen auch in der Flotte vor sich, da in dieser Zeit die meisten obersten Führungskader der Marine den Repressalien Stalins zum Opfer gefallen waren. Dadurch machten relativ junge Nachwuchskader eine schnelle Karriere. Das hatte allerdings den Nachteil, dass diesen langjährige Erfahrungen in höheren Dienststellungen fehlten. Andererseits sprach es von einer soliden Ausbildung und von ausgezeichneten Führungseigenschaften, wenn sich die jungen Befehlshaber nach anfänglichen Unzulänglichkeiten und Fehlern, die vor allem zu Beginn des Krieges nicht ausblieben, bald zu erfolgreichen Führern ihrer Verbände entwickelten.

Seit der Übernahme des Kommandos über die Schwarzmeer-Flotte, insbesondere seit dem Herbst 1939, als mit dem deutschen überfall auf Polen der Zweite Weltkrieg begonnen hatte, gab es für Oktjabrskij verstärkte Anstrengungen, um seine Flotte zu einer einsatzfähigen Streitmacht zu entwickeln. Wie die meisten sowjetischen Admirale und die Führungsspitzen der Roten Armee überhaupt, setzte Oktjabrskij sein Vertrauen in den im August 1939 mit Deutschland geschlossenen Nichtangriffspakt und rechnete nicht so bald mit einem Überfall auf die UdSSR. Sollte das aber eines Tages der Fall sein, so wurden weniger Gefahren für die Flotte von Land her erwartet, sondern vielmehr durch feindliche Flottenkräfte, mit denen man sich im Artillerie-Duell zu messen hatte.

Das Zusammenwirken der Flotte mit der Roten Armee war zwar auch in Übungen und Manövern exerziert worden, jedoch zielte dies meist in Richtung von Seelandungen im Rücken des Gegners und Unterstützung der längs der Küste angreifenden Landstreitkräfte. Verteidigungshandlungen hingegen waren selbst in den damals neuesten Weisungen, wie in der operativen Vorschrift 1940, nicht als eine der Hauptaufgaben gestellt und daher auch nicht geübt worden.

In der Anfangsphase des »Vaterländischen Krieges« gab es für die Schwarzmeer-Flotte keine Seestreitkräfte als Kontrahenten. Die Artillerieträger der Schwarzmeer-Flotte waren hingegen gezwungen, vornehmlich Landziele zu bekämpfen, da deutsche Truppen die Basen der Schwarzmeer-Flotte auf ihrem Vormarsch von Land her bedrohten.

Die landseitige Verteidigung der Flottenbasen am Schwarzen Meer hätte jedoch für die sowjetische Führung kein Novum sein müssen. Ende der zwanziger und Anfang der dreißiger Jahre hatten der damalige Chef des Stabes der Schwarzmeer-Flotte Ludri und andere geschichtsbewusste Persönlichkeiten in der Führung der Roten Armee an die Verteidigung Sewastopols während des Krimkrieges 1855 erinnert und gefordert, künftig für alle Fälle die Flottenbasen mit einem stark befestigten Verteidigungsring zu umgeben.

Die Vorschläge Ludris und einer Kommission, die diesbezügliche Untersuchungen in den Schwarzmeer-Stützpunkten vorgenommen hatte, gerieten jedoch in Vergessenheit. Das Problem wurde erst wieder akut, als sich in den ersten Stunden und Tagen nach dem deutschen Überfall Flottenstützpunkte an der Ostsee gegen einen von Land her angreifenden Gegner verteidigen mussten. Die Annäherung der deutschen Truppen an die Schwarzmeer-Basen dauerte naturgemäß wegen der größeren Entfernung länger. Am Schwarzen Meer wurde daher in kurzer Zeit sowohl die Verteidigung von Odessa als auch die von Sewastopol landseitig noch ausgebaut und damit ein längerer Widerstand ermöglicht. Allerdings vieles, was vorher versäumt worden war, konnte in der knapp bemessenen Zeit nicht mehr ausgeglichen werden.

Als in den frühen Morgenstunden des 22. Juni 1941 die ersten deutschen Luftangriffe auf Sewastopol erfolgten und Oktjabrskij dem Kreml damit zu verstehen gab, dass der Krieg begonnen habe, wurde er von Berija, dem Geheimdienstchef, zum Panikmacher erklärt.

Oktjabrskij wartete nicht, bis der Führung im Kreml klar wurde, dass es sich nicht nur um eine Provokation der Deutschen handelte, sondern schickte bereits am 23. Juni die Fliegerkräfte seiner Flotte zu einem Antwortschlag auf den rumänischen Hafen Constanza und auf das Erdölzentrum Ploeschti.

Am 26. Juni 1941 beschossen Schiffe des Geschwaders die rumänische Küste, und die U-Boote wurden zur Störung feindlicher Seetransporte eingesetzt. Marschall Shukow bemerkte daher in seinen Memoiren, »... dass die Schwarzmeerflotte mit Admiral F. S. Oktjabrskij an der Spitze eine der ersten unserer Verbände war, die dem feindlichen Überfall organisiert begegnete.«

Die Verteidigung von Odessa leitete Oktjabrskij persönlich. Ende Juli waren rings um die Basis drei befestigte Verteidigungsstreifen geschaffen und aus Sewastopol Truppen sowie Technik zur Verstärkung herangebracht worden. Während der Verteidigung der Basis, die durch eine Anlandung von Marineinfanterie an der Flanke bei Grigorijewka unterstützt wurde, griffen schwere Artillerieträger der Schwarzmeer-Flotte in die Erdkämpfe ein. Geleitzüge und einzelne Transporter, die von Kampfschiffen gesichert wurden, stellten die Verbindung zwischen der Basis und Sewastopol her. Odessa musste im Oktober 1941 aufgegeben werden, als deutsche Truppen von Norden her über die Perekop-Landenge auf die Krim vorgedrungen waren und damit Sewastopol bedrohten.

Odessa befand sich damit im tieferen Hinterland und eine Versorgung der Basis war nicht mehr möglich. Trotzdem waren dort 18 deutsch-rumänische Divisionen zweieinhalb Monate lang aufgehalten worden und hatten empfindliche Verluste an Menschen und Material erlitten. Aus Odessa konnte die Schwarzmeer-Flotte 86.000 Mann mit ihrer Kampftechnik sowie 15.000 Zivilpersonen nach Sewastopol evakuieren. Die Verteidigung dieser Hauptflottenbasis währte von September 1941 bis Anfang Juli 1942 und wurde ebenfalls von Oktjabrskij geleitet, der am 7. November 1941 vom Hauptquartier zum Befehlshaber des Sewastopoler Verteidigungsraumes ernannt worden war. Während der Verteidigung der Flottenbasis, die drei gewaltige Anstürme der Angreifer, unterstützt durch die Luftwaffe und überschwere Artillerie, auszuhalten hatte, leisteten die Schiffe der Schwarzmeer-Flotte von der kaukasischen Küste aus jede erdenkliche Unterstützung, ob durch Artillerie oder durch die Sicherung der Nachschubwege, solange diese bis zum Frühjahr 1942 aufrechterhalten werden konnten.

Danach machten in das Schwarze Meer verlegte deutsche Seestreitkräfte, dichte Minensperren, die deutsche Luftwaffe sowie die bereits den Hafen und die Reede von Sewastopol erreichende Artillerie den Einsatz von Überwasserschiffen der Schwarzmeer-Flotte zur Unterstützung der Verteidigung unmöglich.

In den letzten Tagen Sewastopols gelang es U-Booten nur noch vereinzelt, unter großem Risiko die Basis anzulaufen. Im Dezember 1941, als die deutsche Belagerungsarmee zu einem zweiten Ansturm auf Sewastopol ansetzte, hatte die sowjetische Führung versucht, die Verteidiger durch eine Seelandung auf der Halbinsel Kertsch zu entlasten.

Oktjabrskij war für den seeseitigen Teil der Operation verantwortlich. Von ihm stammte die Idee, die auf der Halbinsel Kertsch stationierten deutschen Kräfte durch die Landung der sowjetischen Hauptkräfte direkt im Hafen von Feodossja und von da aus durch den Vormarsch über die schmalste Stelle der Halbinsel zur Nordküste abzuschneiden, deren Rückzug zu verhindern und sie zu vernichten.

Der Plan wurde vom Hauptquartier in Moskau gutgeheißen, es gelang aber nicht, ihn zu verwirklichen. Schuld daran trug vor allem der aus Moskau entsandte Vertreter des Hauptquartiers Mechlis, der sich in alle Angelegenheiten einmischte und damit für verzögerte Entscheidungen sorgte. Trotzdem bewirkte die anhaltende Verteidigung Sewastopols, dass die deutsche Frühjahrsoffensive im Süden scheiterte.

So verdienstvoll das Wirken des Admirals an der Spitze seiner Flotte und als Befehlshaber bei der Verteidigung der Basen auch war, an Missbilligungen des Hauptquartiers in Moskau fehlte es auch bei Oktjabrskij nicht.

Als im Februar 1943 – während einer Seelandung am Südwestufer der Bucht von Noworossisk – im Zusammenwirken der Feuerunterstützungsschiffe mit den Landungstruppen Fehler unterliefen, wurden diese dem Flottenchef als Hauptverantwortlichen angelastet. Die Folge war seine Ablösung und Versetzung am 23. April 1943 in den Fernen Osten, wo er als Chef die Amur-Flottille übernahm, die er schon einmal 1938 geführt hatte. Die Herabsetzung in der Führungsebene verletzte den Admiral in seinem Stolz. Außerdem war er damit fernab vom Kampfgeschehen an der Front. Umso mehr freute es ihn, als man ihm nach einem Jahr scheinbar verziehen hatte und ihn im März 1944 zurückberief, um erneut das Kommando über die Schwarzmeer-Flotte zu übernehmen.

Zu dieser Zeit hatte sich die Gesamtsituation an der sowjetisch-deutschen Front bereits entscheidend verändert. Die Blockade Leningrads war aufgehoben, und auch im Süden waren günstige Bedingungen für die Vertreibung der Okkupanten entstanden. Das Hauptquartier bereitete daher eine Operation zur Befreiung der Krim vor, in der die Schwarzmeer-Flotte eine wichtige Rolle zu spielen hatte. Oktjabrskij sollte mit seiner Flotte während der Krim-Operation vom 8. April bis 12. Mai 1944 in der ersten Etappe die Zuführung von Verstärkungen des Gegners über See verhindern und in der zweiten Etappe die Evakuierung der deutschen 17. Armee unterbinden. Für diesen Zweck waren die U-Boote der Schwarzmeer-Flotte, zum Teil auch Torpedoschnellboote, vor allem aber die Seefliegerkräfte vorgesehen.

Mit der Befreiung der Krim war das eigentliche Ziel der Operation zwar erreicht, jedoch konnte die Evakuierung der deutschen Truppen nicht völlig verhindert werden, obwohl sie dabei 45.000 Mann verloren. Die Teilnahme an der Befreiung der Krim war die letzte Großaktion der Schwarzmeer-Flotte. Seit dem September 1944 gab es auf dem Schwarzen Meer so gut wie keine Kampfhandlungen mehr.

Am 5. November 1944 kehrte das Geschwader der Schwarzmeer-Flotte, das seit den Sewastopoler Ereignissen in Stützpunkten der Kaukasusküste stationiert war, in die Hauptbasis zurück. Dort gab es viel Arbeit bei der Reparatur und Instandsetzung von Schiffen, der Wiederherstellung von zerstörten Anlagen und vor allem beim Minenräumen. Damit vergingen für Oktjabrskij die Jahre bis 1948. Dann kam seine Berufung nach Moskau als Erster Stellvertreter des Oberbefehlshabers der Sowjetflotte Jumaschew, der seinen in Ungnade gefallenen Vorgänger Kusnezow bereits 1947 abgelöst hatte.

Die Zeit von 1948 bis 1953 war für Oktjabrskij voller einschneidender Veränderungen, die von ihm zum Teil recht schmerzlich empfunden wurden. Da war sein Auftreten vor dem Obersten Militärrat der UdSSR im Februar 1950, als dieser beschloss, ein separates Ministerium für die Marine zu bilden.

Oktjabrskij sprach sich in Anwesenheit von Stalin sowie des Vorsitzenden des Ministerrates Bulganin und des Geheimdienstchefs Berija entschieden dagegen aus. Er sah darin ein Auseinandergehen von Armee und Flotte, was für ihn die Abkehr von einem traditionellen Prinzip bedeutete.

Offensichtlich zog er sich damit den Ärger der Obersten Führung zu, denn bald hatte er die Zentralverwaltung der Flotte zu übernehmen, was faktisch eine Herabsetzung in der Dienststellung darstellte. Aus seinen Tagebuchaufzeichnungen dieser Zeit geht hervor, dass er eigentlich seit 1951 so gut wie kaltgestellt war. Als er nach längerer Krankheit um die Zuteilung einer Tätigkeit bat, wurde er vertröstet. Aus Moskau bekam er zu hören, dass seine Gesundheit noch nicht wieder hergestellt sei und man ihm daher keine Kommandofunktion übertragen könne.

Als Admiral Kusnezow im Sommer 1951 zurückgeholt und Marineminister wurde, trug dieser Oktjabrskij auf, im Frühjahr 1952 eine Dienststelle im Süden zu übernehmen. Das tat dieser auch, allerdings nur für etwa ein Jahr, denn im Sommer 1953 wurde die als »N-Basis« bezeichnete Einrichtung (aus den Unterlagen geht nicht hervor, wo sich diese genau befand.) wieder aufgelöst. Oktjabrskij verstand eine solche Entscheidung nicht und war darüber sehr verärgert. Eine Genugtuung dagegen war für ihn die Entlarvung des »Schlächters« Berija im August 1953, als dieser nach dem Tod Stalins zu putschen versucht hatte. Der Admiral hatte sich einst von dem Geheimdienstchef als Provokateur beschimpfen lassen müssen.

Im November 1954 bat Oktjabrskij mit 55 Jahren um die Versetzung in den Ruhestand, was ihm am 13. Dezember gewährt wurde. Der Admiral versuchte sich zwar mit seinen Memoiren zu beschäftigen, hatte aber den Gedanken an eine nützliche Tätigkeit für die Flotte noch nicht aufgegeben. Er bat daher um eine nochmalige Verwendung.

Von 1957 bis 1960 war er Chef der Offiziershochschule der Schwarzmeer-Flotte »Admiral Nachimow« in Sewastopol. Während dieser Zeit erhielt er 1958 nachträglich für seine Verdienste im »Vaterländischen Krieg« die Auszeichnung als »Held der Sowjetunion«. Ab September 1960 arbeitete Oktjabrskij noch einige Zeit lang als Mitglied einer Inspektionsgruppe des Ministeriums für Verteidigung.

Der Admiral verstarb am 8. Juli 1969 und wurde in Sewastopol beigesetzt. In der Schwarzmeer-Flotte trägt ein großes U-Jagdschiff seinen Namen.

Pantelejew, Jurij Alexandrowitsch
(1901–1983)

Der Vater war Schauspieler in St. Petersburg. Dort wurde Jurij Alexandrowitsch am 19. Oktober 1901 auch geboren. Die frühe Liebe zur See und zur Seefahrt ergab sich naturgemäß, weil St. Petersburg am Wasser lag und der Junge sich oft im Hafen aufhielt, in dem reger Schiffsbetrieb herrschte. Im Hause Pantelejew verkehrten einige Freunde des Vaters, die als Marineoffiziere dienten, sodass oft über die Flotte gesprochen wurde. Dem Schüler schenkte der Vater ein kleines Segelboot, mit dem Jurij häufig auf dem Finnischen Meerbusen unterwegs war und so ein versierter Sportsegler wurde, der das Revier bis Kronstadt gut kannte.

So viele Kriegsschiffe wie im Frühjahr 1918 hatte der sechzehnjährige Gymnasiast noch nie in St. Petersburg und Kronstadt zusammen gesehen. Bald erfuhr er, dass diese aus Helsingfors hierher verlegt hatten. In den Schiffsdecks hörte er von seinen neuen Bekannten, dass sich einige von den zaristischen Offizieren, wie Galler, Stepanow, Rall und andere, der Roten Flotte zur Verfügung gestellt hatten. Für Pantelejew stand fest, er wollte auch zur Flotte und Offizier werden. Es gab zu dieser Zeit aber noch keine Lehranstalten, und so begann er als Gasthörer einen Navigationslehrgang in einem Marineklub, der in eigener Initiative von Enthusiasten eingerichtet worden war. Ein ordentliches Abschlusspapier war nicht so wichtig, Hauptsache, man konnte etwas für die Seefahrt lernen.

Noch 1918 meldete sich Pantelejew freiwillig in die Flotte. Dort hatte man aber zunächst nur eine Verwendung als Wachposten für die zahlreichen Einrichtungen in der Marinebasis. Mit ihm kamen einige junge Leute, die alle ausgebildet werden wollten. Da Pantelejew bereits als guter Sportsegler bekannt war, ernannte man ihn im August 1918 zum Kommandeur einer Abteilung, in der die Neuzugänge zunächst eine militärische Grundausbildung durchliefen, aber auch in einfachen seemännischen Arbeiten und im Segeln unterwiesen wurden. Bald hatten sich die junge Leute in der Abteilung zu einem geschlossenem »Haufen« entwickelt, mit dem man durch Dick und Dünn gehen konnte. Alle wurden Mitglieder des Komsomol und sympathisierten mit der Bolschewistischen Partei.

Für die Bordausbildung und das Segeln benötigte man natürlich Boote. Man löste das Problem auf einfache Art, indem die Yachten von Privatleuten »enteignet« wurden, wobei teilweise die auf Hausböden versteckten Segel hervorgeholt werden mussten. Das schien der Truppe Pantelejews Spaß zu machen, jedenfalls war die kleine Segelflotte des jungen Kommandeurs Anfang 1919 seeklar und einsatzbereit. Damit sollte sie sich auch bald militärisch als nützlich erweisen, denn die weißgardistische Armee des Generals Judenitsch und britische Interventionsschiffe bedrohten Kronstadt und Petrograd.

Pantelejew, der den Ostteil des Finnbusens wie seine Westentasche vom Segeln her kannte, wurde beauftragt, sich mit seiner »Miniflotte« auf eine Vorpostenlinie vor Kronstadt zu legen. Zu diesem Zweck waren die Segelboote mit Maschinengewehren, Gewehren und Leuchtpistolen ausgerüstet worden. Das System funktionierte gut, und die Gegner konnten rechtzeitig gemeldet werden.

Neben diesem Vorposteneinsatz war Pantelejews Truppe auch im Streifen- und Meldedienst in Petrograd aktiv. Als im März 1921 eine Matrosenrevolte in Kronstadt ausgebrochen war, wurde auch seine Abteilung herangezogen. Sie erkundete auf Skiern die günstigsten Zugänge über das Eis und ermöglichte dadurch, dass die Verteidiger der Stadt überraschend angegriffen werden konnten. Pantelejew der bei dieser Aktion seine Feuertaufe erhielt und acht weitere Mitglieder seiner Komsomolabteilung bekamen dafür die zu dieser Zeit höchste militärische Auszeichnung, den »Rotbanner-Orden«.

Obwohl Pantelejew bis dahin noch keine Offiziersschule besucht hatte, sich aber in der Schiffsnavigation schon recht gut auskannte wurde er im Sommer 1921 2.WO auf der Viermastbark »Lauriston« einem ehemals englischen Segelschiff, mit dem er Eisenteile nach Tallinn beförderte und dafür Getreide für die Rückreise lud. Während des Aufenthaltes im Hafen von Tallinn gelang es estnischen Mitgliedern der dort verbotenen Bolschewistischen Partei, einige von örtlichen Gerichten zum Tode verurteilte Parteifunktionäre aus dem Gefängnis zu befreien und auf den Segler zu bringen, der sie nach Petrograd mitnahm.

Im Mai 1922 erhielt Pantelejew vom Militärrat der Baltischen Flotte die Kommandierung als Navigationsoffizier auf das Schlachtschiff »Marat«. Dort traf er mit dem späteren Admiral und Flottenbefehlshaber Jumaschew zusammen, der damals Zweiter Offizier des Schiffes war und ihn einwies. Pantelejew berichtet in seinen Memoiren, dass ihn Jumaschew nur mit »Komsomol« ansprach und das auch noch, als sich die beiden Jahre später in höchsten Kommandoposten wiedertrafen.

Das Schlachtschiff war für den jungen Navigationsoffizier eine völlig neue Umgebung, in die man sich erst eingewöhnen musste. Unter den vielen Eindrücken frappierte ihn beispielsweise, dass in der Offiziersmesse nach wie vor die alten Sitten galten, die er noch nicht einmal schlecht fand; z.B. durfte man sich erst setzen, wenn der Erste Offizier die Tafel eröffnet und guten Appetit gewünscht hatte. Am beeindruckensten waren die Umstände, unter denen die Mahlzeiten eingenommen wurden. Pantelejew erinnerte sich: »Auf den schneeweißen Tischdecken stand schönes Tafelgeschirr aus alten Zeiten. Besteckhalter und Serviettenringe aus Neusilber, verschiedene Krüge und Vasen vervollständigten den festlichen Eindruck. Wir wurden alle leicht verlegen, als dann in den schönen Tellern eine Hirsesuppe mit Dörrfisch oder Hering und als Hauptgericht Hirsebrei serviert wurde. Der Tee war ein Getränk aus irgendwelchen Spänen, dazu gab es zwei Stück Zucker pro Tag. Die Tagesration vervollständigten zwei dünne Schwarzbrotscheiben.«

Damals gab es auch noch keine einheitlichen Uniformen für die Offiziere, jeder trug, was er hatte und versuchte sich dem Marinestil anzupassen. Erst ab Sommer 1922 konnten einheitliche Uniformen eingeführt werden. Dienstgrade gab es nicht, die waren Ende 1917 bereits abgeschafft worden. Dafür wurden die Vorgesetzten mit ihren Dienststellungen angesprochen, wie z.B. Kommandant, Gehilfe des Kommandanten, Kommandeur der

Abteilung oder Brigade usw. Die Dienststellungen waren jedoch an der Anzahl und Breite der Ärmelstreifen der Offiziersjacketts erkennbar. An die Zeit auf der »Marat« erinnerte sich Pantelejew noch im hohen Alter gern.

Nach einer Reise über die Ostsee bis nach Rügen und zurück, die er 1922 auf dem Schulschiff »Okean« (später »Komsomolez«) als »ausgeborgter« Steuermann mitmachte, wurde er Anfang 1923 zu einem Sonderlehrgang für Seeoffiziere delegiert. Nach einer kurzen theoretischen Ausbildung ging es in Archangelsk an Bord der Hochseeyacht »Worowskij«, die noch vom Zaren in Amerika gekauft und bewaffnet in die Arktisflotte eingegliedert worden war. Die Reise führte ab 12. Juli 1923 über drei Ozeane mit Stationen in Plymouth, Neapel, Port Said, Aden, Colombo, Singapur, Hongkong nach Kanton und endete am 20. November 1923 in Wladiwostok.

Nach Beendigung des Lehrganges im Februar 1925 wurde Pantelejew in die Schwarzmeerflotte versetzt. Als er sich in der Personalabteilung des Stabes meldete, wurde er Zeuge einer heftigen Auseinandersetzung des Kaderchefs mit dem Chef der U-Bootabteilung, der unbedingt einen Navigationsoffizier für eines seiner U-Boote brauchte. Kurzerhand bot sich Pantelejew an, obwohl er noch keine Ahnung von U-Booten hatte, er aber der Meinung war, dass für Unterwasserfahrzeuge im Wesentlichen auch keine anderen Navigationsregeln gelten konnten wie für die Überwasserschiffe. Was es an Besonderheiten zu beachten gab, war zu erlernen.

So wurde Pantelejew Navigationsoffizier auf dem U-Boot »Politruk«, einem Boot des Typs »Bars«, das während der Zarenzeit gebaut worden war und blieb dort fünf Monate bis zum Juli 1925. Obwohl es sich um einen veralteten U-Boot-Typ handelte, der beispielsweise mehr als drei Minuten zum Wegtauchen brauchte, erlernte der Navigationsoffizier in zahlreichen Übungen alles wesentliche, was man für den Einsatz einer solchen Unterwasserwaffe wissen musste. Später konnte er das Wissen gut gebrauchen, als er nach einer längeren Pause wieder zur U-Bootwaffe zurückkehrte.

Aber erst einmal ging er von Juli 1925 bis April 1926 als 1.WO auf den Zerstörer »Schaumjan« und anschließend bis Dezember 1928 als Navigationsoffizier auf den Kreuzer »Tscherwona Ukraina«; der gerade auf der Werft von Nikolajew fertiggestellt worden war. Auf dem Kreuzer bekam er 1927 während einer Übungsfahrt unverdient einen Rüffel von seinem Flottenchef Orlow, der sich an Bord befand und von Pantelejew wissen wollte. ob er auch richtig navigiert hätte, da das Schiff plötzlich einen Stoß erhielt, als wäre es auf ein Unterwasserhindernis aufgefahren. Orlow entschuldigte sich aber bald, als über Funk mitgeteilt wurde, dass in der Nähe von Jalta (auf der Krim) ein leichtes Erdbeben stattgefunden hatte. Im Frühjahr 1928 begleitete der Kreuzer eine türkische Yacht mit dem König von Afghanistan Aman Ullah, der Sewastopol einen Freundschaftsbesuch abgestattet hatte, zurück nach Istanbul.

Im Dezember 1928 wurde Pantelejew als Mitarbeiter in den Stab der Schwarzmeerflotte versetzt und war dort bis Oktober 1930 tätig. Auf Vorschlag des Flottenchefs nahm er Ende 1930 ein Studium an der Marineakademie in Leningrad auf. Dort lernte er Duschenow kennen, der zwar nur kurze Zeit Chef der Akademie war, aber eine Reihe von Änderungen einführte, die mit alten Gepflogenheiten und Regeln brachen. Gern erinnerte sich Pantelejew an die Lehrer, meist Leute aus der alten Schule, die aber anerkannte Fachleute auf ihren Gebieten waren, und von denen man viel lernen konnte. Professor Schwede, ein Militärgeograph, gab seinen Hörern beispielsweise mit auf den Weg, dass man Amerika nicht zweimal entdecken müsse und hatte den Spruch parat: »Erst einmal sich alles aneignen, worüber die Wissenschaft schon Bescheid weiß und was die Menschen bereits entdeckt haben und dann den Versuch machen, sein eigenes Wort zu sprechen.«

Das Praktikum während des Studiums absolvierte Pantelejew in der Schwarzmeerflotte. Dort doublierte er den Stabschef einer der beiden U-Bootsbrigaden, die inzwischen durch den Zugang neuer Typen bedeutend verstärkt worden waren. Die Führung der Schwarzmeerflotte ließ ihn wissen, dass sie ihn nach Beendigung des Studiums gern als Stabschef einer U-Bootsbrigade einsetzen würde. Für Pantelejew gab es aber bis dahin, nachdem er sein Studium im April 1933 erfolgreich abgeschlossen hatte, noch einige Zwischenstationen. Zuerst war er im Stab der Baltischen Flotte tätig. Im Herbst 1933 erhielt er den Auftrag, zusammen mit dem späteren Flottenadmiral Isakow eine zweite Schiffsabteilung, bestehend aus einem Zerstörer, einem Küstenschutzschiff, einem U-Boot und zwei Räumbooten, über das noch nicht auf allen Abschnitten fertige Kanalsystem in die Nordflotte zu überführen, wohin bereits schon eine Abteilung verlegt worden war. Hierbei musste der tiefergehende Zerstörer über den flachen Fluss Swir in einem hölzernen Schwimmdock mit Schlepperhilfe bewegt werden, was zuweilen einem Abenteuer gleichkam.

Als das alles geschafft und die Abteilung in Archangelsk angekommen war, durfte Pantelejew sogleich als Chef des Stabes der Nordflottille (ab 1935 Nordflotte) bleiben. Seine Aufgabe bestand u.a. darin, neue Stationierungsmöglichkeiten für die im Aufbau befindliche Flotte zu schaffen, angefangen von Anlegern für die Schiffe, über die Unterkünfte an Land bis hin zur Aufstellung von Küstenbatterien und das Anlegen von Flugplätzen für die Marineluftwaffe. Polarnoje wurde in dieser Zeit zur Hauptbasis der späteren Nordflotte ausgebaut.

Nach zwei Jahren angestrengter Tätigkeit im Hohen Norden wurde Pantelejew im Juni 1935 als Stabschef einer U-Bootbrigade an das Schwarze Meer versetzt und führte diese als Chef vom Dezember 1935 bis zum August 1938. Dem folgte bis Oktober 1939 eine Tätigkeit als Stellvertreter des Vorsitzenden der Staatlichen Abnahme- und Erprobungskommission für zahlreiche Schiffsneubauten, wobei sich Pantelejew als U-Bootkenner besonders um diese Gattung kümmerte. Während eines kurzen Aufenthaltes in der Pazifikflotte hätte ihn der Befehlshaber Jumaschew, mit dem er auf der »Marat« bekannt geworden war, gern als Chef einer Minenleg- und Räumbrigade dabehalten, aber er wurde nach Moskau beordert und mit Billigung Stalins als Chef des Stabes der Baltischen Flotte eingesetzt.

In dieser Funktion erlebte Pantelejew den sowjetisch-finnischen Winterkrieg 1939/40, in dem wegen des schlechten Zusammenwirkens der Armee mit der Flotte einige Pannen auftraten. Finnland wurde trotzdem gezwungen, Frieden zu schließen und musste unter anderem die Halbinsel Hangö am Eingang zum Finnischen Meerbusen als Flottenstützpunkt an die UdSSR für dreißig Jahre verpachten.

Mit der Einführung von Admiralsdienstgraden wurde Pantelejew 1940 Konteradmiral und im selben Jahre Mitglied der Kommunistischen Partei. Als Chef des Stabes hatte er maßgeblichen Anteil an der rechtzeitigen Vorbereitung der Baltischen Flotte auf die Abwehr des deutschen Überfalls am 22. Juni 1941. Zusammen mit seinem Befehlshaber Vizeadmiral Tribuz sorgte er dafür, dass die Schiffe aus der vorgeschobenen Basis Libau den Schlägen der deutschen Luftwaffe entzogen und Maßnahmen zur Verteidigung der Basen Hanko und Tallinn eingeleitet wurden.

Pantelejew hatte nach den ersten Anzeichen eines unmittelbar bevorstehenden deutschen Angriffs den Hauptstab in Moskau gebeten, unverzüglich Verteidigungsminensperren an den Zugängen zu den sowjetischen Flottenbasen legen zu dürfen, was aber verboten wurde, sodass dann empfindliche Nachteile für die Verteidigung entstanden. Auch Pantelejew schmerzte es tief, dass sich die baltische Flotte nach der Aufgabe ihrer Basen im Baltikum und auf der Halbinsel Hanko in den Ostteil des Finnischen Meerbusens zurückziehen musste, wo sie allerdings zu einem wichtigen Glied in der Verteidigung Leningrads wurde. Ab September 1941 war Pantelejew Chef der Seeverteidigung der Stadt und gleichzeitig für die Marinebasis verantwortlich. Dort erlebte er die zahlreichen Luftangriffe, die zur Ausschaltung der Baltischen Flotte, vor allem der schweren Artillerieträger, führen sollten. Das schwerste und gleichzeitig letzte massierte Bombardement der deutschen Luftwaffe auf die Schiffe überstand die Baltische Flotte Anfang 1942, als die deutsche Führung mit der Operation »Eisstoß« die im Eis vor Kronstadt und auf der Newa festliegenden Kampfschiffe ein für allemal ausschalten wollte.

Im April 1942 berief man Pantelejew nach Moskau als Gehilfen des Chefs des Hauptstabes der Sowjetflotte. Dort arbeitete er bis Anfang Mai 1943. Am 8. Mai 1943 wurde er im Kreml beauftragt, zusammen mit dem Volkskommissar Kusnezow nach Stalingrad zu fliegen, um dort unverzüglich die Wolgaflottille zu übernehmen. Diese hatte nach ihre Teilnahme an der erfolgreichen Schlacht von Stalingrad nunmehr eine andere außergewöhnliche Aufgabe erhalten, nämlich die Treibstofftransporte vom Kaspischen Meer über die Wolga zu sichern. Die deutsche Luftwaffe versuchte, diese lebenswichtige Verbindung durch den Abwurf von Minen in das Fahrwasser zu unterbrechen. Das Auffinden und Vernichten dieser gefährlichen »Eier«, die meistens auf den Magnetismus der Flussschiffe ansprachen, wurde zur Hauptaufgabe der Wolgaflottille.

Pantelejew hatte zwar darauf aufmerksam gemacht, dass er noch nie in einer Flussflottille mit all ihren Eigenheiten gedient hatte, musste aber nun mit den Schwierigkeiten fertig werden.

Dabei war es für ihn selbst die geringste Umstellung, dass man nun mit dem Schiff nicht wie gewohnt immer an einer Pier anlegte oder vor Anker ging, sondern oft eine Birke am Ufer als Festmacher für die Leinen diente. Unter Pantelejews Führung wurde bald ein System von Beobachtungsposten geschaffen, das etwa 1164 Kilometer Flusslänge unter Kontrolle hatte. Nachdem die Aufschlagstellen der an Fallschirmen aus niedriger Höhe abgeworfenen Minen ausgemacht waren, wurden die »Teufelsdinger« von Sprengkommandos vernichtet.

Zu den Beobachtungsposten gehörten allein über 700 Komsomolzen, darunter viele Mädchen und sogar ältere Bäuerinnen aus der Umgebung. Die Wolgaflottille war in zwei selbständige Brigaden unterteilt, zuständig für je einen Bereich. Innerhalb der Bereiche gab es je vier Abschnitte, denen die entsprechenden Kräfte zugeteilt waren, wobei – neben den Räumfahrzeugen – speziell bewaffnete Boote ausschließlich die Luftabwehr übernahmen. Das gesamte System ermöglichte in der Folgezeit trotz der deutschen Luftangriffe einen weitgehend sicheren Transportbetrieb auf der Wolga. Als nach der Kursker Schlacht (Sommer 1943) die deutschen Luftangriffe merklich nachließen, war für Pantelejew die hauptsächliche Arbeit in der Wolgaflottille erledigt.

Im Dezember 1943 wurde er nach Moskau zurückgeholt und fungierte dort, nachdem er im Januar 1944 zum Vizeadmiral befördert worden war, bis Juli 1944 wiederum als Gehilfe des Chefs des Hauptstabes. Ab Sommer 1944 bis Anfang 1945 befehligte Pantelejew die Weißmeerflottille und war dort für die Sicherheit der arktischen Geleitzüge verantwortlich, die nach und von den Flussmündungen der sibirischen Flüsse lebenswichtige Güter aller Art transportierten. Die Seegebiete der sowjetischen Arktis hatten jedoch nach dem Oktober 1944 kaum noch feindliche Einwirkungen zu spüren, sodass der Krieg in dieser Region eigentlich schon beendet war.

1945 befand sich der Vizeadmiral daher bereits wieder in Moskau, diesmal als Chef der Verwaltung des Hauptstabes der Sowjetflotte, und ab 1947 war er Stellvertreter des Chefs des Hauptstabes. Im April 1948 wurde Pantelejew Chef der Marineakademie in Leningrad, wo er fünf Jahre lang (bis 1953) blieb. Im selben Jahr wurde er zum Volladmiral befördert.

Um sich nicht allzu sehr von der Praxis in der Flotte zu entfernen, wirkte er noch einmal von 1953 bis zum Januar 1956 als Befehlshaber der Pazifikflotte und kehrte dann nach Leningrad zurück, wo er bis 1960 die Akademie für Schiffbau und Bewaffnung »A. N. Krylow« leitete. Von da an bis 1967 wechselte er nur das Gebäude, nicht aber den Sessel des Chefs, denn nun war er wiederum in den Mauern der Marineakademie zu finden, die in der Hauptsache Flottenkommandeure und Stabsarbeiter auszubilden hatte.

Seit 1962 Professor, nahm er direkt am Lehrprozess teil und beschäftigte sich mit historischen Untersuchungen. In seinem 1965 im Militärverlag Moskau erschienenen Buch »Morskoj front« (Die Seefront), setzte er sich mit den Ereignissen auf und an der Ostsee (am Vorabend und in der Anfangsphase des »Vaterländischen Krieges«) aus der Sicht des ehemaligen Stabschefs der Baltischen Flotte kritisch auseinander. Nachdem er im März 1968 in den Ruhestand versetzt worden war, arbeitete er an seinen Memoiren, die 1974 im Militärverlag der DDR unter dem Titel »Mein Leben für die Flotte« erschienen und ein eindrucksvolles Bild über das Wirken einer Flotte von ihren Anfängen bis zum Ende des Zweiten Weltkrieges vermitteln.

Für seine Leistungen war Pantelejew mit einem Lenin-Orden, vier Rotbannerorden; zwei Orden »Roter Stern«, einem Nachimow-Orden 1. Klasse und anderen Auszeichnungen geehrt worden.

Er verstarb am 5. Mai 1983 im Alter von 81 Jahren in Leningrad.

Platonow, Wasilij Iwanowitsch (geb. 1902)

Geboren wurde er am 31. Dezember 1902 in Kertsch (einer Stadt gleichen Namens wie die Halbinsel am Schwarzen Meer) als Sohn eines Arbeiters.

Reich war die Familie nur an Kindern. Aus den ersten Lebensjahren des Jungen ist nichts bekannt. Erst aus dem Jahre 1920 weiß man, dass sich Platonow, um für den Unterhalt der Familie mit zu sorgen, als Decksmaschinist auf einer Schute, wie sie in den Küstengewässern des Schwarzen Meeres zahlreich zu finden waren, verdingte. Dort lernte der Achtzehnjährige die harte Arbeit eines Seemannes kennen, die sich nicht so sehr von der Arbeit eines einfachen Matrosen auf einem Kriegsschiff unterschied. 1922 folgte er dem Aufruf des Jugendverbandes Komsomol und trat in die Schwarzmeerflotte ein. Zwei Jahre lang diente er als Matrose zuerst auf dem Kreuzer »Komintern«, dann auf dem Minenleger »Perwij Maj« und zuletzt auf dem Zerstörer »Leutnant Schmidt«, der nach dem Führer des Matrosenaufstandes von 1905 benannt worden war. Ehrgeizig wie er war, wollte Platonow weiterkommen und nahm daher 1924 an einem einjährigen Vorbereitungskurs für die Aufnahme an die Seeoffiziersschule in Leningrad teil.

Im Januar 1925 trat er in die Kommunistische Partei (Bolschewiki) ein und wurde im Juni desselben Jahres Offiziersschüler. Nach Beendigung der Seeoffiziersschule 1928 folgte ein Praktikum auf dem Kanonenboot »Krasnij Adscharistan« sowie auf dem Zerstörer »Schaumjan« in der Schwarzmeerflotte. Dann nahm er auf dem Kreuzer »Komintern«, auf dem er schon als Matrose gefahren war, an einer Reise in die Türkei teil.

Als er seinen ersten Offiziersdienstgrad (»Kommandeur der Roten Flotte«) erhielt, wünschte er sich wie die meisten seiner Kameraden ein Bordkommando, um später selbst ein Schiff zu befehligen. Doch daraus wurde zunächst nichts. Zu seinem Leidwesen bekam er ein Landkommando. Es war die Schiffsstammabteilung der Schwarzmeerflotte, um dort eine Kompanie Rekruten zu kommandieren.

1929 wurde er nach Leningrad an die Seeoffiziersschule »Frunse«, wiederum als Chef einer Schülerkompanie, versetzt. Beschwerden darüber nutzten nichts, im Gegenteil, man gab ihm zu verstehen, dass eine Schule auch zur Flotte gehört.

Als kleine Entschädigung für den ihm vorerst versagten Dienst auf einem Kriegsschiff empfand er, dass er mit den Schülern Fahrten auf dem Kreuzer »Aurora« und dem Schulschiff »Komsomolez« unternehmen konnte. Unter anderem führte ihn eine Reise 1930 auch rund um Skandinavien.

1931 erhielt er endlich seine Versetzung in die Baltische Flotte, wenn auch nicht als Wachoffizier auf ein Schiff, sondern in den Stab der U-Bootsbrigade. Dort hatte er mit der Gefechtsausbildung auf den Booten des veralteten Typs »Bars« zu tun, aber auch mit der Abnahme und Einführung der Boote des neuen Typs »Dekabrist«, die seit 1926 bereits in Serie gebaut wurden.

Im April 1933 erhielt der Stab der Baltischen Flotte vom Chef der Seestreitkräfte Orlow die Weisung, einige Schiffe der Baltischen Flotte von Kronstadt über den noch nicht ganz fertiggestellten Ostsee-Weißmeer-Kanal nach Murmansk zu überführen, wo sie den Grundstock der im Aufbau befindlichen Nordflotte (damals noch als Nordflottille bezeichnet) bilden sollten. Die gesamte Aktion, die als »Expedition von besonderer Bedeutung« (»EON«) bezeichnet wurde, war generalstabsmäßig von dem damaligen Lehrer an der Marineakademie und designierten Chef des Stabes der Baltischen Flotte, Iwan Stepanowitsch Isakow, vorbereitet worden, der auch die Expedition leitete.

Mit der ersten Abteilung »EON-1«, die sich im Mai 1933 in Marsch setzte, ging es auch für Platonow auf Fahrt in den Norden. Überführt wurden die beiden Zerstörer »Urizki« und »Kujbyschew«, das Küstenschutzschiff »Uragan« sowie die beiden U-Boote »Dekrabrist« und »Narodowolez«. Platonow blieb in Murmansk und war dort als Flagg-Sperroffizier (leitender Minenspezialist) tätig.

Das Jahr 1935 war für ihn in zweifacher Hinsicht von Bedeutung: Die Nordflottille, die sich inzwischen erheblich vergrößert hatte, erhielt die Bezeichnung Nordflotte, und mit der Einführung neuer Dienstgrade wurde Platonow Kapitänleutnant. In seiner Dienststellung als Sperrspezialist blieb er drei Jahre, dann avancierte er 1938 zum Leiter der Abteilung Gefechtsausbildung im Stab der Nordflotte und 1939 zum Chef der Küstensicherungsbrigade. In diesem Amt erlebte er den sowjetisch-finnischen Winterkrieg 1939/40.

Mit Eröffnung der Kampfhandlungen im Norden am 30. November 1939 wurde aus Kräften der Küstensicherungsbrigade eine Abteilung formiert, die unter seinem Kommando der in Richtung Lünahamari und Petsamo vorstoßenden 104. Infanteriedivision Feuerunterstützung zu geben hatte. Platonows Abteilung bestand aus dem Küstenschutzschiff »Grosa« und zwei Minensuchern. Mit dieser kleinen Streitmacht drang er, nachdem Lünahamari genommen worden war, in den Hafen von Petsamo ein und zwar so überraschend, dass die Finnen keine Zeit mehr hatten, alle ihre dort liegenden Schiffe zu versenken, um sie den Angreifern nicht in die Hände fallen zu lassen. Platonow konnte daher einen noch brauchbaren finnischen Minensucher als Beute nach Poljarnij, der neuen Hauptbasis der Nordflotte, bringen.

Der Krieg gegen Deutschland begann für die Nordflotte am 22. Juni 1941 ebenfalls – wie in der Ostsee oder am Schwarzen Meer – mit massiven Angriffen der deutschen Luftwaffe auf die Flottenbasen, so auch auf Murmansk und Poljarnij. Den Luftangriffen folgten unmittelbar zahlreiche Minenlegeaktionen deutscher Überwasserkräfte, die den Schiffen der Nordflotte den Weg aus ihren Basen versperren sollten. Und auch die deutschen Gebirgsdivisionen waren von Nordnorwegen aus zum Vorstoß auf Murmansk angetreten.

Das Jahr 1941 brachte für die deutschen Gruppierung an der Murmansk-Front jedoch nicht den erwünschten Erfolg. Die entschiedene Abwehr der Roten Armee und der Nordflotte bewirkte, dass beide Seiten westlich von Murmansk faktisch für lange Zeit bis zum Oktober 1944 zum Stellungskrieg übergingen.

Die Aufgaben der Küstensicherungsbrigade Platonows waren in dieser Zeit von vielfältiger Art und bestanden im Legen von Verteidigungsminensperren, im Räumen feindlicher Minensperren, zeitweilig in der Artillerieunterstützung von Einheiten der 14. Armee, vor allem aber auch in der Absetzung von kleineren Landungstrupps zur Aufklärung hinter der feindlichen Frontlinie.

Die Durchführung von Seelandungen, auch größeren Ausmaßes, wurden in der Folge zu einer Spezialität Platonows, wobei es anfänglich nicht an Misserfolgen fehlte und es Lehrgeld zu zahlen galt. Dies war vor allem darauf zurückzuführen, dass sich nicht alle Schiffe und Boote, schon allein wegen ihrer unterschiedlichen Geschwindigkeit, für überraschende Aktionen, die ja meistens im Rücken des Gegners durchgeführt wurden, eigneten. Hierbei gab es auch schmerzliche Verluste an Menschen. Vor allem zwei Seelandungen während seiner Amtszeit als Chef der Küstensicherung blieben Platonow in Erinnerung.

Eine führte er als Kapitän 1. Ranges (Kapitän zur See) am 14. Juli 1941 durch. Dabei wurden – nach einer Luftvorbereitung mit der Artillerieunterstützung durch Zerstörer – von Küstenschutzschiffen, Räumbooten und kleinen U-Jägern ein Schützenregiment sowie ein Marineinfanteriebataillon am Westufer der Mündung des Fluges Bolschaja Sapadnaja Liza abgesetzt. Diesen folgte dann noch ein Bataillon zur Verstärkung, sodass es der sich dort verteidigenden 14. Armee gelang, die Juli-Offensive der deutschen Truppen gegen Murmansk zum Stehen zu bringen.

Eine Seelandung größeren Ausmaßes kommandierte Platonow in der Nacht zum 28. April 1942. Diese erfolgte während eines Gegenstoßes der Karelischen Front im Zusammenwirken mit der Nordflotte, um eine erneute Offensive der deutschen Truppen zur Einnahme von Murmansk zu vereiteln. Die Hauptstoßrichtung der sowjetischen 14. Armee verlief südlich der Motowski-Bucht. Die Nordflotte hatte eine taktische Landung im Rücken des Gegners durchzuführen, um den Durchbruch durch dessen Linien zu ermöglichen. Anzulanden waren eine Marineinfanteriebrigade in Stärke von über 6.000 Mann und eine Aufklärungsabteilung mit 170 Mann. Für den Transport und die Anlandung sorgten 44 Schiffe und Boote, vor allem Küstenschutzschiffe, Räumboote und kleine U-Jäger. Mit Unterstützung der Schiffsartillerie, zum Teil auch der weitreichenden Küstenartillerie, erreichten die Truppen zwar am 1. Mai 1942 den Bestimmungsort, wo sie sich der Übermacht des Gegners erwehren mussten. Sie konnten sich aber nur zwei Wochen halten und mussten dann wieder zurückgeführt werden. Der ursprüngliche Gedanke war wohl, den Gegner zurückzuwerfen und selbst in die Offensive zu kommen. Wie an anderen Abschnitten der sowjetisch-deutschen Front war der Zeitpunkt aber noch nicht gekommen, um in die Offensive gehen zu können, dafür waren die Kräfte der Deutschen noch zu mächtig. Mit dieser Aktion konnte aber im Frühjahr 1942 erreicht werden, dass ein erneuter Versuch der Deutschen, Murmansk zu nehmen, scheiterte.

1942 und 1943 waren für die Küstensicherungsbrigade Platonows vor allem mit Versorgungsfahrten zur Halbinsel Srednij und zur Fischerhalbinsel, die von sowjetischen Truppen gehalten wurden, ausgefüllt. Auch Vorposten- und Sicherungsaufgaben an den Zugängen zu den Flottenstützpunkten in der Kola-Bucht, das Minenlegen und Minenräumen, das Absetzen von Aufklärungs- und Sabotagetrupps im Rücken des Gegners gehörten dazu. Ab und zu passierte es, dass Küstenschutzschiffe und Minensucher von Platonows Brigade sich plötzlich deutschen Zerstörern gegenübersahen, die 1942 bis 1943 mehrmals in der Kola-Bucht auftauchten, um Minen zu legen oder Küstenobjekte zu beschießen.

Die Brigade verlor bei solchen ungleichen Treffen einige Schiffe, denn was konnte beispielsweise ein zum Minensuchboot umgerüsteter Fischtrawler, der nur zwei 45-mm-Kanonen an Bord hatte, oder selbst ein Küstenschutzschiff mit seinen zwei 102-mm-Geschützen gegen einen deutschen Zerstörer ausrichten, der mit fünf 127-mm-Geschützen bestückt war.

Die Nordflotte wurde zwar bis 1944 durch die Zuführung von Schiffen und Flugzeugen bedeutend verstärkt, diese Kräfte reichten aber bei weitem nicht aus, um die vielfältigen Aufgaben in einem solch großen Gebiet zu erfüllen, das von der Bären-Insel bis in die Ostsibirische See reichte.

Anfang 1944 stellten die Kräfte der deutschen Kriegsmarine in Nordnorwegen noch eine beachtliche Gefahr dar, mit der nicht nur die Nordflotte, sondern auch die Deckungs- und Sicherungskräfte der westlichen Verbündeten für die Geleitzüge nach und von Murmansk zu rechnen hatten. Die deutsche Seite verfügte hier über das Schlachtschiff »Tirpitz«, 14 Zerstörer und Torpedoboote, 18 U-Boote, 2 Minenleger, mehr als 50 Bewacher, 20 Landungsfahrzeuge und etwa 50 Schnellboote, ferner über 200 Flugzeuge.

Demgegenüber standen in der Nordflotte 23 U-Boote, 9 Zerstörer, 19 Küstenschutzschiffe, 15 Torpedoschnellboote, über 70 kleine U-Jäger, 36 Minensucher, 40 Räumboote und 353 Flugzeuge.

Erst 1944 kamen dann aus eigener Produktion, vor allem aber aus amerikanischen und englischen Lieferungen noch 3 U-Boote, 2 Minensucher, 32 mit Funkmessanlagen ausgerüstete Torpedoschnellboote sowie 62 kleine, mit modernen hydroakustischen Stationen ausgestattete U-Jäger hinzu. Alle diese Kräfte kamen noch mehrfach zum Einsatz und bedeuteten eine enorme Unterstützung. Dagegen spielten das im Herbst 1944 der Nordflotte zur Verfügung gestellte britische Schlachtschiff »Royal Sovereign«, der amerikanische Kreuzer »Milwaukee«, acht Zerstörer und vier U-Boote keine Rolle mehr und wirkten eher als eine symbolische Geste der westlichen Verbündeten. Die Übergabe dieser Einheiten erfolgte zu einem Zeitpunkt, als sich die sowjetischen Kräfte im Transpolargebiet bereits anschickten, den Krieg dort durch eine Offensive zur Vertreibung der deutschen Wehrmacht aus Nordnorwegen zu beenden.

Für Platonow persönlich hatte schon im Frühjahr 1944 eine neue Etappe in seiner Laufbahn begonnen. Im Mai wurde er Chef des Stabes der Nordflotte. Als der Flottenchef, Admiral Golowko, im August wegen Krankheit für einige Zeit ausfiel und nach dem Süden zur Genesung geschickt wurde, übernahm er die Führung der Flotte. Während seiner Amtszeit konnten am 19. August 1944 Torpedoschnellboote von ihrem Stützpunkt auf der Halbinsel Srednij aus einen deutschen Geleitzug mit 30 Schiffen und mehreren Sicherungsfahrzeugen aus drei Richtungen angreifen und dabei 12 Schiffe versenken.

Als Golowko im Süden davon erfuhr, gab er telefonisch seiner Freude darüber Ausdruck. Im Oktober 1944 waren beide wieder an ihrem Platz und konnten erleben, wie die Petsamo-Kirkenes-Operation, die sie zusammen mit der Führung der Karelischen Front geplant hatten, erfolgreich den Krieg im Transpolargebiet beendete. Kräfte der Nordflotte waren maßgeblich an der Einnahme von Kirkenes beteiligt, sie setzten Landungstruppen ab und gaben Feuerunterstützung. U-Boote und Minen-Torpedofliegerkräfte griffen die deutschen Nach- bzw. Abschubtransporte an, und Bomben- sowie Jagdfliegerkräfte waren gegen Häfen, Flugplätze und Truppenansammlungen eingesetzt. Die Operation begann am 7. Oktober und war mit der Einnahme von Kirkenes am 25. Oktober 1944 beendet. Bis zum Sieg über Deutschland im Mai 1945 beschäftigte sich die Nordflotte vor allen Dingen damit, die bis dahin fortlaufenden alliierten Geleitzüge sichern zu helfen sowie das Gebiet von Minen zu räumen.

Nach der Versetzung von Admiral Golowko in den Hauptstab der Flotte nach Moskau übernahm Platonow im August 1946, inzwischen zum Vizeadmiral befördert, die Nordflotte als Befehlshaber und führte diese (seit 1951 Volladmiral) bis 1952.

Für die Zeit von 1952 bis Mai 1955 fehlen in der Literatur genaue Angaben über die Zeitspannen, in denen der Admiral verschiedene Funktionen innehatte. So besuchte Platonow u.a. die Generalstabsakademie, war in der Volksrepublik China einige Zeit als Berater für die Flotte tätig und wirkte auch als Admiralsinspekteur in der Hauptinspektion des Ministeriums für Verteidigung der UdSSR. Ab Mai 1955 arbeitete er als Chef der Rückwärtigen Dienste (Logistik) der Sowjetflotte und ging im Dezember 1963 in den Ruhestand.

Für seine Verdienste erhielt er den Lenin-Orden, fünf Rotbanner-Orden, den Nachimow-Orden 1. Klasse und den Uschakow-Orden 2. Klasse.

Tribuz, Wladimir Filippowitsch (1900 – 1977)

Sein Großvater war noch leibeigener Bauer eines Gutsbesitzers im weißrussischen Gouvernement Minsk. Als die Familie dem Dorf den Rücken kehrte und sich in St. Petersburg niederließ, war sie daher nicht mit Reichtum gesegnet. Der Vater brachte es zwar zum »niederen« Angestellten, für den kleinen Wladimir Filippowitsch jedoch, der am 15. Juli 1900 geboren wurde, boten sich wenig verlockende Berufsaussichten.

Als Armeleutekind besuchte Tribuz eine dreiklassige Grundschule, danach brachten die Eltern mühsam das Geld auf, um den Jungen in eine höhere, vierklassige Grundschule zu schicken. Diese verließ er jedoch nach dem Abschluss von drei Klassen.

Russland brauchte 1914 Soldaten, und so kam der junge Bursche an einer Militär-Feldscher-Schule in St. Petersburg an. Dort geschah die Ausbildung auf Staatskosten; Unterkunft, Verpflegung und Bekleidung waren frei. Seine letzten Examen als Feldscher legte Tribuz nach der Oktoberrevolution ab und arbeitete ab Dezember 1917 als Apothekergehilfe in einem Lazarett. Anfang 1918 meldete er sich freiwillig in die Rote Garde und kam in die Marinefliegerabteilung Nord. Mit dieser Einheit nahm er an den Kämpfen gegen die deutschen Truppen vor Narwa teil. An der Ostsee blieb er nicht lange, denn bereits im Mai 1918 schickte man den Matrosen Tribuz mit anderen Kameraden zur Auffüllung der Kaspi-Flottille nach Süden. Dort wurde er der Besatzung des Zerstörers »Dejatelnij« zugeteilt, welcher von dem späteren Admiral Isakow befehligt wurde. Auf diesem Schiff nahm er an den Kämpfen zur Befreiung von Baku und an der Operation zur Vertreibung der Weißgardisten sowie der britischen Interventionstruppen aus dem iranischen Hafen Enseli teil.

Danach fuhr er auf dem umgerüsteten Kanonenboot »Lenin«. Dessen Besatzung wählte ihn 1920 zum Abgeordneten in den Stadtsowjet von Baku. Von 1922 bis 1926 besuchte er die Seeoffiziersschule in Petrograd. Unter seinen Studienkameraden befand sich der spätere Admiral und Volkskommissar der Sowjetflotte N. G. Kusnezow.

Die erste Offiziersdienststellung trat Tribuz als Zugführer in der Schiffstammabteilung der Ostseeflotte an, erst dann kam er als Kommandant eines Geschützturmes auf das Schlachtschiff »Parischskaja Kommuna«. Dort trat er 1928 in die Kommunistische Partei ein. Bis 1929 hatte er es zum 2.WO des Schlachtschiffes gebracht und war damit für das gesamte Oberdeckpersonal verantwortlich.

In dieser Funktion nahm er im Winter 1929 an der Überführung der »Parischskaja Kommuna« und des Kreuzers »Profintern« in die Schwarzmeer-Flotte teil. Die Reise der beiden Schiffe, die einen schweren Sturm in der Biskaya zu überstehen hatten, war allein ein großes Wagnis. Als Anerkennung für die glückliche Ankunft in Sewastopol erhielten die verantwortlichen Offiziere, an der Spitze der spätere Admiral Galler, hohe Auszeichnungen. Tribuz bekam eine Mauserpistole mit einer Widmung des Militärrates der Republik.

Nach seiner Rückkehr vom Schwarzen Meer tat Tribuz 1930 Dienst als 2.WO auf dem Schlachtschiff »Marat« in der Baltischen Flotte. Noch im selben Jahr nahm er ein Studium an der Marineakademie in Leningrad auf, das er 1932 abschloss. Mit ihm zusammen studierten Kusnezow, den er schon auf der Offiziersschule kennen gelernt hatte, und der spätere Admiral und Chef des Stabes der Sowjetflotte Alafusow. Im Anschluss an die Marineakademie diente Tribuz zunächst bis 1934 als 1. WO auf dem Schlachtschiff »Marat«, von dem er gekommen war.

Danach bekam er sein erstes selbständiges Kommando: Er wurde Kommandant des Zerstörers »Jakow Swerdlow« – eines Schiffes, das 1913 zur Flotte gekommen war und am Ersten Weltkrieg teilgenommen hatte. Unter seiner Führung erreichte der Zerstörer bis 1936 bei der Gefechtsausbildung einen ausgezeichneten Platz in der Baltischen Flotte. Tribuz erhielt dafür den Orden »Roter Stern«.

Seine erfolgreiche Arbeit war der Grund dafür, dass man ihn noch im Dezember 1936 in den Stab der Baltischen Flotte holte, um die Abteilung Gefechtsausbildung zu übernehmen. Dieses Amt hatte Tribuz bis 1938 inne. Der April 1939 brachte für ihn den entscheidenden Einschnitt in seiner Laufbahn, denn von nun an war er Befehlshaber der Baltischen Flotte und blieb es – im Vergleich zu allen anderen Flottenbefehlshabern – die längste Zeit, nämlich ohne Unterbrechung bis zum Mai 1947. Gründe dafür waren nicht nur sein Vertrautsein mit dem Ostseeschauplatz und dass er bis dahin fast ausschließlich in der Baltischen Flotte gedient hatte, sondern auch seine hervorstechenden Führungsqualitäten. In einer Beurteilung seiner höchsten Vorgesetzten war eine Reihe von Formulierungen zu finden, wie Scharfsinnigkeit, Kreativität, ausgezeichnetes Gedächtnis, Kaltblütigkeit und Entschlossenheit, Aktivität und Tapferkeit, Mut zum Risiko und Flexibilität, Organisationsvermögen, Voraussicht in den Gang der Ereignisse, Kollektivgeist und kameradschaftliche Aufmerksamkeit gegenüber seinen Untergebenen.

Als für den Flaggmann 2. Ranges (Konteradmiral) Tribuz und die Baltische Flotte die Bewährungsprobe im Krieg mit Deutschland kam, konnte er alle diese Qualitäten unter Beweis stellen. Er und sein Stab hatten längere Zeit vor dem deutschen Überfall an zahlreichen Vorgängen im Ostseeraum feststellen können, dass eine Konfrontation bevorstand. Da gab es seit Anfang 1941 sich mehrende Aufklärungsflüge deutscher Flugzeuge über sowjetischem Grenzterritorium. Auf der Insel Ösel suchten deutsche Rote-Kreuz-Mitarbeiter angeblich nach Soldatengräbern aus dem Ersten Weltkrieg, aus Leningrad reisten plötzlich deutsche Werftspezialisten ab, die bei der Fertigstellung eines von Deutschland gekauften Schweren Kreuzers helfen sollten. Deutsche Handelsschiffe verließen die sowjetischen Häfen und sowjetische Schiffe wurden in deutschen Häfen zurückgehalten. Die Kriegsmarine begann Minensperren in den wahrscheinlichen Operationsgebieten zu legen, und die deutschen Truppentransporte nach Finnland sowie die Verlegung von Minenlegkräften und leichten Überwasserkräften in finnische Häfen waren nicht zu übersehen.

Der Stab der Baltischen Flotte machte das Volkskommissariat in Moskau und über dieses den Generalstab sowie die Führung im Kreml auf diese Vorgänge aufmerksam und empfahl, rechtzeitig etwas zur Abwehr zu tun. Aus Moskau kam – einer Weisung

Stalins entsprechend – die Antwort, sich »nicht auf Provokationen« einzulassen. Selbst Kapitän zur See Tribuz als Leiter der Abteilung Gefechtsausbildung der Baltischen Flotte zusammen mit dem Befehlshaber der Flotte Isakow während einer Übung 1937 der Hauptstab der Sowjetflotte in Moskau, dem zu dieser Zeit Admiral Galler vorstand, war wegen seiner Abhängigkeit von »oben« zögerlich.

Aus den Vorkriegsplänen für das Verhalten der Flotten in sogenannten Spannungsperioden ging hervor, dass bei Anzeichen einer Kriegsgefahr, wie sie ja vorlagen, unter anderem Verteidigungsminensperren zu legen waren. Tribuz ließ durch seinen Stabschef Pantelejew in Moskau anfragen, ob man dies unverzüglich tun sollte, bekam aber von Admiral Galler als Chef des Hauptstabes eine abschlägige Antwort. Ohne Einverständnis der Obersten Führung im Kreml durfte man nichts unternehmen.

Die Führung der Baltischen Flotte hatte daher nicht zu verantworten, als sich nach dem deutschen Überfall eine Reihe empfindlicher Nachteile ergab. Was in eigener Regie in der Flotte zu tun war, wurde getan. Am 19. Juni 1941 ließ Tribuz die Bereitschaftsstufe 2 auslösen und, als endlich die Weisung aus Moskau eintraf, am 21. Juni gegen 23.37 Uhr die Bereitschaftsstufe 1. Rechtzeitig war auch durchgesetzt worden, die Abteilung leichter Kräfte (mit dem Kreuzer »Kirow« und Zerstörern) unter Konteradmiral Drosd sowie Teile der U-Bootsbrigade aus dem vorgeschobenen Stützpunkt Libau zunächst in die Rigaer Bucht zu verlegen. In Libau waren lediglich der alte Zerstörer »Lenin« und sechs reparaturbedürftige U-Boote verblieben. Was man allerdings nicht mehr schaffte, war der Abtransport des Hauptvorrates an Minen, der in Libau lagerte. Die rechtzeitige Verlegung der Schiffe aus Libau hatte bewirkt, dass die Baltische Flotte kein Kampfschiff durch die ersten deutschen Luftangriffe am 22. Juni verlor.

Als die deutschen Heeresverbände auf die lettische Hauptstadt Riga vorstießen, bestand für die in der Rigaer Bucht befindlichen Schiffe eine ernste Gefahr, über die durch Minen gesperrte Irben-Straße konnte man nicht ausbrechen, ohne Verluste zu erleiden. Für den Kreuzer »Kirow« und die Zerstörer schien es keinen Ausweg aus der Bucht zu geben. Doch Tribuz gab nicht auf: Er ließ den teilweise zu flachen Moonsund innerhalb weniger Tage ausbaggern und alle überflüssigen Lasten von Bord nehmen. So gelang es, die Schiffe, zum Teil mit Schlepperhilfe, nach Tallinn zu bringen. Dort wurden sie in die Verteidigung dieser Hauptbasis der Baltischen Flotte einbezogen. Der Initiative des Flottenbefehlshabers war es auch zu danken, dass rings um Tallinn ein Hauptverteidigungsstreifen von etwa 50 Kilometern Länge entstand.

Die auf Reede liegenden größeren Schiffe erhielten für ihre Artillerie Sektoren zugewiesen und wirkten mit der Feldartillerie des 10. Schützenkorps zusammen, das den Hauptteil der Verteidigungskräfte stellte. Die Flotte formierte aus abkömmlichen Schiffsmannschaften und aus ihren Landdienststellen Abteilungen der Marineinfanterie, die an besonders gefährdeten Abschnitten der Verteidigungslinie zum Einsatz kamen.

Die Verteidigung von Tallinn, das eigentlich wie die anderen Basen der Baltischen Flotte von Teilen der deutschen Heeresgruppe Nord »im Vorübergehen« genommen werden sollte, verzögerte den geplanten Vormarsch auf Leningrad. In Tallinn wurde die deutsche 61. Infanteriedivision gebunden und verlor etwa 75 Prozent ihres Personalbestandes. Admiral Tribuz und sein Stab hatten strikt der Weisung des Hauptquartiers und des Oberbefehlshabers der Nordwest-Front, Woroschilow, zu folgen, die forderten, die Basis bis zuletzt zu verteidigen. In den Augen von Tribuz war es nicht richtig, in Tallinn eine solch große Anzahl von Schiffen und Einrichtungen der Flotte zu belassen, welche für die Verteidigung nicht benötigt wurden, ja diese eher behinderten.

Der Flottenbefehlshaber hatte daher um eine rechtzeitige Evakuierung überflüssiger Kräfte und Mittel, vor allem aber der Zivilbevölkerung, gebeten, was jedoch von der Führung der Nordwest-Front abgelehnt wurde. Tribuz, der dann die kurzfristig angeordnete Evakuierung der gesamten Basis leitete, äußerte sich später zur Überführung der Evakuierungsgeleite durch die dichten Minensperren und unter fortwährenden Angriffen der deutschen Luftwaffe sehr zurückhaltend. Er distanzierte sich damit von einigen sowjetischen Marinehistorikern, die diesen Rückzug als einen großen Erfolg darstellten. Für ihn wie für einige andere nüchterne Betrachter war es sehr dem mutigen Einsatz der Schiffsbesatzungen zu verdanken, dass durch die deutschen Luftangriffe und Minen nicht ein noch größerer Schaden während der Überfahrt entstanden war. Der Verlust von 5 Zerstörern, 2 Küstenschutzschiffen, 3 U-Booten, 1 Kanonenboot und 34 Transportern von insgesamt 67 Fahrzeugen, schmerzte natürlich den Befehlshaber der Flotte. Er musste an Bord des Kreuzers »Kirow« miterleben, wie der Zerstörer »Jakow Swerdlow«, den er früher als Kommandant gefahren hatte, vor seinen Augen sank.

Von Admiral Tribuz stammte der Vorschlag, von der Insel Ösel aus mit Fernbombern Luftangriffe auf Berlin zu fliegen, was dann auch geschah.

Besondere Verdienste erwarb sich Tribuz während der neunhundert Tage dauernden Verteidigung Leningrads. Der Befehlshaber der Flotte war die wenigste Zeit im sicheren Kommandobunker anzutreffen, sondern vielmehr in den vorderen Linien, in denen tausende Angehörige der Flotte als Marineinfanteristen kämpften. Die auf der Newa und in Kronstadt liegenden schweren und mittleren Überwasserschiffe sowie die Küstenartillerie bildeten mit ihren weitreichenden Geschützen eine wichtige Stütze der Verteidigung. Dort entspannen sich regelrechte Duelle mit der deutschen Belagerungsartillerie. Insgesamt konnten von der Marineartillerie 74 Batterien und über 400 befestigte Punkte des Gegners vernichtet werden.

Als sich die Truppen der Heeresgruppe Nord und finnische Einheiten Leningrad gefährlich näherten, hatte das Hauptquartier in Moskau die Aufgabe der Stadt erwogen und damit die Vernichtung des Kampfkerns der Baltischen Flotte ins Auge gefasst. Stalin wollte den Volkskommissar Kusnezow dazu veranlassen, einen diesbezüglichen Befehl zu unterzeichnen, was aber von dem Admiral abgelehnt wurde. Trotzdem kam aus Moskau die Weisung, vorsichtshalber Sprengladungen in den Schiffen anzubringen. Tribuz und sein Stab führten die Weisung aus, waren aber der festen Überzeugung, dass Leningrad nicht in die Hände der Deutschen fallen würde. Deshalb holten sie nahezu alle Besatzungsmitglieder von den Schiffen – bis auf die Artilleristen und ein paar Seeleute, um die Landfront durch Marineschützen zu verstärken. Als sich die Lage vor Leningrad stabilisiert hatte und damit auch keine Gefahr mehr für die Schiffe bestand, fand sich tatsächlich ein Denunziant, der dem Hauptquartier in Moskau meldete, dass das Anbringen von Sprengladungen ein Beweis für die Panikstimmung des Befehlshabers Tribuz gewesen sei. Offensichtlich erinnerte sich Stalin aber daran, dass er selbst die Sprengung empfohlen hatte und so blieb Tribuz verschont. Im Gegenteil, er wurde für seine Verdienste (u.a. die Versorgung Leningrads über die »Straße des Lebens« auf dem Ladoga-See) 1943 zum Volladmiral befördert.

Eine besonders schwierige Leistung vollbrachte die Baltische Flotte im September 1943, als sie unter den Augen der deutschen Belagerer eine ganze Armee mitsamt Technik auf den sich im Rücken des Gegners befindlichen Brückenkopf Oranienbaum überführte und damit einen gewaltigen Stoßkeil schuf, der für die sowjetische Gegenoffensive vor Leningrad und die Vertreibung der Belagerer im Januar 1944 eine entscheidende Bedeutung hatte. Im März 1944 wurde Tribuz zu einem Gespräch mit Stalin nach Moskau gerufen. Der oberste Befehlshaber wollte mit ihm über die für den Sommer 1944 geplanten Offensiven längs der Ostseeküste sprechen und hierzu Vorschläge hören, was die Baltische Flotte dabei tun konnte. Es war das erste mal, dass Tribuz Stalin gegenüberstand. Tribuz versicherte, dass die Flotte in der Lage sei, sowohl landseitig mit Seefliegerkräften einzugreifen als auch mit U-Booten, Schnellbooten und Seefliegerkräften die deutschen Seewege zu stören. Die schweren Überwasserschiffe, die mit ihrer Artillerie die Offensiven längs der Küsten hätten unterstützen können, lagen wegen der dichten Minensperren im Ostteil des Finnischen Meerbusens fest. Außerdem waren die meisten Besatzungsmitglieder als Marineinfanterie für den Einsatz an Land abgezogen worden und mussten erst wieder zurückgeführt werden.

Mit allen verfügbaren Kräften beteiligte sicht die Baltische Flotte an den Kämpfen, so an der Wiborger und der Swir-Petrosawodsker Operation gegen die Finnen, die zum Ausscheiden Finnlands aus dem Krieg führten, sowie an den folgenden Geschehen längs der Ostseeküste, wodurch bis zum Kriegsende Flottenkräfte sogar nach Rostock und nach Bornholm gelangten.

Nach der Kapitulation Finnlands wurden die U-Boote der Baltischen Flotte wieder aktiv, die bis dahin durch Netzsperren blockiert waren. Durch die finnischen Fahrwasser gelangten sie in die freie Ostsee und griffen dort die deutschen Nachschub- und Evakuierungstransporte an. Vom Sommer 1944 bis zum Mai 1945 versenkten sie über 30 Schiffe mit zusammen etwa 100.000 BRT.

Für Tribuz war der Krieg im Mai 1945 noch nicht beendet, denn bis 1947 leitete er das Minenräumen innerhalb der sowjetischen Territorialgewässer der Ostsee. Danach wurde er in die

Pazifikflotte versetzt und wirkte dort bis 1948 als Stellvertreter des Oberbefehlshabers der Fernost-Streitkräfte für Marineangelegenheiten.

Von 1949 bis 1951 arbeitete Tribuz als Chef der Hydrographischen Verwaltung der Sowjetflotte. Seine reichen Fronterfahrungen und sein theoretisches Wissen auf dem Marinesektor vermittelte er von 1951 bis 1957 als Leiter eines Lehrstuhls an der Generalstabsakademie. Danach war der Admiral bis 1960 Mitarbeiter in der Hauptinspektion des Ministeriums für Verteidigung und trat im Februar 1961 in den Ruhestand.

Nun fand er Zeit für wissenschaftliche Studien, vor allem für die Aufarbeitung der jüngeren Marinegeschichte, mit dem Schwerpunkt Baltische Flotte, die er fast ein Jahrzehnt lang geführt hatte. Er veröffentlichte über 200 Artikel in Zeitschriften. Auch eine Dissertation für den Doktor der Wissenschaften konnte er 1972 erfolgreich verteidigen. Einige Jahre schrieb er noch an seinen Memoiren, die in drei Bänden in einem Kaliningrader (Königsberger) Verlag erschienen.

Am 30. August 1977 verstarb der hochdekorierte Admiral in Moskau. Ein großes U-Jagdschiff der russischen Flotte trägt seinen Namen.

Tschabanenko, Andreji Trofimowitsch (1909 – 1986)

Auf seinem Weg als Marineoffizier lagen keine großen Steine, und er musste auch nicht das große Sterben an den Fronten des Krieges erleben. Viele Jahre seiner Dienstzeit verbrachte er bei der U-Bootwaffe, für die er ausgebildet war und deren Entwicklung in der Pazifikflotte er mitprägte. Zeitgenossen erinnern sich mit Dankbarkeit und Hochachtung an ihn als Kommandant und Führer von U-Bootseinheiten, vor allem aber als Lehrmeister einer jüngeren Generation von U-Bootkommandanten. Am 30. Oktober 1909 in einer Arbeiterfamilie in Dnepropetrowsk geboren, wuchs Andrej Trofimowitsch Tschabanenko ohne Vater auf. Dieser war kurz vor seiner Geburt verstorben. Die Mutter und Verwandte erzählten dem Jungen später, dass der Vater in der zaristischen Schwarzmeerflotte als Heizer auf den Geschwaderpanzerschiffen »Dwenatzatch Apostolow« (»Die zwölf Apostel«) und »Georgij Pobedonosez« (»Georgij der Sieger«) gedient hatte.

Aus diesen Erzählungen bzw. später wegen seiner Mitgliedschaft im Jugendverband Komsomol, der seit 1922 die Patenschaft über die Rote Flotte übernommen hatte und für Nachwuchs warb, war in Tschabanenko der Wunsch geweckt worden, zur Marine zu gehen und Offizier zu werden. Das war aber gar nicht so schnell zu erreichen. Als er 1925 eine Bewerbung an die Seeoffiziersschule »Frunse« in Leningrad geschickt hatte, bekam er erst einmal einen abschlägigen Bescheid. Der Haken war, dass er von den drei wichtigsten Aufnahmebedingungen (Schulabschluss mittlere Reife, Mindestalter 18 Jahre und gesundheitliche Eignung) nur die letzte erfüllen konnte. Nun war guter Rat teuer, doch da gab es für den Jungen nur eines: Bis zur Vollendung des 18. Lebensjahres die Zeit nutzen und sich selbst das geforderte Wissen beibringen. In einer Bibliothek fand er in einem Leitfaden für den Mittelschulabschluss alles, was er brauchte, und als er nach fleißigem und hartnäckigem Selbststudium glaubte, genug zu wissen, reiste er im Juli 1927 schnurstracks nach Moskau. Dort wurde er im Zentralkomitee des Komsomol vorstellig und hatte Glück, denn gerade war ein Vertreter aus der Verwaltung der Roten Armee zu Gast. Dieser fragte ihn zusammen mit dem Mitarbeiter des Zentralkomitees kurzerhand nach dem notwendigen Wissen ab. Und da das Ergebnis zufriedenstellend ausfiel, bekam der Prüfling eine Empfehlung an den Kommandeur der Seeoffiziersschule mit und wurde so im September 1927 Kursant. Unter den Fächern an der Seeoffiziersschule fand Tschabanenko besonderen Gefallen an der Navigation und wollte unbedingt Steuermann werden. Es dauerte nicht lange, bis er sich in der Theorie der Nautik gut auskannte. Als unter den Besten des dritten Ausbildungsjahres ein Wettbewerb in der Berechnung von Schiffskursen auf der Seekarte veranstaltet wurde, meldete sich auch Tschabanenko, der zwar erst im zweiten Lehrjahr stand, sich aber stark genug fühlte, um gegen Konkurrenten anzutreten. Das Ergebnis war, dass er den zweiten Preis, ein englisch-russisches Wörterbuch, gewann. Seine Bordpraxis absolvierte er 1928 auf dem Kreuzer »Aurora« und auf dem Schulschiff »Komsomolez«. 1930 nahm er an einer Schulschiffsreise teil, die über den norwegischen Hafen Bergen nach Archangelsk und zurück über Murmansk und Christiansand führte. Während des Herbstmanövers der Baltischen Flotte 1930 war er als Praktikant auf einem Zerstörer als doublierender Wachoffizier eingesetzt. Als eine Auszeichnung empfand er es, als er einmal vom Kommandanten des Schulschiffes »Komsomolez« eine zeitlang als 2. Navigationsoffizier eingesetzt wurde, wobei im angesichts einer solchen Verantwortung doch recht mulmig zu Mute war. Zum 13. Jahrestag der Roten Armee am 23. Februar 1931 erhielten die Absolventen ihre Ernennung zum Offizier. Tschabanenko wurde in die Schwarzmeerflotte versetzt und kam zu jener Waffe, die für ihn lange Zeit zur Heimat und zum Tätigkeitsbereich seiner Karriere als Offizier und Kommandeur werden sollte: Er wurde 1. WO auf dem U-Boot »A-4« aus der ehemaligen zaristischen Flotte. Der Neuankömmling empfand seine erste Dienststellung als unmittelbarer Gehilfe des Kommandanten, zudem noch auf einem U-Boot, das er erst noch kennen lernen musste, für den Anfang seiner Offizierslaufbahn doch etwas zu hoch angebunden. Wie froh war er, als noch im Herbst des Jahres ein Absolvent kam, der als U-Boot-Offizier ausgebildet worden war und seine Stelle übernahm. Er selbst ging erst einmal auf einen Lehrgang zur U-Bootlehrabteilung nach Leningrad. Nach diesem Abschluss war ihm wohler zu Mute, als er im Herbst 1932 auf dasselbe Boot »A-4« zurückkehrte und wiederum als 1. WO eingesetzt wurde.

Im Dezember 1932 wechselte er dann als 1. WO auf ein größeres Boot des Typs Dekabrist »D-5«, auf dem er den Test für die erste Langzeitfahrt und den längsten Unterwasseraufenthalt eines Bootes miterleben durfte. Danach ging es in die Ausbildung für den Gruppeneinsatz von U-Booten.

lm November 1933 übernahm Tschabanenko als Kommandant das kleine U-Boot »M-13«, ein 161-Tonnen-Boot, das zwei Torpedorohre besaß und sich auch zum Minenlegen eignete. Zur Besatzung gehörten 16 Mann. Mit diesem Boot führte der frischgebackene Kommandant die Erprobungsfahrten durch, und nach entsprechenden Gefechtsübungen ging es im März 1934 zusammen mit zwei anderen Booten desselben Typs nach eineinhalbmonatiger Bahnfahrt nach Wladiwostok zur Pazifikflotte, die sich im Aufbau befand und eine eigene U-Bootflotte bekommen sollte. Dort gehörte Tschabanenkos »M-13« bald zu den besten Booten.

Der Umstieg auf ein größeres Boot »Schtscha-105« (587 t, 6 Torpedorohre) erfolgte noch im Oktober 1934. Auf diesem Boot blieb Tschabanenko als Kommandant einige Jahre und verbrachte die meiste Zeit bei Seeübungen oder auf Patrouillenfahrten im Japanischen Meer. lm April 1937 bekam er – mittlerweile zum Kapitän 3. Ranges befördert – den Auftrag, mit dem Mitglied der Akademie der Wissenschaften, Professor L. Sorokon, an Bord, Teile des Japanischen und Ochotskischen Meeres zu vermessen. Auch der Kurilen-Rücken und die Gewässer um Kamschatka wurden einbezogen. Als im November 1937 das neue 1.040-Tonnen-U-Boot »L-14« zur Flotte kam, übertrug man Tschabanenko die Erprobungsfahrten, die bis in den Juni 1938 hinein dauerten. Daran anschließend übernahm er das Kommando über die 14. U-Bootabteilung, die während des sowjetisch-japanischen Konfliktes am Hassan-See im August 1938 gerade mit Übungen beschäftigt war. Der Konflikt am Hassan-See hatte mit den Seestreitkräften beider Seiten zwar nichts zu tun, es konnte aber mit einer Ausweitung der Zusammenstöße an Land gerechnet werden. Deshalb waren die Flotten beider Kontrahenten in erhöhte Gefechtsbereitschaft versetzt worden. Dabei blieb es auch. Die UdSSR und Japan sollten erst im August 1945 zu offiziellen Kriegsgegnern werden. Bis dahin fehlte es allerdings nicht an japanischen Provokationen – auch auf See. Tschabanenko war sowohl als Chef der U-Bootabteilung als auch später (ab April 1940) als Chef der 2. U-Bootsbrigade gleichzeitig Ausbilder in der U-Bootslehrabteilung der Pazifikflotte. Diese Arbeit setzte er dort während seiner gesamten Dienstzeit fort. Aus seiner Schule gingen einige spätere U-Bootskommandanten hervor.

Anfang 1941 waren die Unterwasserkräfte der Pazifikflotte auf die beachtliche Stärke von 91 Booten unterschiedlicher Klassen und Größen angewachsen. Auch die Brigade Tschabanenkos war durch neue Boote aufgefüllt und umformiert worden. Die Boote befanden sich gerade in der Ausbildung zum Gruppeneinsatz, als am 22. Juni 1941 die Nachricht vom Überfall Deutschlands eintraf.

Für die Pazifikflotte bedeutete das, einen beträchtlichen Teil ihres Personalbestandes vom Offizier bis zum Matrosen an die Fronten im Westen zu entsenden. Insgesamt waren es 140.000 Mann, die von der Pazifikflotte kamen. Sie kämpften praktisch bis Anfang 1945 zum größten Teil als Marine-Infanteristen, ob vor Leningrad, vor Moskau, in Stalingrad oder im Hohen Norden. Auch mehrere U-Bootkommandanten, Schnellbootkommandanten und viele Flieger aus der Pazifikflotte waren im Nordmeer, auf der Ostsee und auf dem Schwarzen Meer im Einsatz. Neben drei Zerstörern aus der Pazifikflotte, die über den nördlichen Seeweg zur Verstärkung der Nordflotte überführt wurden, gelangten auch fünf U-Boote auf anderem Wege dorthin. Ihre Fahrtstrecke betrug 17.000 Seemeilen und führte über Dutch Harbor, San Francisco sowie durch den Panama-Kanal nach Guantanamo auf Kuba, über Halifax in Kanada nach Reykjavik und von da aus nach Murmansk. Ursprünglich waren sechs U-Boote in Wladiwostok ausgelaufen, vor San Francisco ging aber eines aus bisher ungeklärten Gründen verloren.

Indessen ging die Ausbildung in den U-Bootsbrigaden der Pazifikflotte weiter. Tschabanenko, der inzwischen zum Kapitän 1. Ranges befördert worden war, machte sich besonders bei der Entwicklung des Gruppeneinsatzes seiner Boote verdient. In der sowjetischen Flotte war das damals ein Novum. In der Baltischen Flotte war es beispielsweise bis zum Beginn des Krieges noch so, dass die Boote vornehmlich in der Positions-Methode geschult waren, wobei die Boote einzeln auf bestimmten Positionen den Gegner zu erwarten hatten und ihren Standort nicht verlassen durften. Schon in den ersten Kriegstagen mussten sie sich aber umstellen. Auch das Torpedo-Schießen war dort aus verschiedenen Gründen meist auf stehende Ziele durchgeführt worden. Auch hierbei war in der ersten Zeit bis zur Umstellung zur »freien Jagd« und anderen Methoden Lehrgeld zu zahlen. Tschabanenko trimmte seine U-Boote von Anfang an auf den Einsatz kleiner Schlaggruppen von je zwei bis vier Booten, die als eine sogenannte »bewegliche Wand« auf den wahrscheinlichen Kursen gegnerischer Schiffe entfaltet wurden. Ein Boot galt hierbei als Richtungs- oder Leitboot und hatte die übrigen an das Zielobjekt heranzuführen. Der Grundgedanke einer solchen Methode wurde im Einsatz der U-Boote in der Nordflotte praktisch verwirklicht. Dort allerdings nicht als »bewegliche Wand«, sondern als »hängende Wand«. Dies bedeutete, dass mehrere Boote, die auch einander abwechselten, in bestimmten Abschnitten an den Geleitüberführungswegen längs der norwegischen Küste »hingen« und nach Aufklärungsangaben die gegnerischen Schiffe Gruppe von U-Booten im Hafen abpassten. Der Unterschied zwischen den beiden Methoden ergab sich daraus, dass in den fernöstlichen Seegebieten mit den verschiedensten Kursen gegnerischer Schiffe gerechnet werden musste, während die deutschen Zufahrtswege an der norwegischen Küste konstant verliefen. Seine Erfahrungen in der Ausbildung vermittelte Tschabanenko ab 1942 den Kursanten des jeweiligen 4. Lehrjahres der U-Boot-Klasse an der Offiziershochschule der Pazifikflotte in Wladiwostok, welche zum abschließenden Bordpraktikum in seine Brigade kamen. Die Absolventen, die durch seine Hände gegangen waren, sprachen später dankbar von der »Schule Tschabanenko«, und dieser Ruf wurde auch in den anderen Flotten bekannt. Auch sein origineller Leitspruch »Schwache Kommandanten muss man zwingen, die starken überzeugen« machte die Runde. Mit 35 Jahren wurde Tschabanenko im Oktober 1944 zum Konteradmiral befördert. Gleichzeitig wurde seine zweite Brigade in die erste Brigade mit zwei Abteilungen mittlerer Boote der Typen »Schtscha« und »S« sowie einer Abteilung großer Boote des Typs »L« umformiert.

Als die UdSSR nach der Beendigung des Krieges in Europa am 8. August 1945 in den Krieg gegen Japan eintrat, bekam auch die Pazifikflotte »Arbeit«, wenn diese auch nicht mit der auf den anderen Schauplätzen vergleichbar war. Die U-Boote Tschabanenkos übten gerade den Nachtangriff, als sie die Nachricht vom Kriegsbeginn gegen Japan in die Basis zurückrief. Zwei Boote »L« seiner Brigade wurden sofort an die Küste Nordkoreas beordert und die übrigen Boote in kleinen Gruppen von je zwei bis drei Booten an den Zugängen zur Hauptbasis Wladiwostok entfaltet. Letztere hatten den Auftrag, japanischen Überwasserschiffen eine Annäherung an die Hauptbasis zu verwehren. Als kein Japaner zu sehen war, kehrten die Boote am 15. August in ihren Stützpunkt zurück. Am 19. August 1945 bezogen die beiden Boote »L-12« und »L-19« Position vor der Nordwestküste Hokkaidos, um japanische Seetransporte nach Südsachalin abzufangen.

Hierbei konnten am 22. August zwei Transporter versenkt und einer beschädigt werden.

U-Boote aus der Brigade waren auch bei Landungsunternehmen auf Südsachalin beteiligt. Dort hatten die von ihnen abgesetzten Landungstrupps unter anderem die Aufgabe, die Zerstörung des Hafens Maoka durch die Japaner zu verhindern. Nach Beendigung des Krieges gegen Japan übernahm der Admiral im Oktober 1945 den Befehl über die Flottenbasis Sowjetskaja Gawan am Tartarensund. Dort blieb er etwa ein Jahr. Dann ging er ab November 1946 zu einem Lehrgang für höhere Offiziere an die Marineakademie in Leningrad. Dort fand seine Abschlussarbeit in Form eines Vortrages über den Gruppeneinsatz von U-Booten in »beweglichen Wänden« große Beachtung.

Im Mai 1947 kehrte Tschabanenko zur Pazifikflotte zurück und übernahm als Kommandeur die inzwischen neueingerichtete Flottenbasis Südsachalin. In dieser Funktion wirkte er aber nur bis zum Dezember 1947. Von da an bis April 1950 studierte er an der Generalstabsakademie in Moskau. Den Lehrgang beendete er jedoch vorzeitig und wurde im April 1950 Chef der Flottenbasis Porkhalla-Udd im Finnischen Meerbusen.

Im Januar 1951 kam die Beförderung zum Vizeadmiral und die Versetzung als Chef des Stabes der 8. Baltischen Flotte nach Tallinn. Befehlshaber dieser Flotte war zu jener Zeit Charlamow. Nach über einem Jahr, im April 1952, wurde Tschabanenko Befehlshaber der Nordflotte und löste damit seinen Vorgänger Admiral Platonow ab, der diesen Verband nach dem Weggang von Admiral Golowko 1946 sechs Jahre lang geführt hatte.

Ein Grund für Tschabanenkos Kommandierung in die Nordflotte war sicherlich die Tatsache, dass sich die gesamte Sowjetflotte Anfang der fünfziger Jahre in einer völligen Umstrukturierung befand und das künftige Profil im Wesentlichen durch U-Boote mit Kernantrieb bestimmt wurde. Dafür brauchte man einen erfahrenen Mann wie Tschabanenko, der in der U-Bootwaffe groß geworden und mir ihr verwachsen war.

In der Nordflotte verbrachte der Admiral zehn Jahre und konnte daher den Zugang völlig neuer Unterwasserschiffe, die seit 1955 in Serie gebaut wurden, miterleben. Aber auch den modernen Überwasserschiffen seiner Flotte, den Raketenkreuzern und Raketenzerstörern sowie den anderen Schiffsklassen und den Seefliegerkräften, die zu einer ausgewogenen und universellen Flotten dieser Zeit gehörten, galt seine Aufmerksamkeit. Meistens war er mit den Schiffen in See, um an Ort und Stelle die Ausbildung und die Übungen zu überwachen oder diese selbst zu leiten.

Im Juni 1962 kam seine Versetzung nach Moskau. Dort war der Admiral weitere zehn Jahre als Gehilfe des Chefs des Generalstabes der Sowjetarmee für die Seestreitkräfte tätig. Im Mai 1972, nunmehr dreiundsechzigjährig, fand er als Konsultant an der Generalstabsakademie nochmals einen neuen Wirkungskreis bis zu seiner Versetzung in den Ruhestand am 13. November 1976.

Admiral Andrej Trofimowitsch Tschabanenko verstarb im Alter von siebenundsiebzig Jahren am 19. Dezember 1986 in Moskau.

Wladimirskij, Lew Anatolewitsch
(1903–1973)

Er war ein Seefahrer von echtem Schrot und Korn, ein pflichtbewusster Soldat und leidenschaftlicher Ozeanograph, den selbst im hohen Alter der Traum vom Abenteuer Weltmeer nicht verließ.

Wladimirskij wurde am 14. September 1903 als Sohn eines russischen Lehrers in der Stadt Gurjew, am kasachischen Ufer des Kaspischen Meeres, geboren. Als die Revolution nach 1917 ganz Russland erfasste und sie sich auch im Süden gegen ihre Feinde behaupten musste, wurde auch Wladimirskij Zeuge blutiger Auseinandersetzungen. Er meldete sich daher 1920 mit siebzehn Jahren freiwillig in eine Sonderabteilung der Roten Armee, die sich mit Basmatschen herumschlug, Banditen, die mordend und sengend durch die Lande zogen. Als sich 1922 die Lage im Süden stabilisiert hatte, zog es den jungen Rotarmisten zur Marine. Noch im selben Jahr nahm er ein Studium an der Seeoffiziersschule in Petrograd auf. Zur gleichen Zeit lernte dort der spätere Volkskommissar der Sowjetflotte, N. G. Kusnezow. Während der Ausbildung nahmen die Offiziersschüler 1924 an der ersten Auslandsreise mit den Schulschiffen »Aurora« und »Komsomolez« rund um Skandinavien teil. Als frischgebackener Absolvent kam Wladimirskij 1925 in die Schwarzmeer-Flotte – als Wachoffizier auf den Zerstörer »Leutnant Schmidt«. Ein Jahr später wechselte er als Wachoffizier auf den Kreuzer »Tscherwona Ukraina«. Dort traf er seinen Studienkameraden Kusnezow wieder, der als 1. WO nun sein Vorgesetzter war. Zwischen den beiden entwickelte sich eine feste Freundschaft, die bis ans Lebensende währte.

Nach dem Besuch eines Speziallehrganges in Leningrad kam Wladimirskij ans Schwarze Meer zurück und diente fünf Jahre lang als 1. Artillerieoffizier auf dem Zerstörer »Schaumjan«.

Ab 1932 fuhr er als Kommandant des Küstenschutzschiffes »Schkwal« und von 1935 bis 1937 als Kommandant auf dem Zerstörer »Petrowskij«.

Seine ausgezeichneten Leistungen als Seemann und Kommandeur waren maßgebend, dass man ihm 1937 die Aufgabe übertrug, einen Transporter mit Waffen und Munition aus einem Schwarzmeerhafen in das republikanische Spanien zu bringen. Die Reise fiel in eine Zeit, in der das Land mit Repressalien überzogen wurde, denen zahlreiche bewährte Kommandeure und politische Funktionäre der Streitkräfte zum Opfer fielen. Wladimirskij musste später erfahren, dass auch über ihn »belastendes Material« zusammengetragen worden war und man ihm beispielsweise anlastete, ein Abkömmling von Kosaken zu sein, von denen sich ein Teil während des Bürgerkrieges gegen die Sowjetmacht gestellt hatte. Offensichtlich schützte ihn auch nicht, dass er 1937 in die Kommunistische Partei eingetreten war.

Von Spanien kehrte er im Sommer 1937 zurück. Nach einem kurzen Einsatz in der Schwarzmeer-Flotte ging es 1938 auf eine viermonatige Expeditionsreise mit den Forschungsschiffen »Poljarni« und »Partisan« in den Atlantik und in den Pazifik. Damit geriet er buchstäblich dem NKWD außer Sicht.

Als er am 17. Oktober 1938 mit seinen Schiffen in Wladiwostok von Kusnezow empfangen wurde (der hatte gerade die Pazifikflotte übernommen.), teilte ihm dieser mit, dass man ihn kurzfristig in Moskau erwarte, um einen Auftrag der Regierung auszuführen. Von dort schickte man ihn nach Italien, wo er den Bau des für die Sowjetunion bestimmten Zerstörers »Taschkent« zu überwachen und diesen nach seiner Fertigstellung in die Schwarzmeer-Flotte zu überführen hatte. Im Mai 1939 machte der Zerstörer in Odessa fest. Unmittelbar nach seiner Ankunft übertrug man Wladimirskij das Kommando über die Kreuzerbrigade der Schwarzmeer-Flotte, dessen Flaggschiff der Kreuzer »Krasnij Kawkas« wurde. Bereits im Herbst desselben Jahres übernahm Wladimirskij das neu formierte Geschwader, zu dem das Schlachtschiff »Parischskaja Kommuna«, die beiden neuen Kreuzer »Woroschilow« und »Molotow« sowie drei Zerstörerdivisionen gehörten. Mit seinen insgesamt siebzehn Wimpeln stellte dieser Verband eine beachtliche Kampfkraft dar.

Wladimirskij, seit dem 4. Juni 1940 Konteradmiral, bereitete sein Geschwader systematisch auf Seegefechte mit feindlichen Überwasserkräften vor. Er hielt es durchaus für möglich, dass im Kriegsfall italienische und deutsche Schiffe ins Schwarze Meer durchbrechen könnten. Wie viele andere Offiziere der Sowjetflotte rechnete er jedoch weniger mit dem Einsatz der Schiffsartillerie gegen Landziele. Im Krieg aber musste dann auch sein Geschwader Aufgaben erfüllen, auf die man sich nicht vorbereitet hatte. Hier ging es in der Anfangsphase vor allem um die Unterstützung der landseitigen Verteidigung der Flottenbasen Odessa und Sewastopol, auf die sich die Schwarzmeer-Flotte einzustellen hatte. Und sie tat dies recht schnell. Während der Verteidigung von Odessa griffen Schiffe des Geschwaders nicht nur in die Erdkämpfe ein, sondern es wurden auch am 22. September 1941 Marineinfanterieeinheiten an den Flanken der Verteidigung bei Grigorijewka angelandet, um die rumänisch-deutschen Truppen und vor allem ihre Belagerungsartillerie abzudrängen. Als dann die Evakuierung der Basis Odessa angeordnet wurde, leitete Wladimirskij von dem Kreuzer »Tscherwona Ukraina« aus den Abtransport. Es gelang innerhalb weniger Stunden und zunächst unbemerkt vom Gegner, eine ganze Armee von über 35.000 Mann samt ihrer Technik auf siebzehn Transportern aus Odessa herauszubringen und diese unter dem Schutz von zwei Kreuzern und vier Zerstörern nach Sewastopol zu überführen, wo die Truppen die Verteidigung verstärkten. Obwohl der Verband während der Überfahrt ohne eigene Fliegerdeckung deutschen Luftangriffen ausgesetzt war, ging wegen des starken Flakfeuers der Begleitschiffe lediglich ein Transporter, der nur Technik geladen hatte, verloren.

Bei der zweihundertfünfzig Tage währenden Verteidigung der Hauptbasis Sewastopol liefen die Schiffe von ihren Stützpunkten an der kaukasischen Küste aus, um mit ihrer schweren Artillerie einzugreifen und Nachschubgüter heranzubringen, auf dem Rückmarsch aber Verwundete und Zivilpersonen zu evakuieren. Während des zweiten deutschen Sturmes auf Sewastopol im Dezember 1941 war das Schlachtschiff »Parischskaja Kommuna« unmittelbar an den Abwehrkämpfen beteiligt. Der Geschwaderchef Wladimirskij befand sich in den meisten Fällen an Bord seiner Schiffe, um die Einsätze direkt zu leiten. Seit dem Frühjahr 1942 waren die Schiffe des Geschwaders gezwungen, ihre Einsätze vor Sewastopol einzustellen. Wladimirskij wurde im Juni 1942 für seine Verdienste zum Vizeadmiral befördert. Als der Befehlshaber der Schwarzmeer-Flotte Admiral Oktjabrskij im April 1943 seiner Funktion enthoben wurde, rückte Vizeadmiral Wladimirskij an dessen Stelle. Oktjabrskij musste gehen, weil es im Februar 1943 bei einem Versuch, Noworossisk zurückzuerobern, zu Unstimmigkeiten im Zusammenwirken von Landungstruppen und Feuerunterstützungskräften der Flotte gekommen war.

Die Einnahme von Noworossisk erfolgte dann vom 10. bis 16. September 1943, gemeinsam durch Truppen der Nordkaukasischen Front und Kräfte der Schwarzmeer-Flotte. Die Idee, mit Torpedoschnellbooten nachts direkt in den Hafen einzudringen und die unmittelbar an den Kais liegenden Feuernester des Gegners durch Torpedos zu vernichten, stammte von Wladimirskij.

Aber auch ihn traf bald die Missbilligung des Hauptquartiers. Im Herbst 1943 hatte das sowjetische Oberkommando eine günstige Möglichkeit gesehen, vom Norden her mit der Ukrainischen Front und vom Osten her mit der Nordkaukasischen Front gemeinsam die deutsche Gruppierung auf der Krim in die Zange zu nehmen und zu zerschlagen. Zu diesem Zweck planten der Befehlshaber der Nordkaukasischen Front, General Petrow, und Vizeadmiral Wladimirskij eine Landungsoperation auf der Halbinsel Kertsch. Die nach ihren Landungspunkten benannte Operation Kertsch-Eltigen fand vom 31. Oktober bis zum 11. Dezember 1943 statt. Da es nicht gelang, die in der Hauptrichtung (Raum Kertsch) und in der Nebenrichtung (südlich von Kertsch bei Eltigen) angelandeten Truppen zu vereinigen und damit einen Durchbruch durch die deutsche Verteidigung zu erzwingen, konnte das eigentliche Ziel der Operation nicht erreicht werden.

Auch ein nochmaliger Versuch im Januar 1944 brachte nicht den erwarteten Erfolg. Daraufhin enthob man General Petrow, der die Gesamtführung der Operationen innehatte, seines Postens. Kurze Zeit danach folgte die Ablösung von Wladimirskij als Petrows Stellvertreter für die Seestreitkräfte. Hinzu kam die Degradierung zum Konteradmiral. Diese harte Strafe verfügte das Hauptquartier. Sie war ohne Absprache mit dem Volkskommissar der Sowjetflotte erfolgt. Wladimirskij trug keine Schuld an dem misslichen Vorfall, vielmehr war der obersten Führung bekannt, dass die Verantwortung für das Scheitern der Operation in der zögerlichen Haltung des Generals Petrow zu suchen war. Wladimirskij äußerte später die Vermutung, dass für seine Ablösung eher ein Ereignis maßgebend gewesen sei, das im Oktober 1943 passiert war, nämlich der Verlust von drei Zerstörern bei einem Einsatz ohne Luftdeckung.

Der Admiral wurde Anfang März 1944 an die Ostsee versetzt und übernahm das Geschwader der Baltischen Flotte. Zur Schwarzmeer-Flotte kehrte gleichzeitig deren früherer Befehlshaber Admiral Oktjabrskij zurück. Was Wladimirskij bald nach seiner Übernahme des Ostsee-Geschwaders auffiel, war, dass die schweren Überwasserschiffe, soweit sie nach der Vertreibung der deutschen Truppen vor Leningrad noch intakt waren, nunmehr untätig an ihren Liegeplätzen verharrten. Darüber beschwerte sich Wladimirskij bei seinen Vorgesetzten und begann mit den Schiffen Fahr- und Gefechtsübungen durchzuführen. Dabei passierte es, dass ein Schiff beim Anlegemanöver leicht kollidierte. Trotzdem gab es Ärger. Der Admiral reagierte in einer Eingabe mit bissigen Bemerkungen darauf: Wenn z. B. die Schiffe weiterhin an den Piers blieben, käme man ohne weiteres einige Jahre ohne Havarie aus.

Wladimirskij musste sich daher nicht wundern, dass einige Inspektionen seiner Schiffe folgten und hie und da Mängel entdeckt wurden. Jedenfalls wurde Wladimirskij wegen des Vorhandenseins »negativer politischer Haltungen« in seinem Geschwader bestraft. Bald aber konnte sich sein Verband erneut im Kampf bewähren. Im Mai 1944 griffen die schweren Überwasserschiffe mit ihrer Artillerie in die Feuervorbereitung des Angriffs auf der Karelischen Landenge ein und unterstützten die in Richtung Wiborg vorrückenden Truppen der Roten Armee, so weit ihre Geschütze reichten. Eine Begleitung des Vormarsches längs des Finnischen Meerbusens war – wegen der großen Gefahr durch Minensperren – nicht möglich.

Nach erfolgreicher Teilnahme an den Kampfhandlungen, die zum Ausscheiden Finnlands aus dem Krieg führten, war für das Geschwader der Baltischen Flotte der Krieg eigentlich schon zu Ende. Dieser hatte sich 1944 immer weiter nach Westen, an die Grenzen des Deutschen Reiches, verlagert. Der Volkskommissar der Sowjetflotte, Kusnezow, hatte daher für seinen Freund Wladimirskij eine andere Verwendung, er schickte ihn noch 1944 in die befreiten Häfen an der Ostseeküste und ließ ihn dort den Zustand der Werften überprüfen. Danach erhielt er den Auftrag, Vorschläge für die künftige Entwicklung der Sowjetflotte auszuarbeiten, welche Kusnezow der Partei-und Staatsführung vorlegen wollte.

Wie Kusnezow, so plädierte auch Wladimirskij für den Bau von Flugzeugträgern und bat in diesem Zusammenhang sogar darum, ihn mit einer Gruppe von Offizieren zur US-Pazifikflotte zu schicken, um sich dort an Ort und Stelle mit den Möglichkeiten dieser Schiffsklasse vertraut machen zu können. Das war jedoch illusorisch.

Kurz vor Beendigung des »Vaterländischen Krieges« wurde Wladimirskij im April 1945 wieder zum Vizeadmiral befördert. Damit verließ er die Baltische Flotte und wirkte ab 1946 von Moskau aus als Hauptinspekteur für die Seestreitkräfte im Ministerium für Verteidigung. Von Nachteil war, dass Kusnezow, mit dem er zusammen die Projektierung und den Bau von Flugzeugträgern durchsetzen wollte, Anfang 1947 seines Postens als

Volkskommissar der Sowjetflotte enthoben worden war und nun als Chef der »Verwaltung Lehreinrichtungen« keinen unmittelbaren Kontakt mehr zu den Führungsspitzen des Staates hatte. Allerdings konnte Wladimirskij zusammen mit Admiral Galler, der bei Kusnezow Stellvertreter für Schiffbau und Bewaffnung gewesen war, doch noch durchsetzen, dass die eingereichten Vorschläge akzeptiert wurden.

Als Kusnezow 1952 wieder in die Führung der Sowjetflotte zurückgeholt wurde und das neugeschaffene Marineministerium übernahm, holte er Wladimirskij zu sich als Chef der Verwaltung Gefechtsausbildung. In dieser neuen Funktion reiste letzterer nach China, um dort beim Aufbau einer Flotte und in der Ausbildung zu helfen.

Als sich die Sowjetflotte ab 1955 zu einer ozeanischen Raketen-Kernwaffenstreitmacht mauserte, stand Wladimirskij (ab März 1955 Stellvertreter Kusnezows für Schiffbau und Bewaffnung) mit Pate. Jedoch als Kusnezow im Dezember 1955 erneut wegen eines Vorfalls in der Schwarzmeer-Flotte gehen musste, folgte ihm 1956 ohne jegliche Begründung Wladimirskij.

Der damalige stellvertretende Vorsitzende des Ministerrates Kossygin verwendete sich für ihn und erreichte, dass der Admiral zum Vorsitzenden des wissenschaftlich-technischen Rates der Flotte ernannt wurde. In dieser Funktion ging es auch nicht ohne Ärgernisse ab, als Wladimirskij das Vorhaben kritisierte, eine Reihe schwerer Überwasserschiffe, deren Bau fast beendet war, verschrotten zu lassen, weil sie nicht mehr den Erfordernissen entsprachen. Der Admiral warnte davor, Milliardenbeträge aus dem Fenster zu werfen, anstatt diese Schiffe entweder zu Flugzeug- oder zu Raketenträgern umzurüsten. Für ihn bedeutete das wiederum Ablösung.

1959 befand sich Wladimirskij als Stellvertreter des Chefs der Marineakademie in Leningrad. Hier konnte er sich der wissenschaftlichen Arbeit widmen. Besonders interessierte er sich für die Ozeanographie, mit der er vor dem Krieg bereits in Berührung gekommen war.

Von 1960 bis 1970 hatte er Gelegenheit, seine Kenntnisse praktisch zu belegen. Während dieser Zeit leitete er mehrere ozeanographische Expeditionen, so 1960 in den Atlantik, 1965 in das Mittelmeer und 1967 wiederum in den Atlantik. Zu seinen größten Erlebnissen gehörte eine Reise um die Erde, die er 1968 bis 1969 auf dem Forschungsschiff »Poljus« unternahm und die neun Monate dauerte. Die »Poljus« war das erste sowjetische Schiff, das die Magellan-Straße passierte. Die Ergebnisse dieser Reise fanden Eingang in seine Dissertation für den akademischen Grad eines Kandidaten der Wissenschaft (Doktor eines Wissenschaftszweiges). Noch während er auf See war, wurde ihm mitgeteilt, dass er zum Professor berufen worden sei.

Als Wladimirskij 1970 im Alter von siebenundsechzig Jahren in den Ruhestand ging, gab er seine ozeanographischen Studien nicht auf. Er wollte noch eine Expedition vorbereiten und arbeitete an seiner Dissertation für den Doktor der Wissenschaften (habilitierter Doktor). Dieser Wunsch ging für Wladimirskij jedoch nicht mehr in Erfüllung.

Er starb am 7. September 1973 in Moskau. Seinen Namen trägt ein Forschungsschiff der russischen Flotte.

Anhang

Führungspersonal des Volkskommissariats der Seekriegsflotte 1942

VOLKSKOMMISSAR FÜR DIE SEEKRIEGSFLOTTE
N. G. Kusnezow

ERSTER STELLVERTRETER
I. S. Isakow

CHEF DES HAUPTSTABES
W. A. Alafusow

CHEF DER POLITISCHEN HAUPTVERWALTUNG
I. W. Rogow

CHEF DER VERWALTUNG MARINEFLIEGERKRÄFTE
S. F. Schaworonkow

STELLVERTRETER FÜR SCHIFFBAU UND BEWAFFNUNG
L. M. Galler

Führungspersonal der sowjetischen Seestreitkräfte 1952

KOMMANDEUR
Vizeadmiral N. G. Kusnezow

ERSTER STELLVERTRETER DES KOMMENDEURS
Admiral A. G. Golowko

WEITERE STELLVERTRETER
Admiral W. I. Platonow
Vizeadmiral Kulakow
Konteradmiral Potschupailer
Generaloberst Sacharow

Dienstgrade der Sowjetflotte

Geschichtliches:
Ein Dekret der sowjetischen Regierung vom 16. Dezember 1917 schaffte die Dienstgrade der ehemaligen zaristischen Armee und Flotte ab. Bis 1935 galten die Dienststellung und der Kommandoposten gleichzeitig als Dienstgrad und wurden in der militärischen Umgangssprache gebraucht, wie z. B. Schiffskommandant, Brigadekommandeur, Flottenbefehlshaber usw. Äußere Kennzeichen waren Ärmelstreifen, unterschiedlich in der Anzahl und Breite.

Am 22. September 1935 wurden folgende Dienstgrade in der Flotte eingeführt:

DIENSTGRAD	ZU DEUTSCH
Krasnij flotez	Roter Matrose
Otdelnij komandir	Abschnittskommandeur
Starschina	Obermaat/Bootsmann
Lejtenant	Leutnant
Starschij lejtenant	Oberleutnant
Kapitanlejtenant	Kapitänleutnant
Kapitan drejtowo ranga	Korvettenkapitän
Kapitan vtorowo ranga	Fregattenkapitän
Kapitan perwowo ranga	Kapitän zur See
Flagman vtorowo ranga	Konteradmiral
Flagman perwowo ranga	Vizeadmiral
Flagman flota vtorowo ranga	Admiral
Flagman flota perwowo ranga	Flottenadmiral

Ab 7. Mai 1940 wurden die Admiralsdienstgrade Konteradmiral, Vizeadmiral, Admiral und Flottenadmiral eingeführt.
Seit 1955 gab es dann auch den Flottenadmiral der Sowjetunion und seit 1977 neue Mannschafts- und Unteroffiziersdienstgrade.

Oberbefehlshaber der Sowjetflotte

ZEIT	DIENSTGRAD	NAME
1917–1918	Befehlshaber der Seestreitkräfte (wechselten kurz hintereinander)	M. W. Iwanow P. E. Dubenko F. F. Raskolnikow
1918–1919	W. M. Altfater	
1919–1920	E. A. Berens	
1920–1921	A. W. Nemiz	
1921–1924	E. S. Panzerschanskij	
1924–1926	W. I. Sof	
1926–1931	R. A. Muklewitsch	
1931–1937	Flottenflaggmann 1. Ranges	W. M. Orlow
1937–1938	Flottenflaggmann 1. Ranges	M. W. Viktorow
1938	Armeekommissar	P. A. Smirnow
1939–1939	Armeekommandeur	M. P. Frinowskij
1939–1947	Admiral (ab 1944 Flottenadmiral)	N. G. Kusnezow
1947–1951	Admiral I.	S. Jumaschew
1951–1956	Vizeadmiral (postum Flottenadmiral der Sowjetunion 1988)	N. G. Kusnezow
1956–1985	Admiral (Flottenadmiral der Sowjetunion ab 1967)	S. G. Gorschkow

Befehlshaber der Baltischen Flotte

ZEIT	DIENSTGRAD	NAME
1917	Befehlshaber der Seestreitkräfte der Ostsee	A. W. Raswosow
1918 (Dez. 1917 bis März 1918)		A. A. Ruschek
1918 (März bis Mai)		A. M. Tschastnij
1918–1919		S. W. Sarubajew
1919–1920		A. P. Selenoj
1920–1921		F. F. Raskolnikow
1921 (März bis Mai)		I. K. Koschanow
1921–1924		M. W. Viktorow
1924–1926		A. K. Wekman
1926–1932		M. W. Viktorow
1932–1936	Flaggmann 1. Ranges	L. M. Galler
1937		A. K. Siwkow
1937–1938		I. S. Isakow
1938–1939	Flaggmann 1. Ranges	G. I. Lewtschenko
1939–1947	Vizeadmiral (ab 1943 Admiral)	W. F. Tribuz
1947–1950	Admiral (8. Flotte)	F. W. Sosulja
1950–1954	Admiral (8. Flotte)	N. M. Charlamow
1954–1955	Admiral (8. Flotte)	W. A. Kasatonow
1947–1952	Admiral (4. Flotte)	W. A. Andrejew
1952–1956	Admiral (4. Flotte)	A. G. Golowko
1956–1959	Admiral	N. M. Charlamow
1959–1967	Admiral	A. E. Orjol

Befehlshaber der Nordflotte

ZEIT	DIENSTGRAD	NAME
1933–1935	Befehlshaber der Nordflottille	S. A. Sakupnew
1935–1938	Flaggmann 1. Ranges	K. I. Duschenow
1938–1940	Flaggmann 2. Ranges (ab Juni 1940 Konteradmiral)	W. P. Drosd
1940–1946	Konteradmiral (1941 Vizeadmiral, 1944 Admiral)	A. G. Golowko
1946–1952	Vizeadmiral (1951 Admiral)	W. I. Platonow
1952–1962	Vizeadmiral (1953 Admiral)	A. T. Tschabanenko
1962–1964	Admiral	W. A. Kasatonow

Befehlshaber der Pazifikflotte

ZEIT	DIENSTGRAD	NAME
1932–1937	Flaggmann 1. Ranges (Flottenflaggmann 1. Ranges)	N. W. Viktorow
1937–1938	Flaggmann 1. Ranges	G. P. Kirejew
1938–1939	Flaggmann 2. Ranges	N. G. Kusnezow
1939–1947	Flaggmann 1. Ranges (ab Juni 1940 Vize-, ab Mai 1943 Admiral)	I. S. Jumaschew
1947–1951	Vizeadmiral (7. Flotte)	I. I. Bajkow
1951–1953	Vizeadmiral (7. Flotte)	G. N. Cholostjakow
1947–1950	Vizeadmiral (5. Flotte)	A. S. Frolow
1950–1951	Konteradmiral (5. Flotte) (ab Januar 1951 Vizeadmiral)	N. G. Kusnezow
1951–1953	Vizeadmiral (5. Flotte) (ab August 1953 Admiral)	J. A. Pantelejew
1953–1956	Admiral	J. A. Pantelejew

Befehlshaber der Schwarzmeerflotte

ZEIT	DIENSTGRAD	NAME
1917	Befehlshaber der Seestreitkräfte Schwarzes u. Asowsches Meer	A. W. Nemiz
1918		M. P. Sablin
1919		A. I. Schaikowskij
1920		N. F. Ismailow
1920		A. W. Dombrowskij
1920–1921		E. S. Panzerschanskij
1921–1922		A. S. Maximow
1922–1924		A. K. Wekman
1924 (Juni bis Dez.)		M. W. Viktorow
1924–1926		E. S. Panzerschanskij
1926–1931		W. M. Orlow
1931–1937	Flaggmann 2. Ranges Flottenflaggmann 2. Ranges	I. K. Koschanow
1937 (Sept. bis Dez.)	Flaggmann 2. Ranges	P. I. Smirnow
1938–1939	Flottenflaggmann 2. Ranges	I. S. Jumaschew
1939–1943	Konteradmiral (ab 1941 Vizeadmiral)	F. S. Oktjabrskij
1943–1944	Vizeadmiral	L. A. Wladimirskij
1944–1948	Admiral	F. S. Oktjabrskij
1948–1951	Admiral	N. E. Basistij
1951–1955	Admiral	S. G. Gorschkow
1955–1962	Admiral	W. A. Kasatonow

Verwendete Literatur

Atschkasow, W. / Wajner, B., Krasnosnamennij Baltiskij flot v Welikij otetschestwennoj wojne, (Die Baltische Rotbannerflotte im Großen Vaterländischen Krieg), Moskau 1957

Atschkasow, W. / Pawlowitsch, N. B., Sowjetskoje wojenno-morskoje iskusstwo v Welokoj otetschestwennoj wojne, (Die sowjetische Seekriegskunst im Großen Vaterländischen Krieg), Moskau 1973

Bullock, A., Hitler oder Stalin. Parallele Leben, Berlin 1991

Cholostjakow, G. N., Wetschnij ogon, (Ewige Flamme), Moskau 1976

Flagmani, (Flaggmänner), Moskau 1993

Deutscher, Isaak, Stalin. Eine politische Biographie, Berlin 1989

Die Geheimrede Chruschtschows vor dem XX. Parteitag, Berlin 1990

Golowko, A. G., Zwischen Spitzbergen und Tiksibucht, Berlin 1979

Krasnosnamennij Sewernij flot, (Die Rotbanner-Nordflotte), 2. Auflage, Moskau 1977

Krasnosnamennij Tichookeankij flot, (Die Rotbanner-Pazifikflotte), 2. Auflage, Moskau 1973

Krasnosnamennij Tschornomorskij flot, (Die Rotbanner-Schwarzmeerflotte), 2. Auflage, Moskau 1979

Kusnezow, N. G., Am Vorabend, Berlin 1973

Gefechtsalarm in den Flotten, Berlin 1974

Auf Siegeskurs, Berlin 1979

Mordwinow, R. N., Kursom »Awrori«, (Mit dem Kurs der »Aurora«), Moskau 1962

Pantelejew, J. A., Mein Leben für die Flotte, Berlin 1982

Morskoj front (Die Seefront), Moskau 1965

Sayers, M. / Kahn, A., Die große Verschwörung, Berlin 1949

Sowjetskaja istoritscheskaja enzyklopädija, (Sowjetische Historische Enzyklopädie) in 16 Bde., Moskau 1961–1976

Sowjetskaja wojennaja enzyklopädija, (Sowjetische Militärenzyklopädie) in 8 Bde., Moskau 1976–1980

Trotzki, Leo, Stalins Verbrechen, Berlin 1990

Wolkogonow, D., Stalin. Triumph und Tragödie, Düsseldorf 1989

Biographische Quellen

Arsenjew, W.; Badejew, N.; Baranow, J.; Bogolepow, W. N.; Bulach, K.; Chametow, M.; Chronopulo, M. N.; Georgijew, O.; Golowko, M.; Jadrow, J.S.; Jewrafow, B.; Kasatonow, W.A.; Kardaschew, J.; Karpow, I.G.; Kleinow, W. R.; Klipp, P. M.; Kusnezow, N. G.; Makajew, W.; Mareta, A.; Markow, K.W.; Mironow, B.; Moskwin, A.; Morjakow, O.; Ordniskij, N.I.; Pawlowitsch, N. B. Roschal, M. G.; Rudnij, M.M.; Samojlew, W.A.; Sergejew, P. D.; Smirnow, N.; Solototrubow, A.; Sonin, S.; Tribuz, W. F.; Tschernawin, W. N.; Uspenskij, W.; Zalkowitsch, I. M.

Bildquellen

Marinemuseum St. Petersburg, Marineakademie St. Petersburg, Historische Forschungsabteilung des Hauptstabes der Russischen Flotte Moskau, 50 letsowjetskich wooruschonnich sil (50 Jahre sowjetische Streitkräfte) Fotodokumente Moskau 1967, Welikaja otetschestwennaja wojna 1941–1945 (Der Große Vaterländische Krieg 1941–1945) Fotodokumente Moskau 1975, Privatarchiv des Autors.